Legenden, Lügen, Vorurteile
Ein Wörterbuch zur Zeitgeschichte

Herausgegeben von Wolfgang Benz

Deutscher
Taschenbuch
Verlag

Die erste Ausgabe dieses Buches erschien 1990 im Verlag
Moos & Partner, München

Juni 1992
6. Auflage Oktober 1994: 42.–51. Tausend
© Deutscher Taschenbuch Verlag GmbH & Co. KG,
München
Umschlaggestaltung: Celestino Piatti
Gesamtherstellung: C. H. Beck'sche Buchdruckerei,
Nördlingen
Printed in Germany · ISBN 3-423-03295-2

## Das Buch

»In der Hitler-Zeit gab es keine Kriminalität« – »Die Gaskammern in den Konzentrations- und Vernichtungslagern wurden von den Amerikanern installiert« – »Dem Morgenthau-Plan zufolge sollte Deutschland wieder zum Ackerland werden« … Legenden sind oft attraktiver als die Wirklichkeit, Vorurteile bequemer als die kritische und rationale Sicht; Geschichtslügen dienen als Waffen im politischen Streit, wenn die Argumente ausgehen. Politische und historische Legenden, Lügen und Vorurteile sind der Nährboden für einseitige und falsche Geschichtsbilder und für wirkungsvolle Propagandasprüche. Der Historiker hat die Aufgabe, »die historischen Schattenwinkel zu erhellen, in denen die mächtigen Geschichtsmythen zu hausen pflegen«.

Das ist auch das Ziel dieses kleinen Wörterbuchs zur Zeitgeschichte. 91 allseits bekannte – beschönigende oder verleumdende, jedenfalls entstellende – Schlagwörter und Vorstellungen, vor allem über die Zeit des »Dritten Reiches«, werden hier von Zeithistorikern auf ihren Wahrheitsgehalt und auf ihre politische Tendenz hin geprüft; mit wirklich objektiven Informationen wird Auskunft gegeben und richtiggestellt, zählebige Vorstellungen werden mit gesicherten Beweisen, Dokumenten und Argumenten zurechtgerückt. Ein Werk der politischen Säuberung und der Aufklärung, nützlich für jeden, der in politischen Diskussionen, am Stammtisch oder in der Familie kompetent mitreden will.

# Vorwort

Legenden sind oft attraktiver als die Wirklichkeit, Vorurteile bequemer als rationale Weltsicht, und historische Lügen dienen als Waffen in der politischen Auseinandersetzung, wenn Argumente fehlen. Politische und historische Legenden, Lügen und Vorurteile bilden den Nährboden für Spekulationen und darauf gegründete einseitige oder falsche Geschichtsbilder und Propagandathesen. Aufgabe der wissenschaftlichen Zeitgeschichte ist – wie es Karl Dietrich Bracher und Hans-Peter Schwarz formuliert haben – die »Erhellung historischer Schattenwinkel, in denen die mächtigen Geschichtsmythen zu hausen pflegen«. Aber auch die minderen Mythen sind nicht ungefährlich.

Ein beträchtlicher Teil der Diskussion um Ereignisse und Wirkungen, Ursachen und Folgen der jüngsten Geschichte wird mit Vorurteilen und Fehlinformationen bestritten, die seit langem zur Vorstellungswelt nicht nur der deutschen Stammtische gehören. Unter der Hitlerherrschaft habe es keine Kriminalität gegeben, Frauen hätten sich unbesorgt auch nachts auf die Straße wagen können; die Sozialpolitik des Dritten Reiches sei vorbildlich gewesen wegen der Beseitigung der Arbeitslosigkeit durch Hitler, wegen der KdF-Reisen, wegen der Autobahnen und des Volkswagens oder ganz allgemein wegen der »Volksgemeinschaft«. Solche Legenden dienen der Verklärung der NS-Zeit. Die Unkenntnis über den tatsächlichen Sachverhalt und die wirklichen Zusammenhänge – zum Beispiel die Beseitigung der Arbeitslosigkeit durch Rüstungspolitik, die durch Inflation finanziert war – kann man als noch verhältnismäßig harmlos werten. Das trifft aber für den Komplex der Judenverfolgung, für die »Endlösung« wie auch für die Vernichtung anderer Volksgruppen nicht zu: Diese Legenden und absichtlich verbreiteten Lügen sind gefährlich.

Von Rechtsextremen wird bekanntlich seit langer Zeit das Ausmaß der Judenverfolgung verharmlost oder geleugnet. Beliebte und immer wieder zitierte »Argumente« lauten: Das Internationale Rote Kreuz beziehungsweise die UNO hätten Untersuchungen über die Zahl der jüdischen Opfer des Nationalsozialismus angestellt und seien zu Ergebnissen gekommen, die minimal seien. Neuerdings kursiert ein Pamphlet (›Leuchter-Report‹), in dem mit scheinwissenschaftlicher Rabulistik »bewiesen« wird, in Auschwitz sei niemand den Gastod gestorben usw. Hartnäckig wird von rechtsextremen Interessenten auch behauptet, die Konzentrationslager seien von den Alliierten nach 1945 umgebaut oder präpariert worden, um das Schuldkonto der Deutschen schwerer zu belasten.

Dieses Wörterbuch beschränkt sich nicht auf die von Rechtsextremisten benutzten Schlagworte, sondern behandelt auch Legenden und Begriffe, die in anderem Zusammenhang erscheinen. Nur ein Beispiel: der »Lebensborn«, der fälschlich immer noch als Menschenzuchtanstalt der SS durch die öffentliche Diskussion geistert, in Wirklichkeit aber eine Einrichtung zur Betreuung unehelicher Mütter war.

Aber auch die Geschichte seit 1945 hat schon Legenden in beträchtlicher Zahl aufzuweisen, sie ranken sich um die Kollektivschuldthese (die von den Alliierten angeblich propagiert wurde, um die Deutschen in Abhängigkeit zu halten) ebenso wie um den Morgenthau-Plan (»Deutschland ein Ackerland«) oder um die Münchner Ministerpräsidentenkonferenz von 1947 (der Exodus der Ostzonen-Delegation bedeute »die Spaltung Deutschlands«, hieß es damals) oder die Währungsreform.

Dieses Wörterbuch will in 91 Artikeln zu den wichtigsten Schlagworten und Begriffen wissenschaftliche Erkenntnis umsetzen in Information zum Gebrauch in der Diskussion, ob in politischem Streit, ob am Stammtisch oder in der Familie. Absicht war es, allen denen Argumente und Beweise an die Hand zu geben, die – in der Schule, am Arbeitsplatz, in der politischen Bildungsarbeit, in der Öffentlichkeit – mit Legenden, Lügen und Vorurteilen konfrontiert sind und darauf kompetent und sachlich reagieren müssen.

Das Buch, erstmals 1990 im engagierten Verlag Moos & Partner erschienen, fand so starke Resonanz, daß eine Neuauflage erforderlich wurde. Die Texte sind kritisch durchgesehen, Literaturangaben aktualisiert, einige Irrtümer korrigiert worden. Acht Artikel wurden in diese Ausgabe neu aufgenommen.

Wolfgang Benz

# Inhalt

**»Ahnenerbe«**
Die 1935 von Heinrich Himmler unter der Bezeichnung
»Ahnenerbe e. V.« gegründete Institution war keineswegs,
wie häufig angenommen, nur ein Verein zur Pflege der
Sippenforschung und zum Nachweis der »arischen« Vorfahren, die jeder im »Dritten Reich« haben mußte, der ein
öffentliches Amt innehatte. Sie blieb auch nicht bei ihrer
ursprünglichen Zielsetzung der Förderung der Germanen-
kunde und der wissenschaftlichen Verbrämung der nationalsozialistischen Weltanschauung von der geistigen Überlegenheit und dem daraus zu folgernden Herrschaftsan-
spruch der »germanischen Rasse«, obwohl Himmler dies
nie aus dem Auge ließ – hielt er sich doch für eine Reinkar-
nation des als Gründer des ersten deutschen Reiches und
Slawenbezwinger angesehenen Königs Heinrich I. (875–
936). Himmler ließ die angeblich wiedergefundenen Ge-
beine dieses Königs im Dom von Quedlinburg feierlich bei-
setzen und machte den Dom zu einer germanisch-national-
sozialistischen Kultstätte nach seinem Geschmack.
  Im Rahmen der »Forschungsgemeinschaft Ahnenerbe
e. V.« wurden prähistorisch wichtige Ausgrabungen gefördert, Forschungen zur Volkskunde und Volksmedizin
durchgeführt, aber auch die oft recht skurrilen Vorstellungen Himmlers gepflegt (Welteislehre, Ausbildung von
Wünschelrutengängern). Allmählich zog der Verein auch
immer mehr naturwissenschaftliche Bereiche an sich;
Himmler versuchte über ihn Wissenschaftspolitik zu machen. Als er im Oktober 1939 zum »Reichskommissar für
die Festigung des deutschen Volkstums« ernannt worden
war, aktivierte er das »Ahnenerbe« als kulturpolitisches
Instrument der SS zur Germanisierung der von Deutschland besetzten Gebiete Europas. Im Zuge der »Heim-ins-
Reich«-Propaganda und im Interesse der Freundschaft mit
dem faschistischen Italien wollte man die deutschsprachigen Südtiroler in die »neugewonnenen Ostgebiete« umsie-
deln. Dem »Ahnenerbe e. V.« oblag die »Erfassung« und
»Rückführung« des Südtiroler Kulturgutes.
  Im Verlauf des Krieges verlagerte sich der Schwerpunkt
der »Forschungsgemeinschaft« immer stärker auf »kriegs-
wichtige« Projekte. Anfang 1941 begannen die »wehrme-
dizinischen Experimente« von Dr. Rascher (Höhendruck
und Unterkühlung) und Prof. August Hirt (Giftstoffe) mit

KZ-Häftlingen. Mit Unterstützung des »Ahnenerbes« baute der Anatom August Hirt an der »Reichsuniversität«
Straßburg eine Sammlung von Schädeln ermordeter Juden
auf, deren Untersuchung die Rassenideologie der SS stützen sollte. Zu diesem Zweck wurde im Sommer 1943 im
Konzentrationslager Natzweiler im Elsaß extra eine Gaskammer errichtet, um die für die Sammlung Hirt erwünsch-
ten Juden ohne Verletzungen töten zu können.

   Aus dem harmlosen Verein »Ahnenerbe« war am
1. April 1942 das »Amt A« im SS-Hauptamt »Persönlicher
Stab Reichsführer SS« geworden, dessen Hauptaufgabe die
Durchführung »wehrwissenschaftlicher Zweckforschung«
war.

Hellmuth Auerbach

Literatur: Michael H. Kater, Das »Ahnenerbe« der SS 1935–1945.
Ein Beitrag zur Kulturpolitik des Dritten Reiches. Stuttgart 1974;
Sabine Schleiermacher, Die SS-Stiftung »Ahnenerbe«. Menschen als
»Material« für »exakte« Wissenschaft. In: Menschenversuche. Wahn-
sinn und Wirklichkeit. Köln 1988, S. 70–87; Wolfgang Benz, Dr.
med. Sigmund Rascher – eine Karriere. In: Dachauer Hefte 4 (1988),
S. 190–214.

## Alliierte Kriegsverbrechen

Angesichts der umfangreichen, jahrzehntelangen juristischen Aufarbeitung deutscher Kriegsverbrechen des Zweiten Weltkrieges mochte es so aussehen, als ob Kriegsverbrechen, also Verletzungen der Haager Landkriegsord-
nung von 1907 und der Genfer Abkommen von 1929, nur
von deutscher Seite begangen worden wären. Vor allem die
Nürnberger Kriegsverbrecherprozesse von 1946 bis 1949
und andere vor Militärgerichten der Siegermächte durchgeführte Prozesse enthüllten neben den kaum zu glaubenden
Verbrechen an den Juden eine ganze Reihe von Verletzungen des Kriegsvölkerrechts durch deutsche Soldaten aller
Waffengattungen, vor allem der nationalsozialistischen,
der Waffen-SS. Die Konzentration auf die deutschen
Kriegsverbrechen ging so weit, daß die Massentötungen
von Polen (Katyn) und Ukrainern (Winniza) von der sowjetischen Anklagebehörde in Nürnberg den Deutschen in
die Schuhe geschoben werden konnten, obwohl in beiden
Fällen bei westalliierten Mitgliedern des Nürnberger Mili-

tärgerichts schon damals Zweifel an der Unschuld der Sowjets auftauchten. Die Suche nach den eigentlich Schuldigen oder gar ein Verfahren nach den Maßstäben des Nürnberger Gerichtshofes unterblieb jedoch.

Ein Blick in die Geschichte der Menschheit zeigt nicht nur, daß moralisch verwerfliche Handlungen im Gefolge kriegerischer Auseinandersetzungen zu allen Zeiten und von Menschen aller Nationalitäten und Hautfarben ausgeführt worden sind, sondern daß die Untaten der eigenen Seite vielfach unbewußt, nicht selten auch bewußt übersehen wurden und werden – von der Versuchung, Recht durch Macht zu ersetzen, ganz zu schweigen. Sprachliche Differenzierungen – wie die Verwendung von »Terrorangriff« für die Bombardierung eigener ziviler Objekte durch Feindflugzeuge, dagegen von »Luftangriff« für eigene Angriffe, oder von »Sabotage« für feindliche Kommandounternehmen, von »Sonderauftrag« für eigene – lassen die Parteilichkeit der Sehweise deutlich werden. Nach dem gleichen Schema des »right or wrong, my country« lief oft auch die Behandlung der von den jeweiligen Schutzmächten übermittelten Anzeigen gegnerischer Kriegsrechtsverletzungen ab. Die Untersuchungen durch militärische und juristische Fachleute erbrachten in vielen Fällen keine Bestätigungen für die Vorwürfe des Gegners, auch wenn aus heutiger Sicht die Beweislage erdrückend war. Historisch interessantes Belastungsmaterial wurde unverständlicherweise kassiert; noch heute sind manche dieser Unterlagen nicht zugänglich.

Für Kriegsverbrechen, die während des Zweiten Weltkrieges von den Kriegsgegnern Deutschlands gegen Angehörige der Achsenmächte begangen wurden, gibt es genügend Beweise. Unterlagen über die Beschießung von Schiffbrüchigen, abgesprungenen Fliegern, Lazaretten oder Lazarettschiffen, über die Ermordung von Verwundeten und Kriegsgefangenen und über Verbrechen gegen die Zivilbevölkerung füllen allein in deutschen Archiven Hunderte von Aktenbänden. Wenn sich dabei aus deutscher Sicht die Übergriffe des Gegners an der Ostfront nach Umfang und Härte als besonders exzessiv darstellen, so sollte man den Eindruck nicht übersehen, den die Tatsache des grundlosen Überfalls, die erbarmungslose Behandlung der Kriegsgefangenen, das sofort nach dem Einfall einsetzende

Massenmorden der SS-Einsatzgruppen und die verordnete und häufig praktizierte Behandlung der Russen als primitive »Untermenschen« auf die russischen Soldaten und die Zivilbevölkerung machte. Dies alles und die Brutalität bei der Bekämpfung der Partisanen und schließlich die bei den Rückzugskämpfen 1943/44 angewandte Taktik der »verbrannten Erde« dürfte wiederum ihre Rückwirkung auf das Verhalten der sowjetischen Truppen bei ihrem Vordringen in Deutschland gehabt haben. Gegenseitiges Aufrechnen kann hier allenfalls zu formaljuristischen, aber nicht zu moralischen Lösungen führen. Nicht umsonst liegt in Friedensschlüssen auch der Sinn, die durch die Exzesse der kriegerischen Auseinandersetzung gestörten Beziehungen zwischen Völkern durch vertragliche Vereinbarungen zu normalisieren und wenn möglich zu heilen.

Völlig untauglich wird das gegenseitige Aufrechnen bei dem Versuch, die Untaten Einzelner, aber auch von Gruppen unter gewissermaßen privater Verantwortung, mit staatlich befohlenen Verbrechen zu vergleichen. Die im rechtlich-moralischen Sinne völlig andere Qualität staatlichen Handelns gegenüber dem individuellen Handeln läßt allein schon aus der Sicht der strafrechtlichen Ahndung ein simples Aufrechnen nicht zu. Insofern geht das Vergleichen (und damit das Bagatellisieren) der Judenvernichtung mit Kriegsrechtsverletzungen der Alliierten von ungleichen Voraussetzungen aus. Die Soldaten zumindest der Westalliierten mußten fürchten, bei Verstößen gegen das Kriegsrecht von Gerichten auch des eigenen Landes bestraft zu werden. Deutsche Soldaten handelten bei der Judenvernichtung auf ausdrücklichen Befehl ihres Staates. Daß dabei die internationalen Normen der Kriegführung nominell für die deutschen Streitkräfte ebenso Gültigkeit besaßen wie für die Truppen der Westalliierten, und die Durchsetzung der Rechtsnormen im »Normalfall« der kriegerischen Auseinandersetzungen auf beiden Seiten eine Frage der militärischen Disziplin und der allgemeinen Rechtskultur war, unterstreicht nur den rechtlich-moralischen Ausnahmefall des Völkermords an den Juden Europas.

Hermann Weiß

Literatur: Alfred M. de Zayas, Die Wehrmacht-Untersuchungsstelle. Deutsche Ermittlungen über alliierte Völkerrechtsverletzungen im Zweiten Weltkrieg. München 1979.

## Alliierte Kriegsverbrecherprozesse in Deutschland

Der Entschluß zu einer gerichtlichen Verfolgung der nationalsozialistischen Kriegsverbrechen war keineswegs erst das Ergebnis des alliierten Sieges, sondern war spätestens seit dem Oktober 1943 eines der unumstrittenen Kriegsziele der Alliierten. Eine solche gerichtliche Verfolgung sollte nicht nur die Täter strafen und die begangenen Verbrechen sühnen, sie sollte auch verhindern, daß sich solche Verbrechen jemals wiederholten; sie sollte ferner als Teil einer juristischen und moralischen Reinigung die Voraussetzung für ein neues, demokratisches Deutschland schaffen. Der Aspekt der Rache spielte keine Rolle.

Zwar hatte es schon seit 1941 Erklärungen gegeben, in denen Regierungen der vom nationalsozialistischen Deutschland überfallenen Länder gegen die von deutscher Seite begangenen Greueltaten protestierten und Strafe und Vergeltung forderten, zwar hatten sich 1942 Regierungsvertreter aus acht von deutschen Truppen besetzten Ländern zu einer gemeinsamen Kommission zur Bestrafung von Kriegsverbrechen zusammengefunden, am 30. Oktober 1943 aber hatten die drei entscheidenden Mächte, Großbritannien, die USA und die Sowjetunion, in Moskau in einer gemeinsamen Erklärung zum ersten Mal konkrete Grundsätze einer gerichtlichen Ahndung festgelegt: Sämtliche an Kriegsverbrechen Beteiligten oder dafür Verantwortlichen sollten verfolgt, festgesetzt und an jene Staaten ausgeliefert werden, wo sie ihre Verbrechen begangen hatten, so daß sie dort vor Gericht gestellt werden konnten. Lediglich die Bestrafung der Hauptkriegsverbrecher, deren Untaten sich nicht auf einzelne Länder beschränkten, behielten sich die Alliierten selbst vor.

In der Folgezeit wurden unterschiedliche Dienststellen und Gremien eingerichtet, welche die notwendigen Voraussetzungen für eine gerichtliche Verfolgung schaffen sollten. Wichtige Vorarbeiten leistete dabei die noch 1943 gegründete Kriegsverbrechenskommission der Vereinten Nationen (United Nations War Crimes Commission), in der sowohl grundsätzliche rechtliche Fragen erörtert und geklärt wurden, als auch der konkrete Versuch einer listenmäßigen Erfassung aller Verdächtigen unternommen wurde. Ausschließlich zum Zwecke der Ermittlung und Strafverfolgung diente die Errichtung einer Zentralen Behörde zur Erfassung von Kriegsverbrechen und Tatverdächtigen (Central Registry of War Crimes and Security Suspects) durch die drei westlichen Alliierten im April 1945 in Paris, die 1946 unter Viermächteverwaltung gestellt und nach Berlin verlegt wurde. Weitere spezielle Einrichtungen gab es auf verschiedenen militärischen Ebenen der einzelnen Alliierten sowie in den zuständigen Ministerien der betroffenen Länder.

Die alliierten Kriegsverbrecherprozesse, die 1945, nach Kriegsende, in Deutschland begannen, fanden auf drei unterschiedlichen Ebenen statt.

1. Gegen die in der Moskauer Erklärung von 1943 genannte Gruppe der Hauptkriegsverbrecher, für deren Taten ein begrenzter Tatort nicht gegeben war, wurde vor dem Internationalen Militärgerichtshof in Nürnberg verhandelt. Grundlage bildete ein »Abkommen über die Verfolgung und Bestrafung der Hauptkriegsverbrecher der europäischen Achse«, das zusammen mit dem »Statut für den Internationalen Militärgerichtshof« von den vier alliierten Mächten im August 1945 beschlossen worden war; Gericht und Anklagebehörde wurden von den vier Mächten paritätisch besetzt.

Vor diesem Internationalen Militärgerichtshof mußten sich 24 Hauptkriegsverbrecher verantworten, daneben war auch gegen sechs nationalsozialistische Organisationen beziehungsweise Gruppen Anklage erhoben worden. Die Anklage umfaßte drei Komplexe: 1. Kriegsverbrechen 2. Verbrechen gegen die Menschlichkeit 3. Verbrechen gegen den Frieden.

Zur *ersten* Kategorie, den Kriegsverbrechen, gehörten sämtliche Verletzungen der in internationalen Abkommen festgehaltenen Kriegsgesetze wie Mord und Mißhandlung von Kriegsgefangenen, Tötung von Geiseln, Deportation, Mißhandlung, Mord von Angehörigen der Zivilbevölkerung und anderes.

Zur *zweiten* Kategorie, den Verbrechen gegen die Menschlichkeit, wurden solche Taten gerechnet, deren verbrecherischer Charakter zwar im nationalen Strafrecht der Staaten verankert, im internationalen Recht jedoch teilweise noch nicht kodifiziert war: Grausamkeiten und Verfolgung aus rassischen oder religiösen Gründen, Ausrottung, Versklavung und andere an der Zivilbevölkerung seit 1933 begangene Verbrechen.

Zur *dritten* Kategorie, den Verbrechen gegen den Frieden, zählten Planung, Vorbereitung, Einleitung und Durchführung eines Angriffskrieges unter Verletzung internationaler Verträge und Abkommen. Eine exakte völkerrechtliche Bestimmung dieser Straftatbestände existierte allerdings nicht. Die Urteile in diesem Prozeß, der am 20. November 1945 begonnen hatte, ergingen am 30. September und 1. Oktober 1946. Zum Tode verurteilt wurden: Hans Frank, Wilhelm Frick, Hermann Göring, Ernst Kaltenbrunner, Wilhelm Keitel, Alfred Jodl, Joachim von Ribbentrop, Alfred Rosenberg, Fritz Sauckel, Arthur Seyß-Inquart, Julius Streicher sowie in Abwesenheit Martin Bormann. Hermann Göring entzog sich der Vollstreckung des Urteils durch Selbstmord. Lebenslange Haftstrafen erhielten: Rudolf Heß, Walther Funk, Erich Raeder; zu Haftstrafen von 20 Jahren wurden Baldur von Schirach und Albert Speer verurteilt, 15 Jahre Haft erhielt Constantin von Neurath, 10 Jahre Karl Dönitz. Hans Fritzsche, Franz von Papen und Hjalmar Schacht wurden freigesprochen. Robert Ley hatte zu Beginn des Prozesses Selbstmord begangen, gegen Gustav Krupp von Bohlen und Halbach wurde aus gesundheitlichen Gründen nicht verhandelt.

Zu verbrecherischen Organisationen wurden erklärt 1. das Korps der Politischen Leiter der NSDAP, 2. die Gestapo und der SD, 3. die SS mit Ausnahme der Reiter-SS, und zwar jeweils vom Zeitpunkt des 1. September 1939 an. Für die Reichsregierung, das Oberkommando und den Generalstab des Heeres sowie die SA kam das Gericht nicht zu solchen Feststellungen.

2. Ursprünglich war mehr als nur ein Verfahren vor dem Internationalen Militärgerichtshof vorgesehen. Von weiteren Prozessen wurde jedoch Abstand genommen, da der Aufwand für ein solches viersprachiges Verfahren zu groß, Vorbereitung und Durchführung in mehrerlei Hinsicht zu kompliziert waren. Die strafrechtliche Verfolgung weiterer (Haupt)Kriegsverbrecher wurde deshalb durch ein gemeinsames Gesetz, das Kontrollratsgesetz Nr. 10 vom 20. Dezember 1945, in die Kompetenz der jeweiligen Befehlshaber der Besatzungszonen gestellt. Die in diesem Kontroll-

ratsgesetz aufgeführten Straftatbestände waren jene drei, die auch vor dem Internationalen Militärgerichtshof die Anklage gebildet hatten. Als möglicher weiterer Straftatbestand wurde die Mitgliedschaft in einer der nationalsozialistischen Organisationen festgelegt, die vom Internationalen Militärgerichtshof für verbrecherisch erklärt worden waren.

Von den nach Kontrollratsgesetz Nr. 10 in den vier Besatzungszonen durchgeführten Prozessen sind vor allem die vor amerikanischen Gerichten hervorzuheben. Es sind dies jene sogenannten zwölf Nürnberger Nachfolgeprozesse, in denen jeweils ein bestimmter Einzelkomplex der nationalsozialistischen Verbrechen verhandelt wurde: 1. Ärzte-Prozeß, 2. Prozeß gegen Generalfeldmarschall Milch, 3. Juristen-Prozeß, 4. Prozeß gegen das Wirtschafts- und Verwaltungshauptamt der SS, 5. Flick-Prozeß, 6. IG-Farben-Prozeß, 7. Geisel-Prozeß, 8. Prozeß gegen das Rasse- und Siedlungshauptamt der SS, 9. Einsatzgruppen-Prozeß, 10. Krupp-Prozeß, 11. Wilhelmstraßen-Prozeß, 12. Prozeß gegen das Oberkommando der Wehrmacht.

3. Auf einer dritten Verfahrensebene wurden vor Militärgerichten der einzelnen Alliierten weitere Kriegsverbrechen geahndet; es waren dies in erster Linie Prozesse gegen Personal und Wachmannschaften der Konzentrationslager, des weiteren die sogenannten Fliegerprozesse, in denen es um die Ermordung alliierter Flieger ging, die abgesprungen oder notgelandet waren und sich ergeben hatten, sowie einige weitere einzelne Verfahren wie der Hadamar-Prozeß, der Malmedy-Prozeß und andere.

In den drei westlichen Besatzungszonen (für die sowjetische liegen keine Zahlen vor) wurden insgesamt 5025 Angeklagte verurteilt, davon 806 zum Tode. Von den Todesurteilen wurden allerdings weniger als 60 Prozent, nämlich 486, vollstreckt. Der Wandel der politischen Situation seit 1946/47, der Kalte Krieg, die Entstehung der Bundesrepublik als souveräner Staat, ihre Aufnahme und Einbindung in das westliche Bündnis, die Wiederaufrüstung – all dies ließ eine Stimmung entstehen, in der von der deutschen Öffentlichkeit und darüber hinaus zunehmend lauter ein Ende der Prozesse, die Aufhebung der Urteile und eine Amnestierung der Verurteilten gefordert wurde.

Begnadigungs- und Strafverkürzungsprogramme führten seit 1949 zu zahlreichen Freilassungen, eine aus deutschen und alliierten Vertretern paritätisch besetzte Gemeinsame Gemischte Gnadenkommission sorgte schließlich dafür, daß 1958 die letzten von alliierten Gerichten Verurteilten entlassen wurden. Ausgenommen von diesen Amnestierungen blieben lediglich die sieben vom Internationalen Militärgerichtshof zu Haftstrafen Verurteilten, die ihre Strafen in Berlin-Spandau verbüßten.

Betrachtet man die ungeheure Aufgabe, der sich die alliierten Strafverfolgungsbehörden und die Gerichte zu stellen hatten, und den immensen Druck der Öffentlichkeit, die zunächst, angesichts der Ungeheuerlichkeit der aufgedeckten Verbrechen, harte Urteile und Höchststrafen forderte, wenig später jedoch eine Beendigung der Prozesse – den Schlußstrich – verlangte, so nötigt die Rechtsprechung der alliierten Gerichte, trotz vieler Schwächen und Mängel im einzelnen, Respekt ab. Die Justiz der Sieger war keine Siegerjustiz. Über den rechtlichen Aspekt hinaus hatten die Prozesse angesichts der überwältigenden Masse an Beweismaterial auch eine große aufklärerische Funktion.

Robert Sigel

Literatur: Peter Steinbach, Nationalsozialistische Gewaltverbrechen. Die Diskussion in der deutschen Öffentlichkeit nach 1945. Berlin 1981; Die Verfolgung nationalsozialistischer Straftaten im Gebiet der Bundesrepublik Deutschland seit 1945. Unter Mitwirkung der Landesjustizverwaltungen und der Zentralen Stelle zur Aufklärung nationalsozialistischer Verbrechen in Ludwigsburg zusammengestellt im Bundesjustizministerium Bonn, Juli 1964; Jürgen Weber, Peter Steinbach (Hrsg.), Vergangenheitsbewältigung durch Strafverfahren? NS-Prozesse in der Bundesrepublik Deutschland. München 1984.

## Alpenfestung

Im Laufe des Jahres 1943 hatte die deutsche Wehrmacht an allen Fronten ihre Offensivfähigkeit verloren und war gezwungen, zur Verteidigung der eroberten Gebiete überzugehen. Die deutsche Propaganda strich infolgedessen den »Blitzkrieg« aus ihrem Vokabular und setzte an seine Stelle die Verteidigung der »Festung Europa«, ein Begriff,

der wegen des raschen Vordringens der alliierten Truppen
schon binnen Jahresfrist durch die »Festung Deutschland«
abgelöst werden mußte. Die als uneinnehmbar bezeichneten Betonungetüme des Atlantikwalls wie die Feldstellun-
gen des Ostwalls hatten dem Gegner höchstens auf Wochen Widerstand geboten. Nachdem die Angloamerikaner
bis zum Frühjahr 1945 an der Westfront den Westwall, in
Oberitalien die schwachen Befestigungen der beiden
»Operationszonen« »Adriatisches Küstenland« und »Vor-
alpenland«, die sowjetischen Truppen die »Reichsschutz-
stellung« an der deutsch-ungarischen Grenze durchbrochen
hatten, bot sich als letztes Hindernis mit nicht zu überse-
henden natürlichen Vorteilen für die Verteidigung nur
noch der Alpenraum an.

Durch die Diskussion eines deutschen militärischen »Reduits« im Alpenraum hatten Schweizer Zeitungen seit Juli
1944 die Phantasie westalliierter Militärs, aber auch Journalisten gewaltig angeregt. Die Befürchtungen amerikanischer Zeitungen vor überdurchschnittlich verlustreichen
Kämpfen und einem Hinausschieben des schon absehbaren
Kriegsendes um viele Monate ebenso wie die ähnlich un-
realistischen Analysen seines Geheimdienstes bewogen
den westalliierten Oberkommandierenden, General Eisenhower, schließlich sogar, sein strategisches Ziel der Eroberung der Reichshauptstadt Berlin abzubrechen und rasch
nach Süden vorzustoßen, um möglichst wenigen deutschen
Truppenverbänden ein geordnetes Zurückweichen in die
»Alpenfestung« zu gestatten.

Die strategischen Überlegungen und Diskussionen in der
Schweizer Presse gingen von den schweizerischen Realitä-
ten aus: Kurz nach Kriegsausbruch hatte das eidgenössi-
sche Militär geeignete Gebirgszonen zu einem gut befestig-
ten und mit allen wichtigen Versorgungsgütern ausgestatte-
ten Bollwerk ausgebaut, das, zusammen mit der kleinen,
aber schlagkräftigen Schweizer Armee, Hitler davon ab-
hielt, seinen ursprünglichen Plan der Besetzung der
Schweiz in die Tat umzusetzen. Es lag nahe, den Ausbau
eines solchen militärischen Reduits auch bei den Deutschen anzunehmen.

Die schweizerischen Überlegungen waren auch dem Ti-
roler NSDAP-Gauleiter Hofer bekannt geworden, der, davon beeindruckt, von Hitler noch Ende Juli 1944 eine Wei-

sung zum Ausbau von Verteidigungsstellungen in Oberitalien erwirkte. Angesichts der unaufhaltsam auf die Reichs-
grenzen vorstoßenden alliierten Truppen und angeregt
durch die immer konkreter werdenden Pressemeldungen
aus der Schweiz und den USA, die die Möglichkeit riesiger
unterirdischer Produktionsstätten und Versorgungslager
und als Folge einer »Alpenfestung« ein um sechs bis acht
Monate hinausgeschobenes Kriegsende mit enormen personellen Verlusten für die Angriffstruppen erörterten, sah
Hofer in der Existenz eines deutschen Alpenreduits ein
wertvolles Faustpfand für diplomatische Verhandlungen.
Da Bormann ein entsprechendes Memorandum Hofers
vom November 1944 Hitler nicht vorlegte, erfolgte nichts.
Einer ebenfalls durch die Schweizer Pressemeldungen an-
geregten Ausarbeitung des Wehrmachtführungsstabes, die
im Februar 1945 an General Jodl ging, war zunächst das
gleiche Schicksal beschieden. Erst nach dem Rheinüber-
gang der Amerikaner bei Remagen wagte Jodl, die Pläne
seiner Mitarbeiter Hitler vorzulegen, und Bormann zog
nach. Hofer wurde deshalb am 9. April, drei Wochen vor
Hitlers Selbstmord, nach Berlin beordert. Am 12. April
genehmigte Hitler die Erkundung der »Kernfestung Alpen«, zwei Tage später erhielt der Oberbefehlshaber Südwest erste Angaben für den Aufbau einer »Alpenfestung«,
und am 28. April, neun Tage vor der Kapitulation der
deutschen Wehrmacht, erging der Befehl zum Ausbau der
»Alpenfestung« im Raum Füssen, Allgäuer Alpen, Arl-
berg, Ortler, nördlich des Gardasees, Karawanken, Leo-
ben, Steyr, Brückenkopf Salzburg, Tegernsee, Murnau.

Selbst Hitler glaubte jedoch nicht mehr an die Realisierung seiner Befehle. Er lehnte es ab, Berlin zu verlassen
und den Kampf von der »Alpenfestung« aus fortzusetzen.
Zwei Tage später gab er sich den Tod. Schon vor Mitte
April war Eisenhowers Nachrichtendienst entgegen den eigenen früheren Meldungen zu der Erkenntnis gelangt, daß
eine deutsche »Alpenfestung« nicht existiere.

Hermann Weiß

Literatur: Manfried Rauchensteiner, Der Krieg in Österreich 1945.
2. Aufl. Wien 1984.

**Anne Frank-Tagebuch**

Seit der ersten Veröffentlichung der Tagebücher von Anne Frank unter dem Titel ›Het Achterhuis. Dagboekbrieven van 12 juni 1942 – 1 augustus 1944‹ (Das Hinterhaus. Tagebuchbriefe vom 12. Juni 1942 – 1. August 1944) im Sommer 1947 wurden immer wieder – besonders in den siebziger Jahren – Fälschungsvorwürfe gegen die Tagebücher bzw. Zweifel an deren Authentizität erhoben. Erste Vorwürfe dieser Art erschienen 1957 in einer schwedischen Zeitung.

Anne, die mit ihrer Familie 1933 aus Deutschland geflüchtet war, hatte am 12. Juni 1942 – ihrem 13. Geburtstag –, bevor die Familie im Hinterhaus des Gebäudes Prinsengracht 263 in Amsterdam untertauchte, begonnen, Tagebuch zu schreiben. Die Tagebücher enden am 1. August 1944, drei Tage bevor die Franks aus ihrem Versteck von der Gestapo abgeholt wurden. An eben diesem 4. August fand eine Bewohnerin des Vorderhauses, Miep Gies, nachdem die Deutschen abgezogen waren, die Tagebücher der 1945 im KZ Bergen-Belsen umgekommenen Anne Frank. Es handelte sich um ein Poesiealbum (Tagebuch 1) mit den Eintragungen vom 12. Juni bis zum 5. Dezember 1942, das Anne 1943/44 noch ergänzt hatte, ein Schulheft (Tagebuch 2) mit den Daten vom 22. Dezember 1943 bis zum 17. April 1944 und ein weiteres Schulheft (Tagebuch 3), das den Zeitraum zwischen 17. April 1944 bis 1. August 1944 umfaßt. Man kann mit ziemlicher Sicherheit davon ausgehen, daß zwischen den Tagebüchern 1 und 2 noch mindestens ein weiteres Tagebuch existiert hat, das aber verlorengegangen ist. Darüber hinaus schrieb Anne eigenhändig eine zweite Version der ersten Tagebücher auf Durchschlagpapier, die »losen Blätter«, in denen sie die Eintragungen vom 12. Juni 1942 bis zum 29. März 1944 aus den zuvor verfaßten Tagebüchern ab- und umgeschrieben hat.

Nachdem der Vater Otto Frank als einziger Überlebender der untergetauchten Familie 1945 nach Amsterdam zurückgekehrt war und Miep Gies ihm die Tagebücher ausgehändigt hatte, machte er sich daran, wie er später sagte, »das Wesentliche« mit einigen Streichungen, die vor allem Privates wie Äußerungen über Annes Mutter oder andere Mitbewohner sowie auch Dinge aus Annes Intimsphäre betrafen, aus dem überlieferten Material abzuschreiben. Gerade diese Streichungen sowie grammatikalische und orthographische Korrekturen durch Dritte, boten Anlaß für die heute noch kursierenden Fälschungsanschuldigungen. Daß diese Überarbeitungen letztlich auch noch bei den Übersetzungen in andere Sprachen unterschiedlich übernommen wurden und dadurch Ausgaben mit inhaltlichen Abweichungen in den verschiedenen Ländern auf den Markt kamen, bot eine weitere Grundlage für jene, die dieses Tagebuch für unecht hielten.

Die 1950 erstmals erschienene deutsche Ausgabe etwa entsprach in ihrem Übersetzungsstil nicht der Diktion eines jungen Mädchens. Außerdem waren bei der Übersetzung verschiedene niederländische Ausdrücke mißverstanden und war einiges verändert worden, um den Leser nicht mit anti-deutschen Aussagen vor den Kopf zu stoßen.

Das Tagebuch der Anne Frank wurde weltweit ein großer Erfolg, wovon die inzwischen erreichte Zahl von 15 bis 16 Millionen Exemplaren sowie eine Bühnenbearbeitung und die 1957 entstandene Verfilmung zeugen. Verschiedene Gerichte und Gutachter in den Niederlanden und im übrigen Ausland und zuletzt 1981 das »Gerechtelijke Laboratorium« (Gerichtslaboratorium des Justizministeriums) im Auftrag des »Rijksinstituut voor Oorlogsdocumentatie« (Reichsinstitut für Kriegsdokumentation) in einem 270 Seiten umfassenden Gutachten haben immer wieder die Echtheit der Original-Tagebücher, die sich noch im Besitz der Familie Frank befinden, bestätigt.

Juliane Wetzel

Literatur: Rijksinstituut voor Oorlogsdocumentatie – Niederländisches Staatliches Institut für Kriegsdokumentation, (Hrsg.), Die Tagebücher der Anne Frank. Frankfurt a. M. 1988.

## Arbeitsdienst

Die Idee ist uralt und war in vorindustrieller Zeit nicht sinnlos: »Arbeitsdienst« ist organisierte, ohne der Leistung entsprechendes Entgelt freiwillig oder in öffentlicher Dienstpflicht geleistete Arbeit. In industriell nicht entwickelten Ländern und Kulturen wurden und werden auf diese Weise öffentliche Großbauten realisiert und andere Ziele verwirklicht, wie in Jugoslawien nach 1945 Wiederaufbau, Verkehrserschließung und Bekämpfung des Analphabetentums. Humanitäre und Entwicklungsaufgaben werden als Arbeitsdienst durchgeführt, wie in der »Aktion Sühnezeichen«, im »Deutschen Entwicklungsdienst«, im »U.S. Peace Corps« oder im Rahmen internationaler Jugendbegegnung. Voraussetzung für den Erfolg solcher Arbeitsdienste sind Freiwilligkeit und persönliches Engagement für das gesteckte Ziel.

Staatliche Arbeitsdienste haben in der Regel andere Motive, wie etwa die Hilfsdienste von Zivilisten während eines Krieges (»Vaterländischer Hilfsdienst« in Deutschland im Ersten Weltkrieg) oder der 1920 in Bulgarien eingeführte Arbeitsdienst, durch den im kapitalschwachen Agrarstaat Straßen und Eisenbahnen gebaut wurden und der im Zweiten Weltkrieg auch zur Ausbeutung und Unterdrückung der jüdischen Bevölkerung diente.

In Deutschland forderten nach 1918 rechtsgerichtete Parteien und Bünde einen Arbeitsdienst, der im Zuge des Autarkiegedankens landwirtschaftliche Nutzflächen schaffen und Siedlungspolitik ermöglichen sollte. Aus sozialpädagogischen Motiven entstand eine andere Form der Arbeitsdienstbewegung, die von Studenten aus der Jugendbewegung ins Leben gerufen war. Bedeutung erlangte der freiwillige Arbeitsdienst mit zahlreichen Trägern (Gemeinden, soziale, kirchliche und politische Organisationen) in der Wirtschaftskrise Ende der 20er Jahre. Zur Bekämpfung der Folgen der Massenarbeitslosigkeit förderte die Regierung Brüning 1931 den »Freiwilligen Arbeitsdienst«, dessen Arbeiten »freiwillig, zusätzlich und gemeinnützig« sein mußten. Durch die Ausschaltung aller anderen Träger gelang es Konstantin Hierl, einem frühen Anhänger Hitlers, bald nach der Machtübernahme der NSDAP die ganze Organisation im »NS-Arbeitsdienst« gleichzuschalten. Sein Ziel hatte der ehemalige Oberst im Juni 1935 erreicht, als durch Gesetz die Dienstpflicht eingeführt und der »Reichsarbeitsdienst (RAD)« als staatliche Organisation errichtet wurde: Mit dem Erreichen des 18. Lebensjahrs begann für alle die sechs Monate dauernde Arbeitsdienstpflicht, die in militärischen Formen in Lagern durchgeführt wurde. Die Begründung lautete: »Der Reichsarbeitsdienst ist Ehrendienst am Deutschen Volke. Alle jungen Deutschen beiderlei Geschlechts sind verpflichtet, ihrem Volk im Reichsarbeitsdienst zu dienen. Der Reichsarbeitsdienst soll die deutsche Jugend im Geiste des Nationalsozialismus zur Volksgemeinschaft und zur wahren Arbeitsauffassung, vor allem zur gebührenden Achtung der Handarbeit erziehen.« Während der weibliche Arbeitsdienst (»Arbeitsmaiden«) auch aus organisatorischen Gründen in den Anfängen stekkenblieb, bestand die Dienstzeit für die »Arbeitsmänner« aus weitgehend sinnlosen Beschäftigungen (Landverbesserungen und dergleichen), ideologischer Indoktrinierung und vormilitärischer Ausbildung. Bei den Nürnberger Reichsparteitagen demonstrierte der RAD im Massenaufmarsch mit geschulterten Spaten den einzig wesentlichen Aspekt der nationalsozialistischen »Volksgemeinschaft«, nämlich Unterwerfung und Gehorsam. Der RAD der Männer sei »dank seiner soldatischen Wesensart, der Gliederung in geschlossene Verbände und vermöge seiner besonderen Erziehung und Ausbildung ein jederzeit einsatzbereites kraftvolles Werkzeug des nationalsozialistischen Reiches«, hieß es in der offiziellen Definition; die weibliche Jugend sollte »nach den Gesetzen der Treue, des Gehorsams und der Kameradschaft in der Gemeinschaft des Lagers erzogen werden«. Sozialökonomisch war der Reichsarbeitsdienst nutzlos, volkswirtschaftlich sinnvolle Werte hat er kaum geschaffen, auch der »Ehrendienst am deutschen Volke« diente, wie viele Organisationen des NS-Staates, nur der Ausrichtung der Menschen auf die nationalsozialistische Ideologie.

Wolfgang Benz

Literatur: Henning Köhler, Arbeitsdienst in Deutschland. Pläne und Verwirklichungsformen bis zur Einführung der Arbeitsdienstpflicht im Jahre 1935. Berlin 1967; Wolfgang Benz, Vom Freiwilligen Arbeitsdienst zur Arbeitsdienstpflicht. In: Vierteljahrshefte für Zeitgeschichte 16 (1968), Seite 317–346.

## Arbeitslosigkeit

Im Gefolge der Weltwirtschaftskrise verzeichnete das Deutsche Reich im Januar 1932 einen Höchststand von 6,04 Millionen Arbeitslosen. Beim Machtantritt Hitlers ein Jahr später war ihre Zahl nur leicht, auf 6,01 Millionen, zurückgegangen (im Jahresdurchschnitt 1933 auf 4,8 Millionen). Auch wenn die Abnahme bereits das allmähliche Nachlassen der Weltwirtschaftskrise signalisierte, war in allen wirtschaftlich mit Deutschland vergleichbaren Ländern bis in den Zweiten Weltkrieg hinein eine überdurchschnittliche Arbeitslosigkeit festzustellen. Am raschesten sank die Arbeitslosigkeit dank ausgedehnter staatlicher Arbeitsbeschaffungsprogramme in Deutschland. Solche Programme waren schon von den konservativen Kabinetten Brüning, Papen und Schleicher durchgeführt worden, allerdings in keinem gesamtwirtschaftlich erheblichen Umfang. Hemmschuh war die nach damals herrschender volkswirtschaftlicher Lehrmeinung nicht vertretbare zusätzliche Verschuldung der öffentlichen Haushalte, die nicht zuletzt wegen der Reparationsleistungen Deutschlands ohnehin höchst prekär war. Die von Hitler und dem Reichsbankpräsidenten und zeitweiligen Wirtschaftsminister Schacht gesteuerte Politik des »Deficit spending« in bisher nicht gekanntem Ausmaß ließ die Arbeitslosigkeit (jeweils Zahl der gemeldeten Arbeitslosen) auf Jahresdurchschnitte von 1934: 2,71 Millionen (Höchststand: 3,61 Millionen), 1935: 2,15 Millionen (2,97 Millionen), 1936: 1,59 Millionen (2,52 Millionen) und 1937: 912000 (1,85 Millionen) sinken.

Waren die Arbeitsbeschaffungsprogramme in den ersten beiden Jahren noch von nationalsozialistischer Mittelstandsideologie beherrscht (Belebung der Bauwirtschaft, Wiedereinführung der Handarbeit, Arbeitsdienst), so folgte bald eine Phase rasanter Aufrüstung mit entsprechendem Einsatz von Arbeitern in der Rüstungswirtschaft. Die Steigerung der Rüstungsausgaben von 1932/33 mit 7,5 Prozent der Staatsausgaben auf 1938/39 mit 60 Prozent erklärt den mit der massierten Aufrüstung ab 1936 erkennbaren starken Rückgang der Arbeitslosenzahl.

Für die wieder in den Arbeitsprozeß Eingegliederten bedeuteten die schon im Mai 1933 durchgeführte Zerschlagung der Gewerkschaften und die Einführung des Führerprinzips auch in den Betrieben den Verlust des Koalitions- und Streikrechts und jeder Art von Mitbestimmung. Staatliche »Treuhänder der Arbeit«, die aus Industrieverbänden und der Beamtenschaft, nicht aus der Arbeiterschaft kamen, setzten Löhne und Arbeitsbedingungen fest; gesetzliche Regelungen des »Arbeitseinsatzes« ermöglichten dem

Staat die von ihm gewünschte Verteilung der Arbeitskraft. Mochte die Aufgabe persönlicher Freiheiten und Rechte manchen ehemaligen Arbeitslosen als Solidarbeitrag zur Bekämpfung der Krise vertretbar erscheinen, so entzog sich die letztlich unsolide Finanzierung des Wirtschaftsaufschwungs der Kenntnis der breiten Masse. Schacht hatte mit dem System der sogenannten Mefo-Wechsel den größten Teil der Arbeitsbeschaffungs- beziehungsweise Rüstungsmaßnahmen finanzieren können, allerdings unter der Voraussetzung, daß ab 1938 die Steuereinnahmen des Staates dank einer wiedergesundeten Volkswirtschaft und stagnierender Rüstungsausgaben die Rückzahlung der Wechsel in Höhe von 12 Milliarden Reichsmark ermöglichen würden. Sein Rücktritt 1939 kennzeichnet die Grenzen der nationalsozialistischen Wirtschafts- und Arbeitspolitik. Durch den Krieg wurde ihre Unseriosität zwar zunächst verschleiert, sie mußte aber schließlich auch vom deutschen Arbeiter mit der Währungsreform von 1948 bezahlt werden.

Hermann Weiß

## »Asoziale und Berufsverbrecher«

Im August 1960 verurteilte das Amtsgericht Dachau einen 25jährigen Elektriker wegen Verunglimpfung des Andenkens Verstorbener, öffentlicher Billigung von Verbrechen und Beleidigung. Dieser Mann hatte bei einem Besuch des ehemaligen Dachauer Lagerkrematoriums zu randalieren begonnen und den dortigen Aufsichtsbeamten, der selbst Häftling im Konzentrationslager Dachau gewesen war, aufs übelste beschimpft. Abschließend hatte der Elektriker vor dem Denkmal des unbekannten KZ-Häftlings geäußert: »Warum sagt ihr nicht, daß lauter Verbrecher verbrannt worden sind, um die es nicht schade ist, daß sie hier unter dem Moos liegen.«

Ähnliche Äußerungen hat es in den 30 Jahren, die seither vergangen sind, immer wieder gegeben, offen oder hinter vorgehaltener Hand. »In den Konzentrationslagern waren vor allem Berufsverbrecher und Asoziale« – damit kann man sich auch heute noch von den Insassen der Konzentrationslager distanzieren, und daß man die anderen Häftlingsgruppen, Kommunisten, Juden oder Homosexuelle, ähnlich kategorisiert, braucht man erst gar nicht zu äußern.

Die Konzentrationslager waren das wichtigste Terrorinstrument des nationalsozialistischen Staates. Jedermann wußte von ihrer Existenz, auch wenn genaue Einzelheiten über das, was darin geschah, nicht bekannt wurden, da den entlassenen Häftlingen absolutes Schweigegebot auferlegt wurde. Die ersten Opfer dieser Einrichtung wurden bereits wenige Wochen nach der Machtübernahme Hitlers die politischen Gegner der Nazis: Sozialdemokraten, Kommunisten, Gewerkschafter, vereinzelte Monarchisten, die sich vor dem Jahr 1933 auch gegenseitig heftig bekämpft hatten, fanden sich gemeinsam hinter Stacheldraht wieder. Nach dem Verbot der politischen Organisationen, Parteien und Gewerkschaften wurde 1933 auch die Organisation der Bibelforscher (Zeugen Jehovas) verboten, und ihre Anhänger wurden in die Konzentrationslager eingeliefert.

Bis zum Beginn des Zweiten Weltkrieges füllten allmählich alle dem Regime nicht genehmen oder verhaßten deutschen, und ab 1938 auch österreichischen Bürger, die nun allerdings als Deutsche galten, die Konzentrationslager: politische Gegner aller Schattierungen, Juden und Zigeuner, die als »rassisch minderwertig« eingestuft wurden, Geistliche, die sich gegen die Gleichschaltung und Unterdrückung der Kirchen wandten, und viele, die wegen kritischer Äußerungen denunziert worden waren. Ab Ende 1937 wurde nach einem Erlaß des Reichsinnenministers die sogenannte polizeiliche Vorbeugehaft, sprich KZ-Haft, auch für folgende Personen eingeführt: 1. Berufs- und Gewohnheitsverbrecher; 2. gemeingefährliche Personen; 3. Asoziale. Als »Asoziale« wurden Personen klassifiziert, denen man »gemeinschaftswidriges Verhalten« vorwarf, wobei die Entscheidung bei den Ordnungs- und Polizeibehörden lag. Auch Zigeuner wurden dieser Gefangenengruppe zugeordnet. Die Häftlinge wurden in verschiedene Kategorien eingeteilt, die durch eine Kennzeichnung auf der Gefangenenkleidung sichtbar gemacht wurden. Neben der Gefangenennummer hatten die politischen Häftlinge ein rotes, die Kriminellen ein grünes und die Gruppe der sogenannten Asozialen ein schwarzes Stoffdreieck, den »Winkel« aufgenäht. In der Lagersprache nannte man sie auch kurz die »Roten« oder »Grünen«.

Hatte man bei der Eröffnung des Konzentrationslagers Dachau im März 1933 noch erklärt, daß dort alle, »die die Sicherheit des Staates gefährdeten«, verwahrt werden würden, so wurde bald darauf die Funktion der Lager als Stätten der Umerziehung von Verbrechern in den Vordergrund gestellt. Damit wurden die politischen Gegner in der Öffentlichkeit als Kriminelle diskriminiert, was bis heute fortwirkt.

Das Lager Dachau war immer ein politisches Lager, das heißt, die politischen Gefangenen, die die ersten gewesen waren und die Bedingungen am besten kannten, hatten einen großen Teil der Schlüsselstellungen in der sogenannten Häftlingsselbstverwaltung inne, die von der SS eingesetzt war und den größten Teil der Organisation des Lagerbetriebes durchführte. Damit konnte im Lager Dachau im allgemeinen verhindert werden, daß kriminelle Häftlinge in Positionen gelangten, die ihnen Macht über ihre Mithäftlinge gaben und die sie oftmals rücksichtslos mißbrauchten. Bei später errichteten Konzentrationslagern, wie Buchenwald, Flossenbürg oder Mauthausen, entsandte die SS von Anfang an kriminelle Gefangene in Schlüsselpositionen, um den Einfluß der »Roten« zu schwächen und ihre eigenen Spitzel und Handlanger in die Häftlingsgesellschaft einzuschleusen. Von Ausnahmen abgesehen spielte die Gruppe der »Grünen«, die von den anderen Häftlingen gefürchtet und vor allem von den politischen Gefangenen bekämpft wurde, eine unheilvolle Rolle. Viele von ihnen wurden zum willigen Werkzeug der SS-Bewacher und schreckten selbst vor dem Mord an ihren Mitgefangenen nicht zurück. Die Häftlinge mit dem schwarzen Winkel oder die Gruppe der Homosexuellen, die einen rosa Winkel trugen, traten in der Häftlingsgesellschaft viel weniger in Erscheinung, und während der Kriegsjahre spielten sie auch zahlenmäßig nur noch eine geringe Rolle.

Alle KZ-Häftlinge, gleichgültig welcher Gruppe sie angehörten, waren Opfer eines Unrechtsstaates, der die Rechtsnormen außer Kraft gesetzt hatte. Dies ist auch mehr als ein halbes Jahrhundert nach Errichtung der nationalsozialistischen Konzentrationslager noch keineswegs allgemein anerkannt.

Barbara Distel

Literatur: Falk Pingel, Häftlinge unter SS-Herrschaft. Widerstand, Selbstbehauptung und Vernichtung im Konzentrationslager. Hamburg 1978; Hermann Langbein, ...nicht wie die Schafe zur Schlachtbank. Widerstand in den nationalsozialistischen Konzentrationslagern 1938–1945. Frankfurt a. M. 1980.

## Auschwitz

Auf Befehl des Reichsführers SS und Chefs der Deutschen Polizei, Heinrich Himmler, wurde im Frühjahr 1940 in alten Kasernen bei Auschwitz (in dem kurz zuvor dem Deutschen Reich eingegliederten ostoberschlesischen Bezirk Kattowitz) ein Konzentrationslager errichtet. Bis zum Herbst 1941 diente es vor allem als Durchgangslager für Polen (die größtenteils als Angehörige der Widerstandsbewegung verhaftet worden waren). Das Lager war meist mit über 10000 Häftlingen belegt. Nach einem Besuch Himmlers in Auschwitz am 1. März 1941 wurde das Lager stark vergrößert (Gesamtfläche des Sperrbezirks 40 km$^2$), das Stammlager auf dem ehemaligen Kasernengelände ausgebaut, ein Teil davon abgegrenzt und im Oktober 1941 mit 10000 sowjetrussischen Kriegsgefangenen belegt, die das ca. 1 km entfernt gelegene Lager Birkenau (poln. Brzezinka) aufzubauen hatten. Von diesen 10000 Kriegsgefangenen lebten am 1. März 1942 noch 925. Im Laufe der Jahre 1942 und 1943 wurde Auschwitz-Birkenau nach und nach erweitert und in verschiedene Abteilungen gegliedert, die u. a. mit weiblichen und männlichen jüdischen Häftlingen und Zigeunern belegt wurden; ein Teil diente als Häftlingskrankenbau.

Im Frühjahr 1941 begann man bei dem ca. 7 km östlich von Auschwitz gelegenen Monowitz im Auftrag des I. G.-Farben-Konzerns eine Fabrikationsanlage für Buna (synthetischer Kautschuk) zu errichten, neben der im Oktober 1942 ein eigenes Häftlingslager für die dort Beschäftigten entstand. 1943/44 wurden weitere Arbeitslager in der Umgebung geschaffen, um den Arbeitskräftebedarf der SS-eigenen Bau- und Landwirtschaftsbetriebe und der nach Ostoberschlesien ausgelagerten Rüstungsbetriebe zu dekken. Man muß also unterscheiden zwischen dem Stammlager Auschwitz (durchschnittlich mit 15000 bis 18000 Häftlingen belegt), Auschwitz-Birkenau (das zum eigentlichen

Vernichtungslager wurde (höchste Belegungszahl 1943 rund 140 000 Menschen) und Auschwitz-Monowitz (7000– 10 000 Häftlinge) mit seinen Außen-Arbeitslagern (bis 1944 insgesamt 40 mit Belegschaften von einigen wenigen bis zu einigen Tausenden Häftlingen).

Vor allem in Auschwitz-Birkenau führten die völlig unzureichenden Unterkünfte (das Lager war ständig überbelegt), die miserablen hygienischen Verhältnisse, die schlechte Ernährung und die harten Arbeitsbedingungen dazu, daß sehr viele Häftlinge an Seuchen, Unterernährung und Erschöpfung starben (mit über 50 Prozent hatte Auschwitz 1942/43 die höchste Sterblichkeitsquote von allen Konzentrationslagern). Für alle in das Lager eingelieferten arbeitsfähigen Juden galt das Prinzip »Vernichtung durch Arbeit«.

Der ganze Lagerkomplex von Auschwitz unterstand von Mai 1940 bis November 1943 dem SS-Hauptsturmführer Rudolf Höß als Kommandanten. Nach dessen Versetzung wurde er im Dezember 1943 aufgeteilt in die Lager Auschwitz I (Stammlager), Auschwitz II (Birkenau) und Auschwitz III (Monowitz und die Außen-Arbeitslager) unter jeweils eigenen Kommandanten. Höß war jedoch vom 8. Mai bis 29. Juli 1944 nochmals in Auschwitz, um als Standortältester die Aufnahme und Ermordung der großen Judentransporte aus Ungarn zu organisieren.

Im Sommer 1941 wurde Höß von Himmler beauftragt, in Auschwitz die Voraussetzungen zu schaffen für die Durchführung der von Hitler befohlenen »Endlösung der Judenfrage«, da dafür die schon bestehenden »Vernichtungsstellen im Osten« (Höß; gemeint sind Chelmno, Belzec, Sobibor, Treblinka und Majdanek) nicht ausreichen würden. Nach einigen Probevergasungen von sowjetischen Kriegsgefangenen im Stammlager Auschwitz begannen ab Januar 1942 systematisch die Transporte von Juden aus Deutschland und allen von Deutschland besetzten oder abhängigen Gebieten Europas in Auschwitz einzulaufen. Die Insassen der Züge wurden gleich bei der Ankunft an der Bahnrampe selektiert nach Arbeitsfähigen, die, registriert und mit einer Nummer versehen (Tätowierung auf den linken Unterarm), ins Lager marschieren mußten, und Nicht-Arbeitsfähigen (darunter alle unter 15- und über 45jährigen), die sofort in die als Duschräume getarnten

Gaskammern geschickt wurden. Für die Tötung verwendete man in Auschwitz von Anfang an Zyklon B, ein Blausäurepräparat, das man ansonsten mit großer Vorsicht zur Un-
gezieferbekämpfung benutzte, weil es beim Menschen auch
bei geringer Dosis in wenigen Minuten tödlich wirkt. 1942
dienten zwei umgebaute Häuser nördlich des Lagers Birkenau als provisorische Gaskammern. Im Frühjahr 1943 wurden zwei große neugebaute Krematorien in Birkenau in
Betrieb genommen, die unterirdisch gelegene Auskleide-
und Vergasungsräume hatten, welche be- und entlüftet
werden konnten. Die Leichen wurden durch einen Aufzug
zu den darüber befindlichen Verbrennungsöfen gebracht.
Die Vergasungsräume dieser Krematorien faßten bis zu
3000 Menschen. Bald danach wurden noch zwei weitere
kleinere Krematorien mit daneben liegenden oberirdischen
Auskleide- und Vergasungsräumen gebaut. Den Leichen
wurden vor der Verbrennung die Goldzähne herausgebro-
chen, den Frauen die Haare abgeschnitten (um zu Filz für
Ausrüstungszwecke verarbeitet zu werden). Die mitgeführ-
ten Habseligkeiten waren den Juden schon bei der Ankunft
abgenommen und in Effektenlagern sortiert worden (Wertsachen gingen an das Wirtschafts- und Verwaltungs-Hauptamt der SS, ein Teil der Kleidung an das Winterhilfswerk
der NS-Volkswohlfahrt).

Die Mordaktionen in Auschwitz-Birkenau dauerten bis
Anfang November 1944. Im Januar 1945 wurde das Lager
geräumt, wobei sehr viele Häftlinge auf den Fußmärschen
und Transporten in offenen Güterzügen nach Westen im
harten Winter ums Leben kamen. Mindestens 7000 kranke
Häftlinge blieben in Auschwitz zurück und wurden am
27. Januar 1945 von der Roten Armee befreit, von ihnen
konnten aber nur noch etwa 5000 vor dem Tod gerettet
werden.

Schon im Sommer 1944 begann die SS mit der Beseitigung der Spuren der Verbrechen in Auschwitz, indem sie
die Transportlisten der deportierten Juden verbrannte. Im
Januar 1945 sprengte man die Krematorien und Gaskammern und vernichtete einen großen Teil der Akten. Diese
Vernichtung der Unterlagen und der Umstand, daß die
große Zahl derjenigen, die gleich nach der Ankunft für die
Vergasung selektiert wurden, gar nicht erst registriert worden ist, machen eine genaue Ermittlung der Zahl der in

Auschwitz getöteten Menschen unmöglich. Nach neueren Forschungen sind im Gesamtkomplex von Auschwitz mindestens 1,1 Millionen, möglicherweise bis zu 1,5 Millionen Menschen ums Leben gekommen (darunter mindestens 960000–1000000 Juden, 70000–75000 Polen christlicher Konfession, 21000 Zigeuner und 15000 sowjetische Kriegsgefangene). Der größte Teil dieser Menschen starb durch Gas, ein beträchtlicher Teil aber auch durch Erschießungen, medizinische Versuche, Seuchen, Unterernährung und eben »Vernichtung durch Arbeit«.

Nachrichten, denen zufolge von sowjetischer Seite unlängst dem Internationalen Roten Kreuz ein sogenanntes »Todesregister« des Konzentrationslagers Auschwitz mit 74000 Namen übergeben worden sei, können sich nur auf einen übriggebliebenen Teil des ursprünglich sehr viel umfangreicheren Registers der Todesfälle im Stammlager Auschwitz beziehen. In der Gedenkstätte von Auschwitz befand sich eine Tafel, derzufolge von 405222 »erfaßten« (also registrierten) Häftlingen etwa 340000 ums Leben gekommen seien. Das sind weit mehr als in dem erwähnten Namensregister. Auch hierbei kann es sich nur um die in das Konzentrationslager und die Arbeitslager eingelieferten Häftlinge handeln.

Wenn auf einer bis vor kurzem ebenfalls in der Gedenkstätte in Auschwitz angebrachten Gedenktafel die Zahl der ermordeten Juden mit vier Millionen angegeben wurde, so bezog sich diese Zahl nicht allein auf Auschwitz. Die Zahl führte zu Irritationen, denn wenn sie die Gesamtzahl der durch die nationalsozialistische Gewaltherrschaft ums Leben gekommenen Juden bezeichnen sollte, war sie zu niedrig angesetzt, wenn sie sich allein auf Auschwitz bezog, war sie zu hoch. Die Gedenktafel ist deshalb inzwischen entfernt worden. Doch in keinem anderen Lager sind so viele Menschen ermordet worden wie in Auschwitz. Es war die »größte Menschen-Vernichtungs-Anlage aller Zeiten«, wie sie sein Kommandant Höß selbst bezeichnete. Deshalb ist der Name Auschwitz zum Symbol des größten systematischen Massenmordes der Geschichte geworden.

Hellmuth Auerbach

Literatur: Kommandant in Auschwitz. Autobiographische Aufzeichnungen des Rudolf Höß. Hrsg. v. Martin Broszat, München 1963 u.

öfter; Danuta Czech, Kalendarium der Ereignisse im Konzentrationslager Auschwitz-Birkenau 1939–1945. Reinbek 1989; Hermann
Langbein, Menschen in Auschwitz. Wien 1987.

## Auschwitz-Lüge

Das Ausmaß und die gleichsam technisch-fabrikmäßige
Methode der Tötung von großen Menschenmassen durch
Giftgas aufgrund ihrer »rassischen« und kulturellen Andersartigkeit machen die nationalsozialistische Judenvernichtung zu einem einzigartigen Phänomen in der Geschichte Europas (einschließlich der Sowjetunion), durch
seine Größenordnung auch unvergleichbar und unfaßbar
für den normalen Menschenverstand. Die Dimension dieser Greueltaten hat zur Folge, daß viele Deutsche – in
deren Namen sie ja geschehen sind – sie nicht wahrhaben
wollen oder aus ihrem Bewußtsein zu verdrängen suchen.

Bestimmte Kreise wollen diese Verbrechen aber nicht
nur nicht wahrhaben, sondern versuchen mit allen Mitteln,
sie zu verharmlosen oder abzustreiten. Ihr Standpunkt, daß
nicht sein kann, was nicht sein darf, führt sie dazu, historische Fakten einfach zu leugnen – unter fadenscheinigen
Vorwänden wie: es fehle das Dokument (der Befehl Hitlers
etwa), das die Sache ausgelöst habe. Es wird argumentiert,
da es ja keinen schriftlichen Befehl zur »Endlösung der
Judenfrage« gebe, habe diese gar nicht stattgefunden! (Tatsächlich hat aber Himmler in mehreren Reden deutlich gemacht, daß er in dieser Sache auf Befehl Hitlers handelte.)
Das entspricht etwa der Argumentation: Wenn die Durch-
halte-Befehle Hitlers nicht schriftlich vorlägen, hätte die
Tragödie von Stalingrad nicht stattgefunden, auch wenn
diese wie andere historische Ereignisse durch Hunderttausende erlebt und bezeugt wurden.

Die Rechtsradikalen, die die Geschichte ungeschehen
machen, sie revidieren wollen, nennen sich »Revisionisten«. Tatsächlich sind sie Apologeten des Nationalsozialismus, egal, ob sie deutscher, französischer, kanadischer,
US-amerikanischer oder sonstiger Nationalität sind. Sie behaupten, wissenschaftlich zu argumentieren, mißachten
aber die einfachsten Regeln der kritischen Geschichtswissenschaft. Dokumente und Aussagen von Beteiligten, deren Inhalt ihren Behauptungen zuwiderläuft, werden nicht

etwa kritisch erörtert und analysiert, sondern negiert oder als gefälscht oder unter erpresserischem Druck zustande gekommen bezeichnet, gleich, ob es sich um das Tagebuch der Anne Frank oder um die Niederschrift des Kommandanten von Auschwitz, Rudolf Höß, handelt. Es wird auch immer wieder behauptet, viele wichtige Dokumente der Kriegsjahre seien noch von den Alliierten beschlagnahmt, geheimgehalten und nicht zugänglich. In Wirklichkeit gibt es wohl keine andere Periode der deutschen Geschichte, deren innere und äußere Entwicklung so gut dokumentiert und erforscht ist wie die Jahre von 1933 bis 1945. Die deutschen Akten, die sich in westalliierter Hand befanden, sind heute frei zugänglich, und zwar zum größten Teil im Bundesarchiv Koblenz, im Auswärtigen Amt in Bonn und in anderen öffentlichen Archiven.

Die Revisionisten negieren Forschungsergebnisse, die ihnen nicht passen, oder versuchen, sie lächerlich zu machen. Sie werden deshalb mit Recht immer häufiger »Negationisten« genannt. Sie beziehen sich mit Vorliebe auf ihresgleichen, schreiben voneinander ab. Durch ständiges Wiederholen derselben Argumente in Büchern, Aufsätzen und Pamphleten soll diesen Glaubwürdigkeit verliehen werden. Obwohl sie anderen vorwerfen, gefälschte Dokumente zu benutzen, fabrizieren sie selbst Fälschungen (siehe Lachout-Dokument), argumentieren mit erfundenen Zahlen und versuchen mit plumpen Methoden zu »beweisen«, daß es gar keine Vergasungen gegeben habe (siehe Leuchter-Report).

Die Argumentation der Revisionisten ist zwangsläufig dilettantisch, parteiisch und unseriös, da sie die Realität verleugnen. Jede Rechtfertigung der nationalsozialistischen Herrschaft geht auf Kosten der intellektuellen Redlichkeit und der Menschenwürde all derer, die unter ihr gelitten haben. Von juristischer Seite wurde durch ein Urteil des Bundesgerichtshofs vom 18. September 1979 entschieden, daß das Leugnen der Judenverfolgung und -vernichtung im »Dritten Reich« eine Fortsetzung der Diskriminierung der betroffenen Menschen bedeute und somit strafbar sei. Dieser Grundsatz ist 1985 unter der inoffiziellen Bezeichnung »Gesetz gegen die ›Auschwitz-Lüge‹« auch in das Strafgesetzbuch aufgenommen worden.

Hellmuth Auerbach

Literatur: Lothar Baier, Auschwitz und seine Weißwäscher. Robert Faurisson & Genossen. In: Lothar Baier, Französische Zustände. Berichte und Essays, Frankfurt a. M. 1985, Seite 92–123; Hermann Graml, Alte und neue Apologeten Hitlers. In: Wolfgang Benz (Hrsg.), Rechtsextremismus in der Bundesrepublik. Voraussetzungen, Zusammenhänge, Wirkungen. Frankfurt a. M. 1989, Seite 63–92.

## Ausländer

Gastarbeiter, Asylanten, Flüchtlinge, Staatenlose, die hier stationierten ausländischen Streitkräfte, Angehörige des Diplomatischen Corps, Studenten, Vertreter ausländischer Wirtschaftsunternehmen: Ende 1988 betrug die Zahl der Ausländer knapp 4,5 Millionen, das sind 7,3 Prozent der Bevölkerung der alten Bundesrepublik (Statistisches Bundesamt). Rund 60 Prozent dieser Ausländer leben bereits seit zehn und mehr Jahren hier.

Die zunehmende Ausländerfeindlichkeit in den letzten Jahren richtet sich vor allem gegen Gastarbeiter – besonders die Türken als größte Nationalitätengruppe sind Zielscheibe der Ablehnung – und gegen Asylsuchende. Aussiedler werden zwar in steigendem Maße in die Feindseligkeiten einbezogen, nach geltendem Recht sind sie jedoch Deutsche und fallen damit nicht unter den Status »Ausländer«.

Mit Hetzparolen wie »Ausländer-Stopp. Deutschland den Deutschen!«, »Ausländer raus! Bevor der Volkszorn erwacht«, »Türken raus!« oder »Deutschland gehört uns!« schüren rechtskonservative und rechtsradikale Gruppen den Ausländerhaß. Republikaner, NPD, Deutsche Volksunion fordern die »Ausländerrückführung«; die »Initiative für Ausländerbegrenzung«, eine »Bürgerinitiative Ausländerstopp«, die »Aktion Ausländerrückführung« oder der »Arbeitskreis Überfremdung« wurden mit diesem Ziel gegründet.

Einige der am häufigsten verwendeten Behauptungen sind:

– »Ausländer nehmen Deutschen die Arbeitsplätze weg!« Seit 1955 wurden gezielt ausländische Arbeitskräfte angeworben, seit 1973 gilt ein Anwerbestopp, der zusammen mit Rückkehrprämien und anderen Maßnahmen die Zahl der Gastarbeiter von ca. 2,6 Millionen (1973) auf knapp

1,6 Millionen (1987) gesenkt hat. Ein Großteil davon übt Tätigkeiten aus, für die trotz hoher Arbeitslosigkeit immer noch kaum deutsche Arbeitskräfte in Dauerbeschäftigung zu finden sind. Für Asylbewerber besteht ein Arbeitsverbot bis zu fünf Jahren.
– »Ausländer leben auf Kosten der Deutschen!«
Ausländische Arbeitnehmer zahlen Beiträge zur Sozialversicherung wie jeder beschäftigte Deutsche. Am Lohn- und Einkommensteueraufkommen sind sie mit rund 10 Milliarden DM beteiligt. Wenn sich Beschäftigte bei der Rückkehr in ihre Heimatländer die Rentenversicherungsbeiträge ausbezahlen lassen, so verbleibt der jeweilige Arbeitgeberanteil bei der Rentenkasse; die aktuellen Probleme der Rentenfinanzierung für die überalternde deutsche Bevölkerung werden dadurch und durch lange Einzahlungszeiten der im Durchschnitt jüngeren ausländischen Beschäftigten also indirekt sogar abgeschwächt.

Sozialhilfe beziehen Ausländer sehr selten, da in diesem Fall die Ausweisung angedroht wird; lediglich die Asylbewerber sind durch das Arbeitsverbot von Staats wegen auf Sozialhilfe angewiesen.
– »Ausländer nehmen Deutschen die Wohnungen weg!«
Meistens leben Ausländer in sanierungsbedürftigen Wohnungen, für die sie nicht selten Wuchermieten bezahlen müssen. Die ausländische Wohnbevölkerung konzentriert sich auf die Wohnviertel, wo der Bestand an Wohnraum ohne Komfort hoch, der Wohnwert durch Umweltbelastung gering ist und daher für Deutsche lange Zeit als unzumutbar galt. Die so entstandene Ghettobildung kann also nicht als gezielte Verdrängung der deutschen Bürger dargestellt werden.

Asylbewerber dürfen sich selbst keine Wohnungen suchen, sie werden im allgemeinen in Sammelunterkünfte eingewiesen.
– »Eine Ausländerflut überfremdet Deutschland!«
Mit völkisch-nationalistischen Begriffen wird behauptet, die »deutsche Volksgemeinschaft« und ihre Kultur würden von den Ausländern bedroht. Obwohl in der Bundesrepublik prozentual weniger Ausländer leben als in den Nachbarländern (Schweiz zirka 15, Belgien und Niederlande je 10, Frankreich 8 Prozent), empfinden 75 Prozent der Bundesbürger die Zahl der Ausländer als zu hoch.

Die Hürden für den Zuzug von Ausländern werden seit Jahren kontinuierlich erhöht: Änderungen der Ausländergesetze, z. B. mit Einschränkungen beim Familiennachzug, nur wenige Dauer-Aufenthaltsberechtigungen, kein generelles Wahlrecht für Ausländer und drastische Einschränkungen des Asylrechts (Artikel 16 Grundgesetz) mit einer Anerkennungsquote der Asylanten von derzeit 9 Prozent (Frankreich 40, Belgien 47, Italien 50, Dänemark 75 Prozent).

Brigitte Emmer

## Autobahnen

Mit der wachsenden Motorisierung im Transport- und Verkehrswesen und der Zunahme des Individualverkehrs auch im Fernverkehrsbereich wurden in den westlichen Industrieländern seit den 20er Jahren unseres Jahrhunderts Fern- und Schnellstraßen mit getrennten Richtungsfahrbahnen, Ortsumgehungen, kreuzungsfreien Trassenführungen und geeigneten Fahrbahndecken von privaten Interessenverbänden der Industrie und des Verkehrsgewerbes, aber auch von Gemeinden und Kommunalverbänden aus Ballungs- oder Fremdenverkehrsgebieten propagiert und gefordert. Amerikanische »Highways« und die 130 Kilometer lange »Autostrada« von Mailand zu den oberitalienischen Seen, 1922–23 gebaut, waren die wichtigsten Vorbilder für solche Überlegungen auch in Deutschland, das mit der Berliner »AVUS« (Automobil-Verkehrs- und Übungsstraße) die vermutlich älteste Autobahn der Welt besaß (Baubeginn 1913, Fertigstellung 1921). Die »Studiengesellschaft für den Automobilstraßenbau« (Stufa) beschäftigte sich seit 1924 mit den theoretischen Grundlagen von Autostraßen, die »Hafraba«, ein »Verein zur Vorbereitung der Autostraße Hansestädte-Frankfurt-Basel«, legte schon 1927 Pläne für ein deutsches Automobilstraßennetz vor (die Bezeichnung »Autobahn« wurde vom Pressechef der »Hafraba«, Kurt Kaftan, durchgesetzt, der eine gleichnamige Zeitschrift herausgab).

Die Wirtschaftsrezession am Ende des Jahrzehnts verhinderte die Verwirklichung der meisten Autobahnplanungen, so bei der 1927 fertig projektierten Main-Neckar-Strecke der Autobahn Hamburg-Basel oder der Autobahn

Köln-Ruhrgebiet. Zudem trat in den meisten Fällen die öffentliche Hand für den Ausbau des vorhandenen Straßen- und Eisenbahnnetzes und für Finanzhilfen im Wohnungsbau und bei der Energieversorgung ein. Noch war das Auto als Massenverkehrsmittel erst im Kommen und im Individualverkehr ausgesprochener Luxus. Immerhin wurde die teilweise aus Mitteln der Arbeitslosenfürsorge im Zuge von Arbeitsbeschaffungsmaßnahmen finanzierte Autobahn Köln-Bonn noch 1932 fertiggestellt. Die Möglichkeit großzügiger Arbeitsbeschaffungsprogramme durch den Bau eines europäischen Autobahnnetzes sah auch der noch 1931 zustande gekommene Erste Internationale Autobahnkongreß in Genf.

Führende Funktionäre der NSDAP wie Gregor Strasser und ihr Wirtschaftstheoretiker, der Ingenieur Gottfried Feder, hatten vor der Machtübernahme den Autobahnbau abgelehnt; an dem seit 1930 allen Parteien zugesandten Informationsmaterial der Hafraba zeigte die Reichstagsfraktion der NSDAP keinerlei Interesse. Sofort nach der Machtübernahme jedoch ging der technikbegeisterte Autoliebhaber Hitler daran, die Motorisierung Deutschlands voranzutreiben. Die Hafraba wurde im August 1933 gleichgeschaltet und ging in der »Gesellschaft zur Vorbereitung der Autobahnen« (GEZUVOR) auf. Dem im Juni 1933 zum »Generalinspektor für das deutsche Straßenwesen« ernannten Bauingenieur Dr. Fritz Todt, der sich Hitler zu Beginn des Jahres durch Pläne für eine Autobahn zwischen München und dem Chiemsee empfohlen hatte, war es damit möglich, auf das gesamte Erfahrungs- und Planungsmaterial der Hafraba und auf deren Mitarbeiter zurückzugreifen. Nur so ist zu erklären, daß Hitler schon im September 1933 den ersten Spatenstich an »seinen« Autobahnen vornehmen konnte.

Der Ausbau eines Autobahnnetzes von 3000 Kilometern bis Ende 1938 war zweifellos eine große technische Leistung (bis zum Kriegsende kamen noch einmal 832 Kilometer hinzu). Bewußt irreführend war allerdings die Methode der NS-Propaganda, Hitler zum Erfinder der Autobahn schlechthin zu stilisieren, der sich bereits während seiner Festungshaft in Landsberg mit Autobahnplänen beschäftigt habe. In einer mit dem Goebbelsschen Propagandaministerium abgesprochenen Sprachregelung »über die gemeinsam durchzuführende Propaganda« schrieb der Direktor der GEZUVOR im Oktober 1933: »Als einer der besten Straßenkenner Deutschlands (die vom Führer in den letzten zehn Jahren zurückgelegte Strecke auf den deutschen Straßen beträgt zirka 1,3 Millionen Kilometer...) hat unser Führer in genialer Weise den Plan für die Reichsautobahnen selbst aufgestellt...«

Abgesehen von der propagandistischen Selbstbeweihräucherung läßt sich unter arbeitspolitischen Gesichtspunkten darüber streiten, ob der beim damaligen Stand der Motorisierung keineswegs notwendige Ausbau der Autobahnen richtig war, da sich auch mit anderen Baumaßnahmen konjunkturwirksame, schnell greifende Arbeitsbeschaffungsprogramme aufstellen ließen, die sozialpolitisch sinnvoller gewesen wären. Die Mittel für die Finanzierung des Autobahnbaus, bis 1944 etwa 6,5 Milliarden Reichsmark, kamen ohnehin zu einem großen Teil aus dem Vermögen der »Reichsanstalt für Arbeitsvermittlung und Arbeitslosenversicherung«, also von den Arbeitnehmern. Außer dem Zweck der Arbeitsbeschaffung, der mit höchstens 130000 Arbeitsplätzen im Autobahnbau bei einem Arbeitslosendurchschnitt von fast 1,8 Millionen im Jahre 1936 (1937: 1,2 Millionen) allerdings nicht überschätzt werden darf, ist die militärische Zielsetzung, die Hitler bereits in der Kabinettssitzung vom 8. Februar 1933 für alle »öffentlichen Maßnahmen zur Arbeitsbeschaffung« beachtet wissen wollte, eindeutig zu belegen. Die Wehrmachtführung griff aktiv in die Trassenführung der Autobahnen ein; der Autobahnbau war außerdem eine strategisch äußerst wertvolle Ergänzung bei der Motorisierung des Heeres im Zuge der Gesamtaufrüstung Deutschlands. Schließlich müssen die Planungen europäischer Fernautobahnen vor allem nach Osten (Berlin–Frankfurt a. d. Oder–Posen–Lodz, Berlin–Stettin–Elbing, Berlin–Breslau–Wien, Königsberg–Lodz–Wien, Graudenz–Thorn–Lodz, ab 1941 auch Polen–Minsk und Riga–Leningrad, Lemberg–Kiew–Rostow und Charkow–Krim), aber auch nach Norden und Westen (Lübeck–Kopenhagen–Malmö und Ruhrgebiet–Niederlande, Luxemburg–Paris, Saarland–Nancy, Aachen–Maastricht–Brüssel) unter dem Gesichtspunkt der militärischen, aber auch der wirtschaftlichen Expansion gesehen werden, die während des Zweiten Weltkriegs eine Zeitlang realisierbar schienen. Die in den 20er Jahren aktuelle Vorstellung von der tourismusfördernden, völkerverbindenden Wirkung der Autobahnen degenerierte unter der NS-Herrschaft schließlich zur Planung einer technisch perfekten Infrastruktur für das halb Europa umfassende, ganz Europa beherrschende »Großdeutsche Reich«.

Hermann Weiß

Literatur: Paul Hafen, Das Schrifttum über die deutschen Autobahnen. Bonn 1956 (Bibliographie).

## Babi Jar

Babi Jar ist der Name einer Schlucht bei Kiew, die im Zweiten Weltkrieg zum Ort schrecklichen Geschehens wurde, zu einem der Plätze des nationalsozialistischen Völkermords. Babi Jar gehört zu jener Realität, die immer noch von vielen verdrängt oder verleugnet wird. Am 19. September 1941 marschierten deutsche Truppen in das eroberte Kiew ein. Dazu gehörte das »Sonderkommando 4a« der »Einsatzgruppe C«. Die »Einsatzgruppen der Sicherheitspolizei und des SD«, gebildet aus Angehörigen der Ordnungspolizei und der Waffen-SS, geführt von Offizieren der Gestapo, der Kriminalpolizei und des SD, hatten die Aufgabe, in den eroberten Gebieten Polens und der Sowjetunion »gegenüber der Zivilbevölkerung Exekutivmaßnahmen zu treffen«. Dahinter verbarg sich für die vier Einsatzgruppen (jeder Heeresgruppe der Wehrmacht war im Rußlandfeldzug eine Einsatzgruppe zugeordnet) der Auftrag, politisch und »rassisch« Unerwünschte zu ermorden. Insgesamt fielen den 3000 Mann der Einsatzgruppen zwischen Juni 1941 und April 1942 mehr als 550000 Menschen zum Opfer: Juden, Zigeuner, kommunistische Funktionäre, Frauen und Kinder.

In Kiew nahm das Sonderkommando 4a Sprengstoffexplosionen zum Vorwand und Anlaß für eine geplante Großaktion. Nach Berlin wurde am 28. September 1941 berichtet: »Angeblich 150000 Juden vorhanden. Maßnahmen eingeleitet zur Erfassung des gesamten Judentums, Exekution von mindestens 50000 Juden vorgesehen. Wehrmacht begrüßt Maßnahmen und erbittet radikales Vorgehen.« Durch Plakatanschläge wurde die jüdische Bevölkerung von Kiew aufgefordert, sich zur »Umsiedlung«

einzufinden: »Obwohl man zunächst nur mit einer Beteiligung von etwa 5000 bis 6000 Juden gerechnet hatte, fanden sich über 30000 Juden ein, die infolge einer überaus geschickten Organisation bis unmittelbar vor der Exekution noch an ihre Umsiedlung glaubten.« (Ereignismeldung UdSSR Nummer 128, 3. November 1941.)

Die Juden waren in die Nähe der Schlucht Babi Jar bestellt worden, in Fußmärschen legten sie den Weg zurück, angetrieben von ukrainischen Polizisten. Kurz vor der Schlucht mußten sie an Sammelstellen auf freiem Feld Gepäck, Wertsachen, schließlich die Kleidung ablegen, jedes Kleidungsstück an einer bestimmten Stelle. Nackt wurden die Juden in die Schlucht getrieben. Einer der Mörder sagte später aus: »Die Juden mußten sich mit dem Gesicht zur Erde an die Muldenwände hinlegen. In der Mulde befanden sich drei Gruppen mit Schützen, mit insgesamt etwa 12 Schützen. Gleichzeitig sind diesen Erschießungsgruppen von oben her laufend Juden zugeführt worden. Die nachfolgenden Juden mußten sich auf die Leichen der zuvor erschossenen Juden legen. Die Schützen standen jeweils hinter den Juden und haben diese mit Genickschüssen getötet. Mir ist heute noch in Erinnerung, in welches Entsetzen die Juden kamen, die oben am Grubenrand zum ersten Mal auf die Leichen in der Grube hinunterblicken konnten.« Die Aktion fand am 29. und 30. September 1941 statt, am 2. Oktober wurde nach Berlin berichtet: »Das Sonderkommando 4a hat in Zusammenarbeit mit Gruppenstab und zwei Kommandos des Polizei-Regiments Süd am 29. und 30. 9. 41 in Kiew 33771 Juden exekutiert.« Die Zahl der Ermordeten ist ebenso verbürgt wie es die Aussagen von Tätern, Zuschauern und etlichen Überlebenden des Massakers sind.

Babi Jar diente bis August 1943 als Mordstätte, dann mußten jüdische KZ-Häftlinge die Leichen exhumieren und verbrennen, um die Spuren zu verwischen. Das gelang nicht vollständig; nach dem deutschen Rückzug fielen der Roten Armee noch reichlich Beweise der Verbrechen von Babi Jar in die Hände.

Wolfgang Benz

Literatur: Helmut Krausnick, Hans-Heinrich Wilhelm, Die Truppe des Weltanschauungskrieges. Die Einsatzgruppen der Sicherheitspolizei und des SD 1938–1942. Stuttgart 1981; Ernst Klee, Willi Dreßen, Volker Rieß (Hrsg.), »Schöne Zeiten«. Judenmord aus der Sicht der Täter und Gaffer. Frankfurt a. M. 1988; Ernst Klee, Willi Dreßen (Hrsg.), »Gott mit uns«. Der deutsche Vernichtungskrieg im Osten 1939–1945. Frankfurt a. M. 1989.

## Befehlsnotstand

Das Problem des sogenannten Befehlsnotstandes spielt seit den Nürnberger Prozessen in zahlreichen NS-Verfahren eine bedeutende Rolle. Dabei gibt es den Begriff als eigenständiges Rechtsinstitut im Strafrecht gar nicht. Maßgebend sind vielmehr die allgemeinen Notstandsvorschriften des Strafgesetzbuches, wonach straffrei bleibt, wer die ihm zur Last gelegte Straftat nur unter dem Druck einer gegenwärtigen und unausweichlichen Gefahr für Leib und Leben begangen hat.

Die Zentrale Stelle der Landesjustizverwaltungen in Ludwigsburg hat jeden ihr bekannt gewordenen Fall, in dem behauptet wurde, eine Befehlsverweigerung hätte zur Bestrafung des Verweigerers mit dem Tode oder zu seiner Einweisung in ein Konzentrationslager geführt, genauestens überprüft. Kein Fall hat sich bestätigt. Den Gerichten ist kein einziger Fall vorgelegt worden, wo objektiv eine drohende Gefahr für Leib und Leben des Befehlsverweigerers bestanden hat.

Wiederholt haben dagegen Angehörige von SS-Einsatzkommandos zur Judenvernichtung berichtet, sie seien darauf hingewiesen worden, daß derjenige, der glaube, den Belastungen nicht gewachsen zu sein, sich melden könne, oder sie seien sogar unterrichtet worden, daß sie einen Befehl zur Teilnahme an »Sonderaktionen« (Tötungen) verweigern dürften. Nach Zeugenaussagen bestand angeblich ein Befehl Himmlers, wonach keiner zu einer Erschießung gezwungen werden konnte.

Meist wurden Einsatzkommando-Angehörige etc., die sich weigerten, an Erschießungen teilzunehmen, anders eingeteilt oder in selteneren Fällen auch in andere Einheiten (zum Teil auch Fronteinheiten) versetzt. Zum Tode verurteilt oder ohne Urteil erschossen wurde jedoch niemand.

Allerdings wurden Befehlsverweigerer von Kameraden und Vorgesetzten als Schwächlinge, Feiglinge und Schwei-

ne beschimpft und erhielten schlechte Beurteilungen, so
daß ihre Beförderungschancen sanken. Andere wiederum
haben nach eigener Aussage keinerlei Nachteile wegen der
Verweigerung von Erschießungsbefehlen erlitten.

Manche SS- und Polizeiangehörigen nahmen aus sadisti-
schen Neigungen oder Gewinnsucht etc. gerne an Erschießungen teil. Bezeichnend dafür ist die Aussage eines Polizisten bei einem Grenzkommissariat: »Die Mitglieder des
Grenzpolizeikommissariats waren bis auf wenige Ausnahmen gerne bereit, bei Erschießungen von Juden mitzuma-
chen. Das war für sie ein Fest! ... Da hat keiner gefehlt.
Ich betone nochmals, daß man sich heute ein falsches Bild
macht, wenn man glaubt, die Judenaktionen wurden widerwillig durchgeführt. Der Haß gegen die Juden war groß, es
war Rache, und man wollte Geld und Gold. Wir wollen uns
doch nichts vormachen, bei den Judenaktionen gab es etwas zu holen.«

Im Befehlsnotstand handelte nach der Rechtsprechung
des Bundesgerichtshofes auch nicht, wer »trotz innerer
Ablehnung eiligst in blindem Gehorsam gegenüber seinen militärischen Vorgesetzten den Befehl ausführte«
oder weil er ihn als »überzeugter Nationalsozialist« für
bindend hielt.

Größere praktische Bedeutung kommt unter den geschil-
derten Umständen daher dem sogenannten Putativ-Not-
stand (vermeintlichen Befehlsnotstand) zu. Er liegt vor,
wenn der Untergebene irrig der Meinung war – etwa weil
seine Vorgesetzten ihn absichtlich in diesen Glauben ver-
setzten oder ihm die Möglichkeit von der Nichtbefolgung
des Befehls verschwiegen –, seine Befehlsverweigerung sei
mit Gefahr für Leib und Leben verbunden. Eine solche
unverschuldet falsche Vorstellung gilt für den Betroffenen
nach der Rechtsprechung als Strafausschließungsgrund und
macht ihn straffrei. Allerdings muß die Angst vor der To-
desgefahr ausschließlicher und einziger Beweggrund gewesen sein, den Befehl auszuführen. Zudem muß er nachweisen, daß er sich bemüht hat, die Rücknahme des Befehls zu
erreichen, oder sich krank gemeldet, oder um seine Versetzung nachgesucht hat etc. Bloße Resignation und beque-
mes Sich-Fügen reichen zur Annahme des Putativ-Notstan-
des nicht aus.

Willi Dreßen

Literatur: Hans Buchheim, Befehl und Gehorsam. In: H. Buchheim, M. Broszat, J. P. Jacobsen, H. Krausnick, Anatomie des SS-Staates. Olten und Freiburg 1967, Seite 257–380; Ernst Klee, Willi Dreßen, Volker Rieß, »Schöne Zeiten«. Judenmord aus der Sicht der Täter und Gaffer. Frankfurt a. M. 1988.

## Bromberger Blutsonntag

Am Morgen des 3. September 1939, dem dritten Tag des Einmarsches deutscher Truppen in Polen, zogen sich be- spannte Einheiten der polnischen Armee durch Bromberg zurück, zwischen ihnen immer wieder polnische Zivilisten, die vor dem Kriege flohen. Gleichzeitig lief das Gerücht um, die deutschen Truppen stünden unmittelbar vor der Einnahme der Stadt.

Kurz nach 10 Uhr fielen in der Danziger Straße Schüsse. Pferde gingen durch, Fahrer versuchten, sich ohne Rück- sicht auf Fußgänger in Sicherheit zu bringen. Soldaten schossen um sich. Es kam vor, daß auf die eigenen Kame- raden geschossen wurde. Die polnischen Offiziere sahen keine Möglichkeit, des allgemeinen Chaos' Herr zu wer- den. Erst nach und nach wurde klar, daß überhaupt noch keine deutschen Truppen bis Bromberg vorgestoßen wa- ren.

Nun gingen Soldaten in kleinen Gruppen auf eigene Faust vor gegen die am Straßenrand liegenden Häuser und ihre Bewohner, die überwiegend der deutschen Minderheit angehörten. Ortskundige Polen schlossen sich an. Gemein- sam versuchte man, »die Nester angeblicher deutscher Di- versanten auszuräuchern«. Alle Häuser, in denen Deut- sche wohnten, galten als verdächtig. In dieser haßge- schwängerten Atmosphäre, in der sich auch kriminelles Gesindel unter dem Deckmantel der Vaterlandsverteidi- gung hervortun konnte, war die Denunziation das Mittel der Wahl. Die auf sich allein gestellten Kampfgruppen er- schossen häufig ihre Gefangenen an Ort und Stelle, vor allem wenn Waffen im Haus gefunden wurden. Es kam nur selten zu Festnahmen. Sondergerichte wurden nicht einge- setzt. Die Lage beruhigte sich erst gegen 16 Uhr.

In der Nacht zogen die letzten Soldaten und mit ihnen auch der Stadtkommandant, Major Albrycht, ab. Er hatte vorher noch eine Bürgerwehr zur Aufrechterhaltung der

Ordnung ins Leben gerufen und bewaffnet. Es war eine vom militärischen und zivilen Standpunkt aus unsinnige, ja unglaublich leichtfertige Maßnahme, diesem schlecht organisierten Haufen polizeiliche Vollmachten zu übertragen.

In der Nacht und am folgenden Tag fielen immer wieder Schüsse. Niemand wußte genau, wer sie abgegeben hatte. Doch nun ging die Bürgerwehr, die sich in allen Bromberger Stadtteilen bestens auskannte, zusammen mit neuangekommenen Soldaten gegen angebliche Diversanten vor. Es wurden überhaupt keine Gefangenen mehr gemacht. Wer verdächtig erschien, wurde auf der Stelle erschossen. Häuser wurden geplündert, eine Kirche wurde in Brand gesetzt. Was im einzelnen passierte, läßt sich kaum noch rekonstruieren.

Erst als am 5. September gegen 8 Uhr früh Soldaten des deutschen Infanterieregiments 123 in die Stadt eindrangen, nahm der Schrecken, dem Hunderte von Menschen zum Opfer gefallen waren, ein Ende.

Die ›Deutsche Rundschau‹ vom 8. September 1939 prägte den Begriff »Bromberger Blutsonntag«. Die Wehrmachtuntersuchungsstelle wurde eingeschaltet, Kriegsrichter und Gerichtsmediziner kamen nach Bromberg. Die nationalsozialistische Propaganda griff das effektvolle Schlagwort auf. Sie veröffentlichte die Untersuchungsergebnisse auszugsweise und verzehnfachte die Gesamtzahl der Opfer unter den Volksdeutschen in Polen, die noch in einer Dokumentation des Auswärtigen Amtes vom November 1939 mit 5437 Toten angegeben worden war, Anfang Februar 1940 auf 58000. Das Reichsinnenministerium ordnete am 7. Februar 1940 an, »diese Zahl ... ist allein als verbindlich anzusehen und nur von dieser Zahl ist in allen Verlautbarungen, Reden usw. auszugehen«. Die Propaganda sprach von blutrünstigen polnischen Horden, die unschuldige und wehrlose deutsche Mitbürger überfallen und gemordet hätten. Der »Bromberger Blutsonntag« wurde zum Alibi für alle Maßnahmen im Rahmen der Ausschaltung der polnischen Intelligenz und der Dezimierung des polnischen Volkstums.

Die Verursacher der Schießerei in der Danziger Straße am 3. September lassen sich nicht mehr mit letzter Sicherheit feststellen, weil von deutscher Seite in dieser Richtung nicht ermittelt wurde. Für ein Unternehmen des SD etwa

im Stile der Grenzzwischenfälle vom 31. August und des
Überfalls auf den Sender Gleiwitz zur Herausforderung
von Gegenmaßnahmen gibt es keine Anhaltspunkte. Parallelen bestehen nur in der Ausnutzung durch die NS-Propaganda, die unter ungeheuerer Übertreibung der Zahl der
Opfer den Anschein von verbreiteter polnischer Mordlust
und planmäßig an Deutschen verübten Greueln erweckte.

Jürgen Runzheimer

Literatur: Günter Schubert, Das Unternehmen »Bromberger Blutsonntag«. Tod einer Legende. Köln 1989.

## Dachau

Als amerikanische Truppen am 29. April 1945 das Konzentrationslager Dachau befreiten, türmten sich in den
Räumen des Krematoriums und auch vor dem Gebäude
Berge von nackten, verwesenden Leichen. Das US-Militär
reagierte auf diesen Anblick mit einer Aktion, die verdeutlicht, wie unfaßbar den amerikanischen Soldaten dieser
Massentod erschienen sein muß: Sie holten eine Gruppe
Dachauer Bürger, um ihnen zu zeigen, was sich in unmittelbarer Nähe ihrer idyllischen Kleinstadt ereignet hatte.
Die bei dieser Gelegenheit gedrehten Filmaufnahmen der
US-Kriegsberichterstatter zeigen fassungslose Männer und
Frauen, die bemüht sind, das Krematorium so schnell wie
möglich wieder zu verlassen, die ungläubig die Köpfe
schütteln, in Tränen ausbrechen und die versuchen, sich
mit Taschentüchern vor dem Geruch zu schützen.

Diese Dachauer Bürger hätten es wohl damals, ebenso
wie die amerikanischen Soldaten und die überlebenden
Häftlinge, für absurd und undenkbar gehalten, daß diese
Filmaufnahmen, die auch im Detail die Innenräume mit
den Verbrennungsöfen und der als Brausebad getarnten
Gaskammer zeigen, Jahrzehnte später als wichtiges Beweismaterial für die Existenz des Dachauer Lagerkrematoriums und der darin befindlichen Gaskammer benötigt werden würden.

Denn als die ehemaligen politischen Häftlinge des Konzentrationslagers Dachau nach langjährigen Bemühungen
erreicht hatten, daß 1965 auf dem ehemaligen Lagergelände eine würdige Gedenkstätte errichtet wurde, hatte sich

die ›Nationalzeitung‹ längst zur Sprecherin kontinuierlicher Angriffe von rechts auf diese Einrichtung gemacht. »Gaskammer-Schwindel aufgedeckt« (1960), »Kein Jude in Dachau vergast« (1974), »Die Gaskammer von Dachau – Die Wahrheit über das KZ« (1980), »Lügen über das KZ Dachau – Wie es wirklich war« (1983). Der Tenor dieser Zeitung blieb gleich, man war bemüht, mit Hilfe angeblicher Enthüllungen über das Krematoriumsgebäude die gesamte Gedenkstätte zu diffamieren. So wurden immer wieder »Zeugen« für die Behauptung vorgestellt, die amerikanischen Militärbehörden hätten 1945 gefangene SS-Leute gezwungen, die Gaskammer, die Verbrennungsöfen oder schließlich auch das gesamte Krematoriumsgebäude zu errichten, um die Deutschen zu diskreditieren. Die Einäscherung der Toten, die im Krematorium des Lagers Dachau durchgeführt worden war, wurde mit dem Massenmord durch das Giftgas »Zyklon B«, der in diesem Lager nicht geschehen war, vermischt, wenn es zum Beispiel hieß, daß die gefangenen SS-Leute auf Befehl der US-Behörden »neue, größere Gasöfen bauen mußten«. Dahinter stand auch der Versuch, die Massenvernichtung der europäischen Juden in den Gaskammern der Lager Auschwitz, Majdanek, Treblinka und andere insgesamt als unglaubwürdig hinzustellen. Waren diese Behauptungen zunächst nur in eindeutig als rechtsextrem zu qualifizierenden Publikationsorganen erschienen, so fanden sie im Laufe der siebziger und achtziger Jahre zunehmend Eingang in Veröffentlichungen renommierter Verlage, wie etwa in Hellmut Diwalds 1978 bei Propyläen erschienener ›Geschichte der Deutschen‹, in der es hieß: ». . . es wurden jahrelang im KZ Dachau den Besuchern Gaskammern gezeigt, in denen die SS angeblich bis zu fünfundzwanzigtausend Juden täglich umgebracht haben soll, obschon es sich bei diesen Räumen um Attrappen handelte, zu deren Bau das amerikanische Militär nach der Kapitulation inhaftierte SS-Angehörige gezwungen hatte.«

Eine lückenlose Dokumentation der Geschichte des Dachauer Lagerkrematoriums stößt auf folgende Schwierigkeiten:

– Ein großer Teil der Aktenbestände des Lagers wurde von der SS noch vor dem Eintreffen der amerikanischen Truppen vernichtet. An NS-Dokumenten liegen über

das Krematorium nur Planungsunterlagen sowie Firmen-
korrespondenz zur Errichtung der Verbrennungsöfen
vor.

– Die NS-Führung war von Anfang an bemüht, die Einrichtung des Lagerkrematoriums, das als »Baracke X«
bezeichnet wurde, geheimzuhalten, und in den Dokumenten tauchen Zweck und Funktion des Gebäudes nur
in Umschreibungen auf.

– Nur sehr wenige Häftlinge hatten Gelegenheit, den vom
übrigen Lager abgeschlossenen Bereich des Krematoriums mit eigenen Augen zu sehen. Nachdem die Bauar-
beiten abgeschlossen waren und ab Frühjahr 1943 die
vier Verbrennungsöfen in Betrieb genommen wurden,
kamen nur die Häftlinge, die die Toten aus dem Lager
zum Krematorium brachten, und das Arbeitskommando
zur Verbrennung der Leichen in diesen Bereich, so daß
man innerhalb des Lagers die Vorgänge im Krematorium nur vom Hörensagen kannte.

Deshalb ist festzuhalten, was zweifelsfrei feststeht:

– Das große Krematoriumsgebäude des Konzentrationslagers Dachau wurde 1942/1943 errichtet.

– In den vier Verbrennungsöfen wurden vom April 1943
bis kurz vor der Befreiung des Lagers die toten Häftlinge
eingeäschert.

– Ab Sommer 1944 wurden in den vier Desinfektionskam-
mern mit Giftgas Kleidungsstücke desinfiziert.

– Dort fand eine Vielzahl von Erschießungen und Erhängungen statt, über die nicht nur im ersten großen »Dachau«-Prozeß des US-Militärgerichtshofes, sondern auch
in vielen Nachfolgeprozessen deutscher Gerichte ermittelt wurde.

Die bis jetzt ungeklärte Frage der Benutzung der Gaskammer im Krematorium des Konzentrationslagers Dachau muß weiterhin Gegenstand zeitgeschichtlicher Nachforschungen bleiben.

Erst in den achtziger Jahren erreichten die Gedenkstätte
immer wieder Anfragen, in denen um eine Bestätigung für
die Behauptung gebeten wurde, die amerikanischen Truppen hätten bei der Befreiung des Konzentrationslagers
Massenerschießungen des Wachpersonals durchgeführt.
Dabei wurde unter anderen eine französische Zeitschrift
›Historia‹ zitiert, deren Tenor nicht gerade zimperlich war:

»Die US-Mörder – oder besser US-Killer – haben die Wa-
chen des Lagers Dachau, die überwiegend aus deutschen
Wehrmachtsangehörigen bestanden und mit den auch von
uns verurteilten Geschehnissen innerhalb dieses Lagers
nichts zu tun hatten, kurzerhand erschossen! Die ganze
damalige menschenverachtende Dramatik der US-Killer
gegenüber wehrlosen deutschen Soldaten spiegelt dieses
Bild wieder!«

Es gibt wohl kaum ein anschaulicheres Beispiel für die
völlige Umkehrung der tatsächlichen Verhältnisse und
Vorgänge. Die Befreiung des Konzentrationslagers durch
Angehörige der 7. US-Armee bedeutete das Ende von
zwölf Jahren Terror, Mord und Unterdrückung und war für
alle Beteiligten ein ungeheuer bewegendes, unvergeßliches
Erlebnis, das in Berichten und Erinnerungen der überlebenden Gefangenen vielfältigen Niederschlag gefunden hat
und dort eine zentrale Rolle spielt. In dem mit mehr als
32 000 Gefangenen entsetzlich überfüllten Lager waren die
Verhältnisse in den letzten Wochen vor der Befreiung immer unerträglicher geworden. Eine bereits Ende 1944 aus-
gebrochene Typhusepidemie kostete jeden Monat Tausenden der geschwächten und unterernährten Häftlinge das
Leben. Darüber hinaus lebten sie in ständiger Furcht vor
der Liquidierung aller Gefangenen durch die SS vor dem
Eintreffen der Befreier. Eine durchaus berechtigte Angst,
wie ein später bekannt gewordenes Telegramm Heinrich
Himmlers zeigt, nach dem kein Häftling lebend in die Hände des Feindes fallen sollte. Noch am 26. April 1945 waren
rund 7000 Häftlinge auf einen Evakuierungsmarsch in
Richtung Süden geschickt worden – ein Todesurteil für die
vielen Schwachen und Kranken, die unterwegs starben
oder von den SS-Bewachern erschossen wurden, wenn sie
nicht mehr weiterkonnten. Die Evakuierung der restlichen
Gefangenen wurde dann nicht mehr weitergeführt, da nahezu das gesamte Wachpersonal vor dem Eintreffen der
amerikanischen Befreier, zumeist mit Sack und Pack, das
Weite suchte.

Die mit Maschinengewehren bestückten Wachtürme
blieben jedoch besetzt, und es wird übereinstimmend berichtet, daß die amerikanischen Soldaten zunächst von dort
aus heftig beschossen wurden, wobei auch noch ein junger
polnischer Häftling getötet wurde. Die Schützen der Wach-

türme wurden heruntergeholt und von den US-Soldaten auf der Stelle erschossen. Dabei wurde festgestellt, daß dies nicht die alten SS-Bewacher des Lagers waren, sondern andere, die entweder erst kurze Zeit zuvor zu dieser Einheit versetzt worden oder aus dem neben dem Schutzhaftlager gelegenen SS-Straflager geholt worden waren. Wie viele SS-Angehörige bei der Einnahme des Lagers Dachau insgesamt zu Tode kamen, wird sich nicht mehr feststellen lassen. Es wurden aber auch vereinzelte Angehörige der SS, die versucht hatten, in der Menge der Häftlinge unterzutauchen, von US-Soldaten festgenommen und vor der Lynchjustiz der Gefangenen geschützt. Bereits am Tag nach der Befreiung traf der Vertreter der amerikanischen Kriegsgerichtskommission in Dachau ein, um mit der Sammlung von Dokumenten und Zeugenaussagen den ersten Prozeß gegen Angehörige der Dachauer Lager-SS vorzubereiten.

Die Bilanz der KZ-Opfer war grauenerregend. Tausende mußten bestattet werden, Tausende starben noch nach der Befreiung an Krankheit, Erschöpfung und Unterernährung. Und die mit dem Leben Davongekommenen wußten, daß sie ihr Überleben ausschließlich dem rechtzeitigen Eintreffen der US-Armee zu verdanken hatten.

Barbara Distel

Literatur: Eugen Kogon, Hermann Langbein, Adalbert Rückerl (Hrsg.), Nationalsozialistische Massentötungen durch Giftgas. Eine Dokumentation. Frankfurt a. M. 1983; Dachauer Hefte. Studien und Dokumente zur Geschichte der nationalsozialistischen Konzentrationslager, Heft 1 (1985): Die Befreiung.

# Demontagen

Die Alliierten des Zweiten Weltkrieges ließen nie Zweifel daran aufkommen, daß Deutschland als Aggressor zur umfassenden Wiedergutmachung der angerichteten Schäden und der von alliierter Seite zum Sieg notwendigen Aufwendungen herangezogen werden sollte. Auch Bulgarien, Finnland, Italien, Japan, Rumänien, Ungarn und Österreich wurden zu Reparationsleistungen verpflichtet. Ein wesentlicher Gesichtspunkt des Demontageprogramms war aber auch die Entmilitarisierung, das heißt die Beseitigung der Rüstungsindustrie beziehungsweise der für Rüstungszwecke geeigneten Kapazitäten der deutschen Wirtschaft.

Am härtesten waren ohne Zweifel die Entschädigungsforderungen der Sowjetunion. Ihre Reparationsforderungen hatte sie auf 50 Prozent einer auf insgesamt 20 Milliarden Dollar nach dem Preisindex von 1938 bestimmten Gesamtsumme festgelegt, zu entrichten in Form von Demontagen, Entnahmen aus der laufenden Produktion und durch den Einsatz deutscher Arbeitskräfte. Die französische Position war ebenfalls darauf gerichtet, Ersatz für die erlittenen Kriegsschäden zu erlangen. Die USA und Großbritannien wollten mit der Zerstörung von deutschem Industriepotential Deutschland als internationalen Konkurrenten entscheidend schwächen.

Aufgrund der Erfahrungen mit der Erhebung von Reparationsleistungen nach dem Ersten Weltkrieg – das Deutsche Reich mußte die ihm auferlegten Reparationen für eine Übergangszeit durch Sachlieferungen und dann weiter durch umfangreiche Geldzahlungen begleichen, was das internationale Währungssystem erheblich belastet hatte – einigten sich die Alliierten nach mehreren Konferenzen (Quebec, Jalta und andere) in Potsdam im Jahre 1945 darauf, vorwiegend Sach- und Arbeitsleistungen von Deutschland zu erheben, und zwar aus der jeweils eigenen Besatzungszone und aus dem deutschen Auslandsvermögen. Die wichtigsten Industriegebiete Deutschlands lagen in den Westzonen. Um der Sowjetunion dafür eine gewisse Entschädigung zukommen zu lassen, sollte sie zusätzlich aus den Westzonen 40 Prozent der demontierten Fabrikanlagen erhalten, von denen die sowjetische Besatzungszone (SBZ) 15 Prozent mit Warenlieferungen vergüten sollte. Die Überschußkapazitäten der deutschen Industrie sollten binnen zweieinhalb Jahren beseitigt und an die Reparationsgläubiger verteilt sein. Zur Abwicklung aller damit verbundenen Probleme errichteten die USA, Großbritannien, Frankreich und weitere Nationen eine Interalliierte Reparationsagentur in Brüssel (Inter-Allied Reparation Agency = IARA).

Bei der Feststellung der deutschen Industriezerstörungen durch die Alliierten zeigte sich, daß die Bombardierungen und direkten Kriegseinwirkungen die deutsche Industrie

insgesamt geringer geschädigt hatten, als vermutet worden
war, daher mußte erst einmal ein Plan für das deutsche
Industrieniveau erstellt werden, der die Grundlage für die
Demontage oder Zerstörung der Industrieanlagen bilden
sollte. Deutschlands Industrien wurden in drei Kategorien
unterteilt:
- in zu demontierende Rüstungsbetriebe,
- in für den Zivilbedarf notwendige, wenn auch rüstungs-
  relevante Betriebe und
- in militärisch bedeutungslose Industrien.

Die nach dieser Einstufung begonnenen Demontagen
hätten eine wirtschaftliche Gesundung Deutschlands verhindert. Der revidierte und ergänzte Industrieplan vom
Herbst 1947 versuchte, dieser Gefahr Rechnung zu tragen,
doch immer noch standen 917 Unternehmen auf der Demontageliste, davon 681 in der (amerikanisch-britischen)
Bi-Zone. Die Veränderungen der weltpolitischen Lage,
vor allem aber die Verkündung des Marshall-Planes, durch
den seit 1948 Aufbaumittel aus den USA nach Deutschland flossen, machten die gleichzeitig fortgesetzten Demontagen zum Anachronismus. Die Sowjetunion hatte ihre Zone bis 1947 »leergeräumt«. In den drei Westzonen,
beziehungsweise seit 1949 in der neugegründeten Bundesrepublik Deutschland wurde trotz des Marshall-Planes weiter demontiert, vor allem in der britischen Besatzungszone
(BBZ). Im ersten außenpolitischen Vertrag der Bundesrepublik Deutschland, im Petersberger Abkommen vom
22. November 1949, verpflichtete sich die Bundesrepublik
Deutschland zur Mitarbeit in der »Ruhrbehörde« und im
Sicherheitsamt, die westlichen Alliierten nahmen dafür
wichtige Firmen der Petrochemie und Stahlindustrie von
der Demontageliste und stellten die Demontage in Berlin
ganz ein. Demontage und Entmilitarisierung insgesamt waren damit aber noch nicht beendet. In Teilen der Britischen
Zone erreichten die Zerstörungsmaßnahmen erst nach dem
Petersberger Abkommen ihren Höhepunkt, so in den ehemaligen Reichswerken in Salzgitter im Jahre 1950. Die
endgültige Einstellung aller Demontagen erfolgte erst Anfang 1951.

Eine genaue Beschreibung des Umfangs, des Wertes und
der Auswirkungen der Demontagen und Reparationsleistungen ist bis heute sowohl in volkswirtschaftlicher als

auch in betriebswirtschaftlicher Hinsicht nicht möglich. Die gesamtwirtschaftlichen Verluste der Demontagen müssen jedoch als ungleich höher angesehen werden als die privatwirtschaftlichen Demontageschäden, zumal es nur schwer möglich ist, Produktionsverbote, schlechtere Lebensbedingungen von Mitarbeitern betroffener Unternehmen, die Folgen von durch die Demontage ausgelöster Arbeitslosigkeit und anderem zu bestimmen.

Andererseits hatte die Demontage auch einen Modernisierungseffekt, denn parallel zum Abbau veralteter Industrieanlagen (die über ein Reparationskonto an die von Deutschland geschädigten Staaten verteilt wurden) kamen moderne Industrieausrüstungen mit Mitteln des Marshall-Planes zum Einsatz.

Jörg Leuschner

Literatur: Gustav W. Harmssen, Am Abend der Demontage. Bremen 1951; Wilhelm Treue, Die Demontagepolitik der Westmächte nach dem Zweiten Weltkrieg unter besonderer Berücksichtigung ihrer Wirkung auf die Wirtschaft Niedersachsens. Göttingen 1967; Archiv der Stadt Salzgitter (Hrsg.), Die Demontage der Reichswerke (1945–1951). Salzgitter 1990.

## Deutsche Kriegsverbrechen

Die von deutschen Truppen im Kriege begangenen Kriegsverbrechen – Verletzungen der Kriegsgesetze und Kriegsgebräuche, wie sie auch in den Genfer Konventionen niedergelegt sind – bildeten gemäß dem Kontrollratsgesetz (KRG) Nr. 10 einen der vier Hauptanklagepunkte bei den Nürnberger Prozessen und den Nachfolgeverfahren der Besatzungsmächte beziehungsweise vor Gerichten in den ehemals von der Wehrmacht besetzten Ländern. Dabei regelte das Statut für das Internationale Militärtribunal (IMT), festgelegt im Anhang zu dem Londoner Abkommen vom 8. August 1945, die Zuständigkeit und die prozessualen Grundsätze. Unter Kriegsverbrechen wurden danach unter anderem Mord, Mißhandlungen, Deportationen, Sklavenarbeit sowie Geiseltötungen eingereiht.

In dem Nürnberger Prozeß gegen Angehörige des Oberkommandos der Wehrmacht (OKW-Prozeß) wurden ein Generalfeldmarschall, Generäle und hohe Offiziere wegen Verbrechen an Kriegsgefangenen und Zivilpersonen etc.

angeklagt und die meisten zu hohen Freiheitsstrafen verurteilt. Weitere Generäle und hohe Offiziere wurden im »Südost-Generäle-Prozeß« vor allem wegen der Ermordung Tausender Zivilisten als Geiseln in Griechenland, Jugoslawien und Albanien (die Geiselerschießungsquote betrug zeitweise 100 Geiseln für einen getöteten deutschen Soldaten) zu zeitlichen oder lebenslänglichen Freiheitsstrafen verurteilt. Mitte der fünfziger Jahre waren alle in den beiden Prozessen Verurteilten wieder auf freiem Fuß.

Die deutschen Kriegsverbrechen des Zweiten Weltkrieges begannen unmittelbar nach dem Beginn des Krieges im September 1939 in Polen, wo das brutale Vorgehen der deutschen Armee eine Unzahl von Opfern an Kriegsgefangenen und Angehörigen der Zivilbevölkerung forderte.

Das größte Ausmaß hatten die Verbrechen der deutschen Wehrmacht in der UdSSR. Der Rußlandfeldzug (Beginn Juni 1941) war von vornherein als Vernichtungskrieg geplant und wurde entsprechend durchgeführt. Im Rahmen des Partisanenkampfes gingen Hunderte von Dörfern in Flammen auf. Als angebliche Repressalien wurden Männer, Frauen und Kinder getötet oder die Arbeitsfähigen zur Zwangsarbeit für die deutsche Rüstungsindustrie ins Reich deportiert. Weit über die Hälfte der zirka 5 ½ Millionen sowjetischen Kriegsgefangenen verhungerten, erfroren, wurden erschossen oder Himmlers Einsatzkommandos zur Ermordung übergeben. Bereits während des Krieges wurden in der UdSSR in großen Schauprozessen deutsche Wehrmachts- und SS-Angehörige von sowjetischen Militärgerichten zum Tode verurteilt und auf öffentlichen Plätzen erhängt. Solche Kriegsverbrecherprozesse fanden zwischen 1943 und 1946 in Minsk (2), Krasnodar, Riga, Leningrad, Smolensk, Woronesch und Mariopol statt.

Es kam aber nicht nur in Polen, der UdSSR und auf dem Balkan, sondern überall da, wo deutsche Wehrmacht- und SS-Einheiten eingesetzt waren, zur Tötung von wirklichen und vermeintlichen Gegnern des Regimes, Kriegsgefangenen und Zivilisten.

Besonders in Frankreich häuften sich mit zunehmender Aktivität der Widerstandsbewegung (Résistance) Geiselerschießungen, Ermordungen von Zivilisten und Deportationen wirklicher bzw. vermeintlicher Gegner der deutschen Besatzung. Als Beispiele für viele seien die Massaker in den Orten Tulle (Dept. Corrèze), wo am 9. Juni 1944 nach einem Partisanenüberfall willkürlich Männer und Frauen des Ortes von Angehörigen der SS-Panzer-Division »Das Reich« erhängt wurden, und Oradour-sur-Glane (Dept. Haute-Vienne) genannt, wo am 10. Juni 1944 von Angehörigen derselben Division die Männer der Ortschaft erschossen und die Frauen und Kinder in der Kirche verbrannt wurden.

Nach dem Austritt Italiens aus dem Krieg im September 1943 wurden die ehemaligen Verbündeten schließlich als Kriegsgefangene deklariert, und besonders auf dem Kriegsschauplatz im Südosten wurden Tausende italienischer Gefangener erschossen. In Italien wurden nach Partisanenüberfällen zahlreiche italienische Zivilisten getötet. So zum Beispiel in Marzabotto bei Bologna, wo auf Befehl des SS-Sturmbannführers Walter Reder im September 1944 180 Zivilisten, meist Frauen, Kinder und alte Leute, ermordet wurden.

Ein weithin bekanntgewordenes deutsches Kriegsverbrechen ereignete sich nahe der belgischen Kreisstadt Malmedy südlich von Aachen. Dort ergab sich im Dezember 1944 eine amerikanische Kampfabteilung den Deutschen. Unmittelbar nach der Gefangennahme erschossen Angehörige der 1. Panzerdivision »Leibstandarte SS Adolf Hitler« 71 der Gefangenen. Die Täter wurden 1946 von den Amerikanern in Dachau zum Tode bzw. zu langjährigen Freiheitsstrafen verurteilt. Die Schuldgeständnisse der Angeklagten waren allerdings auf zweifelhafte Art und Weise zustande gekommen. Die Strafen wurden später umgewandelt beziehungsweise herab- oder ausgesetzt.

Im Reichsgebiet kam es in den letzten Kriegstagen zu zahlreichen Erhängungen von deutschen Zivilisten, die weiteren Widerstand als unnütz und gefährlich ablehnten. In Brettheim bei Rothenburg ob der Tauber z. B. verurteilte ein provisorisches Standgericht ohne Ankläger und Verteidiger im April 1945 Dorfbewohner, die Hitlerjungen entwaffnet und geohrfeigt hatten, zum Tode und erhängte sie an Drahtseilen. Der Standgerichtsvorsitzende wurde nach dem Kriege von einem deutschen Gericht zu 3½ Jahren Gefängnis verurteilt.

Die alliierten Verfahren gegen Kriegsverbrecher, vor allem die Nürnberger Prozesse, sind als »Sieger-Justiz« kriti-

siert worden, weil das Kontrollratsgesetz Nr. 10 den funda-
mentalen Rechtsgrundsatz »nulla poena sine lege« (Verbot
der rückwirkenden Einführung von Straftatbeständen) verletzte. Man vergaß dabei, daß die im Kontrollratsgesetz
aufgeführten Handlungen sowohl zur Zeit des Krieges als
auch heute noch nach den geltenden deutschen Gesetzen
als Mord, Totschlag, Körperverletzung, Freiheitsberau-
bung, Brandstiftung etc. strafbar waren und sind.

Der Begriff »Kriegsverbrechen« wurde nach dem Kriege
zwar nicht im offiziellen Sprachgebrauch, aber in der Um-
gangssprache und vor allem in der ausländischen Literatur
auch für außerhalb der eigentlichen Kriegshandlungen liegende Verbrechen, wie zum Beispiel den Mord an Juden,
Zigeunern, Geisteskranken und sonstigen »Lebensunwerten« gebraucht. Diese Verbrechen wurden dadurch in ihrer
Bedeutung heruntergespielt, da »Kriegsverbrechen«, die
es zu allen Zeiten bei allen Völkern gegeben hat und gibt,
in ihrer strafrechtlichen Bewertung geringer eingeschätzt
werden als die meisten anderen Mordverbrechen.

Willi Dreßen

Literatur: Internationaler Militärgerichtshof, Der Prozeß gegen die
Hauptkriegsverbrecher vor dem IMT in Nürnberg. Nürnberg 1947–
1949, 42 Bände; Alfred Streim, Die Behandlung sowjetischer Kriegsgefangener im »Fall Barbarossa«. Heidelberg 1981; Ernst Klee, Willi
Dreßen, »Gott mit uns«. Der deutsche Vernichtungskrieg im Osten
1939–1945. Frankfurt a. M. 1989.


**Dolchstoß-Legende**

Schon wenige Wochen nach der deutschen Niederlage im
November 1918 sprachen deutsche Zeitungen davon, das
deutsche Heer sei hinterrücks, mit einem »Dolchstoß«, zu
Fall gebracht worden. Diese Legende begann allgemein
Glauben zu finden, nachdem Feldmarschall Hindenburg
sie in der Öffentlichkeit vertrat: Als Hindenburg am
18. November 1919 vor einem parlamentarischen Untersu-
chungsausschuß der Nationalversammlung nach den Gründen des deutschen Zusammenbruchs befragt wurde, sprach
er davon, eine heimliche, planmäßige Zersetzung von Heer
und Flotte habe ein geschlossenes und einheitliches Zusam-
menwirken von Heer und Heimat »unmöglich« gemacht,

und daran sei Deutschland zerbrochen. Er berief sich, unterstützt darin von General Ludendorff, auf einen englischen Offizier und sagte, dieser »englische General« habe zu Recht behauptet: »Die deutsche Armee ist von hinten erdolcht worden.« Das war der eigentliche Anfang der Dolchstoß-Legende.

Mit diesem »englischen General« war Generalmajor Sir Frederick Maurice gemeint. Er hatte in einigen Zeitungsartikeln in der ›Daily News‹ tatsächlich diese Auffassung vertreten; später berichtete die ›Neue Zürcher Zeitung‹ darüber, und so wurden Maurice' Worte auch in Deutschland bekannt. Maurice hatte zunächst die politische Tragweite seiner Äußerungen nicht erkannt; als er die Folgen gewahrte, distanzierte er sich davon.

Seine These, von der deutschen Rechten begierig aufgegriffen, wurde durch Behauptungen der Bolschewiken unterstützt. Die äußerste Linke brüstete sich, sie habe die Revolution in Deutschland von langer Hand vorbereitet; und der sowjetische Außenminister Tschitscherin behauptete gar: »Der preußische Militarismus wurde zermalmt nicht durch die Geschütze und Tanks des verbündeten Imperialismus, sondern durch die Erhebung der deutschen Arbeiter und Soldaten.«

Daß dies nicht zutraf, hätte bekannt sein müssen, vor allem der ehemaligen deutschen Obersten Heeresleitung. Die OHL hatte nämlich schon Anfang Oktober 1918 die Parteiführer entsprechend in Kenntnis gesetzt und sie wissen lassen, daß eine militärische Niederlage Deutschlands unabwendbar sei. Aber weite Kreise der deutschen Öffentlichkeit wollten dies nicht wahrhaben: Vier Jahre lang hatte ihnen die kaiserliche Regierung den militärischen Sieg in leuchtenden Farben vor Augen geführt; und noch im März 1918 hatte Deutschland mit der Sowjetmacht in Brest-Litowsk einen gnadenlosen Siegfrieden abgeschlossen. Im November 1918 stand das deutsche Heer noch immer in Feindesland. Als das Heer, nach dem deutschen Waffenstillstandsgesuch, sich zurückzuziehen begann, wurde es von demokratischen Politikern mit freundlichen Worten empfangen: Es sei »nicht besiegt und nicht geschlagen«, befand der Kölner Oberbürgermeister Konrad Adenauer vor den vorbeiziehenden Truppen, und ganz ähnlich äußerte sich der provisorische Regierungschef Friedrich Ebert.

Wenn das Heer nicht besiegt war, warum hatte Deutschland dann kapituliert? Hatte die Heimat sich der Front versagt und die Niederlage herbeigeführt?

Die kaiserlichen Militärs hatten die Niederlage nicht abzuwenden vermocht – doch sie fanden demokratisch gesinnte Politiker, die ihnen den Ruch der Niederlage abnahmen, indem sie den Waffenstillstand und den Vertrag von Versailles für sie unterzeichneten. Nicht die glücklosen Militärs, sondern die Politiker wurden »Novemberverbrecher« genannt. Sie traf der Vorwurf, sie hätten das Heer von hinten erdolcht. Mit dieser Legende denunzierte die Rechte die Weimarer Republik.

Manfred Vasold

Literatur: Joachim Petzold, Die Dolchstoßlegende. 2. Aufl. Berlin 1963.

**Dresden**

Die Zahl der Opfer, die bei den britischen und amerikanischen Bombenangriffen auf Dresden in der Nacht vom 13. auf den 14. Februar 1945 ums Leben kamen, sorgt noch heute für Verwirrung und erregt die Gemüter. Ein bezeichnendes Beispiel dafür liefert die Berichterstattung der Tageszeitung ›Die Welt‹ vom 15. Februar 1990 anläßlich der Gedenkfeier zum 45. Jahrestag der Zerstörung Dresdens. Von drei verschiedenen Zahlen ist dort die Rede: Auf der Titelseite wird der umstrittene britische Journalist David Irving mit einer Zahl von 135000 Toten zitiert, eine Zahl, die Irving selbst schon 1966 in einem Leserbrief an die Londoner ›Times‹ als zu hoch zurücknehmen mußte. Von »weit mehr als 100000« Toten wird dann auf den der Politik gewidmeten Seiten berichtet, und lediglich in einer Bildunterschrift wird die durch Quellen belegte, wissenschaftlich anerkannte Zahl von 35000 Opfern des Bombenangriffs auf Dresden genannt.

Dies ist nur ein Beispiel unter vielen anderen für den Zahlendschungel um die Realität dieser Nacht des Grauens in Dresden. Zumindest seit im Jahr 1977 die wissenschaftlich fundierte und durch neues Quellenmaterial gesicherte Dokumentation ›Dresden im Luftkrieg‹ von Götz Bergander erschienen ist, dürfte dieser Zahlenlegendenbildung der Nährboden entzogen sein.

Bergander rekonstruiert durch belegbare Zahlen und – wo solche nicht existieren – durch nachvollziehbare Prämissensetzung die Zahl der damaligen einheimischen Bevölkerung Dresdens, die Zahl der im Zuge der großen Flüchtlingsströme in Dresden weilenden Menschen und in Relation dazu die Unterbringungsmöglichkeiten, die existiert haben. Diese Berechnungen und auch die als Originalquelle 1965 aufgetauchte Meldung des Befehlshabers der Ordnungspolizei Dresden zeigen, daß die Zahl von 35 000 Bombenopfern der Realität am nächsten kommt.

Es geht nicht um eine Bagatellisierung der Bombenangriffe durch die Alliierten, wenn die sechsstelligen Phantasiezahlen, die noch im Krieg zu Propagandazwecken in Umlauf gesetzt worden und später aufgrund fehlender Quellen und aus politischem Kalkül hartnäckig am Leben gehalten worden sind, durch die wissenschaftlich anerkannte, durch Quellen belegte Zahl von 35 000 Toten ersetzt werden, vielmehr geht es dabei um ernsthafte und glaubwürdige Geschichtsschreibung, die in diesem Fall auch ohne Mammutzahlen grausam genug ist.

Monika Mayr

Literatur: Götz Bergander, Dresden im Luftkrieg. Köln 1977.

## Drôle de guerre – Sitzkrieg

»Am 1. September 1939 entfesselte Hitler mit dem Überfall auf Polen den Zweiten Weltkrieg. Unmittelbar nach dem deutschen Überfall zeigte sich, daß Hitlers Rechnung nicht aufging. Großbritannien und Frankreich erklärten dem Deutschen Reich den Krieg.« So oder so ähnlich steht es in vielen deutschen Schul- und Geschichtsbüchern zu lesen. Daß die Westmächte dem Deutschen Reich im September 1939 den Krieg erklärten, ist nicht falsch; aber es ist nur ein Teil der historischen Wahrheit.

Zwischen England und Frankreich einerseits und Polen andererseits bestanden bei Kriegsausbruch 1939 vertragliche Vereinbarungen. Unter dem Eindruck von Hitlers Angriffslust hatten sich die Westmächte 1939 verpflichtet, Polen beizustehen, falls die deutsche Wehrmacht dort einfie-

le. Im englisch-polnischen Vertrag heißt es dazu: »Sollte
die eine der Vertragsparteien mit einer europäischen
Macht infolge eines Angriffs derselben in Feindseligkeiten
verwickelt werden, so wird die andere Vertragspartei der in
Feindseligkeiten verwickelten unverzüglich jede in ihrer
Macht liegende Unterstützung und Hilfe gewähren.« Und
Frankreich hatte versprochen, es werde nach Beginn eines
deutschen Angriffes auf Polen »mit dem Großteil seiner
Truppen eine Offensivaktion gegen Deutschland beginnen«, außerdem werde seine Luftstreitmacht sofort in Aktion treten. Im Sommer 1939 hatten die Westmächte sogar
einen Obersten Alliierten Kriegsrat eingerichtet, der im
Kriegsfall eine reibungslose Zusammenarbeit gewährleisten sollte.

Aber waren diese beiden alten Großmächte überhaupt
imstande, ihren Verpflichtungen nachzukommen? Das
muß man bezweifeln. Frankreich war im Innern zerrissen
und außerstande, seine politischen Kräfte zu vereinen. Die
Rechte war gegen einen Krieg mit Deutschland; und die
Linke war überhaupt gegen einen Krieg, nachdem Stalin
diese Parole ausgegeben hatte. Außerdem war auch die
französische Armee nicht auf einen Offensivkrieg eingestellt. In England war zwar die Kampfmoral etwas besser,
das galt aber nicht für die militärischen Möglichkeiten.

Am 1. September 1939 fiel die deutsche Wehrmacht ohne vorherige Kriegserklärung in Polen ein. Würden die
Westmächte zu ihren Verpflichtungen stehen? Am 3. September übergaben die Botschafter beider Mächte ihre Ulti-
maten in Berlin; am gleichen Tag erklärten sie Deutschland
den Krieg. Mit Großbritannien traten auch Indien und die
englischen Kolonien in den Krieg gegen das Deutsche
Reich, die Dominions folgten bald nach.

Unter den Schlägen der Wehrmacht und – seit dem
17. September – auch der Roten Armee von Osten her
brach Polen zusammen. Während in Polen ein Blitzkrieg
wütete, der die polnische Armee binnen fünf Wochen be-
siegte, herrschte im Westen Waffenstille – eben Sitzkrieg.
Die feindlichen Armeen standen sich gegenüber, es fiel
kein Schuß. Die deutsche Führung war erleichtert, denn sie
hatte im Westen nur halb so viele Divisionen wie Frankreich. Zwar hatten die Engländer knapp 200000 Soldaten
auf den Kontinent entsandt, die sich an der Grenze zu

Belgien niederließen; aber sie griffen nicht an. In der englischen Regierung verließ man sich darauf, die gegen Deutschland verhängte Blockade sei Englands »wichtigste Waffe«, wie der englische Regierungschef noch im März 1940 sagte. Und der französische Kriegsminister General Martin fragte: »Hält man uns für so wahnsinnig, daß wir vor diese Barriere (= die Maginot-Linie) hinaustreten und uns auf irgendwelche Abenteuer einlassen?«

Der Krieg im Westen begann im Frühjahr 1940, er ging wieder von deutschem Boden aus. Erst danach standen England und Frankreich mit dem Deutschen Reich faktisch im Krieg.

Manfred Vasold

Literatur: Henri Michel, La drôle de guerre. Paris 1971; Français et Britanniques dans la drôle de guerre. Paris 1979.

## Emigranten

Die deutschsprachige Emigration 1933–1945 aus dem nationalsozialistischen Machtbereich läßt sich, grob schematisiert, in drei große Gruppen einteilen. Das Gros bildete in einer Größenordnung von über einer halben Million die jüdische Emigration. Das politische Exil aus Deutschland (einschließlich Österreichs und des Sudetengebiets) erreichte eine Zahl von rund 30000, darunter (1935) etwa 6000 Sozialdemokraten, 8000 Kommunisten und 5000 Oppositionelle anderer politischer Richtungen. Die Gruppe der emigrierten Wissenschaftler und Künstler, die zur kulturellen Elite des deutschsprachigen Mitteleuropa gehörten (darunter 30 damalige und spätere Nobelpreisträger), umfaßt rund 5000 Vertreter. Die Grenzen zwischen diesen drei Großgruppen sind natürlich fließend.

Während für das jüdische Exil die Emigration im allgemeinen eine endgültige Lebensentscheidung und das definitive Ende der jüdischen Akkulturation im deutschsprachigen Mitteleuropa bedeutete, überlebte die politische Emigration das Dritte Reich außerhalb des nationalsozialistischen Machtbereichs überwiegend »mit dem Gesicht nach Deutschland« und kehrte nach Kriegsende in großer Zahl und häufig mit der ersten sich bietenden Gelegenheit zurück, um am deutschen Wiederaufbau mitzuwirken. Die politischen Nachkriegsverhältnisse brachten es mit sich, daß sich dabei die kommunistische Emigration überwiegend in der Sowjetischen Besatzungszone konzentrierte, während Sozialdemokraten und die Repräsentanten anderer politischer Gruppierungen ihren Aufenthaltsort vor allem in den Westzonen wählten. Von den (1935) rund 6000 emigrierten Sozialdemokraten kehrte rund die Hälfte mehr oder minder rasch nach Kriegsende zurück. Berücksichtigt man bei diesen Zahlen diejenigen, die im Exil gestorben oder aus Alters- und Gesundheitsgründen zu einer Rückkehr nicht mehr in der Lage waren, wird der Anteil der Remigranten entsprechend höher. Zu diesen 3000 sozialdemokratischen Rückkehrern kamen noch zahlreiche sudetendeutsche Sozialdemokraten, die, 1938/39 geflohen, nach 1945 zumeist unmittelbar ihren Aufenthalt in den westlichen Besatzungszonen wählten.

Die Frage nach Ausmaß und Wirkungsgrad des spezifischen Einflusses dieser Remigranten auf die deutsche Nachkriegsgesellschaft und -politik ist nicht ohne weiteres zu beantworten. Rein statistische Beobachtungen belegen freilich einen solchen Einfluß: So hatten beispielsweise in den 40er und 50er Jahren Rückkehrer aus dem Exil ständig mehr als 50 Prozent der Sitze im Parteivorstand der SPD in den westlichen Besatzungszonen beziehungsweise in der Bundesrepublik Deutschland inne, und ihre Beteiligung an den mittleren und unteren Leitungsgremien der Parteipolitik, sowie in Staatsverwaltung, Justiz, im Gewerkschafts- und Bildungswesen und vor allem innerhalb der Medien war, wenn auch zahlenmäßig und wirkungsgeschichtlich kaum zu quantifizieren, mit Sicherheit bedeutsam.

Die rein quantitative Präsenz von Angehörigen einer Gruppe, die heute lediglich aufgrund des Aktes der Emigration retrospektiv als solche definiert wird, muß nicht notwendig auch eine gruppenspezifische Wirksamkeit begründen. Die Gemeinsamkeit von Erfahrungen und Lernprozessen vor allem in Schweden und Großbritannien, den eigentlichen Zentren des politischen Exils während des Krieges, legt ähnliche Reaktionsweisen auf neue politische Fragestellungen jedoch zumindest nahe. Vor allem eines scheint wichtig: In West- und Nordeuropa sowie in den USA hatten die Remigranten nicht in der jahrelangen geistigen Isolation, in dem nach außen abgeschlossenen Silo gelebt, in den das NS-Regime Deutschland zunehmend verwandelt hatte; sie hatten moderne Entwicklungen und neue Fragestellungen vor allem auf natur- und gesell-schaftswissenschaftlichem Gebiet miterlebt, mitdiskutiert und zum Teil mitbefördert, die durch die Gesellschafts- und Wissenschaftspolitik des Nationalsozialismus weitge-hend abgeblockt worden war. Sie waren mit freier Presse, freier Meinungsäußerung und der Pluralität von Meinun-gen vertraut, eine gesellschaftliche Erfahrung, die insbe-sondere der HJ- und Kriegsgeneration aufgrund ihrer in die Jahre des Dritten Reichs fallenden politischen Sozialisation weitgehend versperrt geblieben war.

Diese spezifischen Neuansätze gehören, selbst wenn sie nach 1945 vielfach nicht sofort oder nur ansatzweise wirk-sam wurden, ebenso zu den Bestimmungsfaktoren der ent-stehenden Bundesrepublik wie die Einflußnahmen der Be-satzungsmächte und das Erbe des Dritten Reichs, das Bevölkerungsstruktur und politische Mentalität geprägt hatte. Rückkehrer aus dem Exil stießen deshalb in der Hei-mat – zum Teil durchaus auch innerhalb der Sozialdemo-kratie – auf Skepsis, Unglauben und häufig kaum verhüllte Feindschaft von Seiten der in Deutschland Gebliebenen, in deren Augen sie sich bei ersten Anzeichen von Ärger da-vongemacht hatten, um im Exil ein angeblich leichtes Le-ben zu führen. Dem Zeitgeist der Nachkriegsepoche galten Emigranten zunächst in keiner Weise als Leitbilder oder gar positiv besetzte Vertreter eines »Anderen Deutsch-land«, sie stellten im Gegenteil Störfaktoren für die kol-lektiven Verdrängungsprozesse dar, die für das Selbstver-ständnis und das Wir-Gefühl der (west)deutschen Nach-kriegsgesellschaft alsbald konstitutiv wurden. Soweit die Emigranten aus der Arbeiterbewegung stammten, ermög-lichte ihre Vergangenheit es der Schützengraben-Mentali-tät des Kalten Kriegs zudem häufig, sie als – und sei es nur ehemalige – Kommunisten zu stigmatisieren. In wel-chem Maß diese »prohibitive Emigrantenhetze« das gei-stige Klima der entstehenden Bundesrepublik prägte, zeigt nicht zuletzt ein Ausspruch Konrad Adenauers von Mitte 1948, in dem er den Emigranten öffentlich unter-stellte, Unheil anzurichten und deutschen Belangen zu schaden.

Symbolisch überwunden wurde diese Konstellation erst Ende der 60er Jahre, als mit Willy Brandt ein politischer Emigrant Bundeskanzler wurde.

Hartmut Mehringer

Literatur: Werner Röder, Herbert A. Strauss (Hrsg.), Biographisches Handbuch der deutschsprachigen Emigration nach 1933. 3 Bände, München 1980–1983; Hartmut Mehringer, Waldemar von Knoeringen, Eine politische Biographie. München 1989.

## »Entartete Kunst«

Am 18. Juli 1937 wurde in München das »Haus der Deutschen Kunst« mit der »Großen Deutschen Kunstausstellung« eröffnet, die zeigte, was Nationalsozialisten sich unter »Deutscher Kunst« vorstellten. Parallel zu dieser Ausstellung war indes vom Präsidenten der Reichskunstkammer, Adolf Ziegler, im persönlichen Auftrag von Goebbels eine weitere vorbereitet worden, die, nur wenige Schritte von der ersteren entfernt, einen Tag später ihre Pforten öffnete. Ihr Gegenstand: »Entartete Kunst«.

Hier waren 730 Werke deutscher Kunst zu sehen, die nach folgenden Gesichtspunkten geordnet waren: »1. Die Barbarei des Handwerks, Farbenkleckserei, Verzerrung der Form, Dummheit in der Stoffwahl; 2. Die religiöse Kunst als Verhöhnung des Religiösen; 3. Der politische Hintergrund der Kunstentartung; 4. Die Zerstörung des Wehrwillens; 5. Die Prostitution – als Programm des Bolschewismus; 6. Die Abtötung des Rassebewußtseins; 7. Idioten, Kretins, Paralytiker als geistiges Ideal; 8. Die Juden in der modernen Kunst; 9. Vollendeter Wahnsinn.« Gezeigt wurden hier Bilder, Zeichnungen und Skulpturen unter anderem von Kirchner, Beckmann, Dix, Grosz und Barlach. Zwischen den Exponaten befanden sich Kommentare zu deren »artfremdem« Charakter, aus der Inflationszeit stammende Preisangaben sowie Bilder und Plastiken von Geisteskranken, die dem Publikum eine eindeutige Zuordnung der Kunstwerke nahelegten.

»Deutsches Volk, komm und urteile selbst!« lautete die Aufforderung an die mehr als zwei Millionen Besucher, die allein in München in die Ausstellung kamen (dreimal mehr, als im »Haus der Deutschen Kunst« gezählt wur-

den). Die Maßstäbe, nach denen da gerichtet werden sollte, waren seit 1933 bereits massiv propagiert worden.
Während nämlich »gute«, »dem Volke dienende« Kunst
»dem normalen Vorstellungsvermögen und der natürlichen
Anschauung« entsprach und daher die Attribute »gesund«
und »artgemäß« verdiente, waren alle nicht einfach abbild-
nerischen Werke als »entartet« anzusehen. Sie thematisier-
ten den »Schmutz«, »das Unreine«. Dem »Normalen« und
»Natürlichen« standen sie als »anormal« gegenüber, ihre
Kennzeichen: »unverständlich«, »international«, »primi-
tiv« und – »bolschewistisch«.

Die Vermischung biologistischer und politischer Etiket-
ten, der Appell ans »gesunde Volksempfinden«, waren von
Anfang an Bestandteil auch der nationalsozialistischen
Kunstpolitik. In ihrem Namen wurden die namhaftesten
modernen deutschen Künstler nicht nur publizistisch-pro-
pagandistisch bekämpft. Sie wurden zum Austritt aus der
Akademie der Künste gezwungen, mit Arbeits- und Aus-
stellungsverbot belegt, ins Exil oder in die innere Emigration getrieben.

Die Ausstellung »Entartete Kunst«, die nach München
auch in anderen Großstädten gezeigt wurde, bildete in diesem Rahmen nur den äußeren, spektakulären Auftakt zum
»unerbittlichen Säuberungskrieg gegen die letzten Elemente unserer Kulturzersetzung« (Adolf Hitler in seiner Rede
zur Ausstellungseröffnung). 1004 Gemälde und Skulpturen, 3825 Aquarelle, Handzeichnungen und graphische
Blätter wurden im März 1939 in Berlin verbrannt, auf einer Auktion in Luzern im Juni 1939 standen 125 Werke
der modernen – nicht nur deutschen – Kunst aus deutschen
Museumsbeständen zum Verkauf. Nachweislich wurden
insgesamt 15997 Kunstwerke aus deutschen öffentlichen
Sammlungen per Göring-Erlaß vom 4. August 1937 entfernt; ein nicht geringer Teil fiel der Zerstörung anheim,
wurde beschädigt oder gilt seither als verschollen.

Gerade gegenüber moderner Kunst erwies es sich als relativ unkompliziert, die dumpfen – hämischen und neider-
füllten – Instinkte des »Volksempfindens« zu mobilisieren
und die Emotionen gegen »ein von Intellektbestien zusam-
menkonstruiertes Getue« (Hans Hinkel, 1934) zu lenken.
Von den Millionen Besuchern der Ausstellung »Entartete
Kunst« durfte fortan jeder sich als kompetenter Richter

über das Unverstandene fühlen, wenn er nur »normal«
war, d. h. sich als »deutsch« empfand. Das spontan nicht
Nachzuvollziehende, demnach nicht »Natürliche«, blieb
der Feind: nicht nur in der Kunst, auch nach 1945.

Frauke Meyer-Gosau

Literatur: Joseph Wulf, Die bildenden Künste im Dritten Reich. Eine
Dokumentation. Frankfurt a. M. 1983; Hildegard Brenner, Die
Kunstpolitik des Nationalsozialismus. Reinbek 1963.


## Entnazifizierung

Von den meisten Zeitgenossen wurde der von den Alliierten eingeleitete politische Säuberungsprozeß als Anma-
ßung angesehen oder als Unrecht, als ungerechtfertigte
Diffamierung, jedenfalls als mißglückter Versuch, mit der
nationalsozialistischen Vergangenheit von 8,5 Millionen
Deutschen – soviele eingeschriebene NSDAP-Mitglieder
gab es – abzurechnen.

Ziel der alliierten Besatzungspolitik in Deutschland waren neben der Entmilitarisierung und Demokratisierung
die Entnazifizierung und die Bestrafung der Kriegsverbrecher. Die Entnazifizierung betraf nach dem Beschluß der
Potsdamer Konferenz den Personenkreis, der als »Partei-
genossen« mehr als nominell an der Macht partizipiert hatte. Als Vorbedingung der Demokratisierung sollten sie aus
öffentlichen und halböffentlichen Ämtern und verantwortlichen Posten in Privatunternehmen entfernt und durch politisch einwandfreie Personen ersetzt werden. Der Alliierte
Kontrollrat definierte im Januar 1946 diesen Personenkreis genauer und erließ im Oktober 1946 gemeinsame
Richtlinien für ganz Deutschland, nach denen die Kriegsverbrecher, Nationalsozialisten, Militaristen und Industriellen,
die das NS-Regime gefördert hatten, bestraft beziehungsweise beurteilt werden sollten. Fünf Gruppen wurden unterschieden: »1. Hauptschuldige, 2. Belastete (Aktivisten,
Militaristen und Nutznießer), 3. Minderbelastete (Bewäh-
rungsgruppe), 4. Mitläufer, 5. Entlastete (Personen der
vorstehenden Gruppen, welche vor einer Spruchkammer
nachweisen können, daß sie nicht schuldig sind).«

Der Entnazifizierung im eigentlichen Sinn wurden die
Angehörigen der Kategorien 2 bis 4 unterworfen. In der

Praxis war die Entnazifizierung lange vor der Kontrollrats-
direktive in Gang gekommen, und zwar in jeder der vier
Besatzungszonen auf andere Weise. Die Briten handhab-
ten das Problem am laxesten, in der französischen Zone
gab es regionale Unterschiede, in beiden Zonen wurde die
Entnazifizierung pragmatisch betrieben mit dem Ziel, die
Funktionseliten auszuwechseln.

In der sowjetischen Besatzungszone wurde am konse-
quentesten entnazifiziert und die Prozedur am schnellsten
beendet, sie stand auch in engem Zusammenhang mit dem
Umbau des ganzen Gesellschaftssystems, wie ihn die sowjetische Besatzungsmacht betrieb. Ab Ende 1946 wurde
zoneneinheitlich verfahren, NSDAP-Mitglieder, die mehr
als nominell aktiv gewesen waren, wurden mit Entlassung
aus öffentlichen Ämtern und anderen wichtigen Stellungen
bestraft, zusätzlich mußten, je nach Kategorie, Arbeits-,
Sach- und Geldleistungen erbracht, Kürzungen der Versor-
gungsbezüge, Einschränkung der Versorgung hingenommen werden, und die politischen Bürgerrechte wurden entzogen. Auch nur nominelle Nazis (»Mitläufer«) durften
nur nachrangig beschäftigt werden. Die letzte Phase der
Entnazifizierung begann in der Ostzone im August 1947,
als die Sowjetische Militäradministration befahl, mit dem
Ziel der baldigen Beendigung (Frühjahr 1948) die Rehabilitierung der Minderbelasteten zu betreiben. Das Ziel war
mit der Räumung wichtiger Positionen im öffentlichen
Dienst, der Industrie und Wirtschaft erreicht. Im Gegensatz zu den Westzonen blieben die Entlassungen auf zwei
Gebieten definitiv. Die innere Verwaltung war von ehemaligen Nationalsozialisten vollständig gesäubert worden,
ebenso die Justiz. Dort hatte man 90 Prozent des Personals
entlassen, die Mühen, ganz neue Leute auszubilden, und
die daraus entstehenden Engpässe nahm man bewußt in
Kauf.

In der amerikanischen Besatzungszone wurde die Entnazifizierung mit dem größten moralischen Rigorismus und
dem größten bürokratischen Aufwand betrieben. Bereits
1945 mußten Fragebogen ausgefüllt werden, in denen auf
131 Positionen sämtliche Details der beruflichen und politischen Vergangenheit zu offenbaren waren. Bis zum Frühjahr 1946 lag die Durchführung der Entnazifizierung, das
heißt Prüfung der Fragebogen, Entlassung bzw. Einleitung

eines Spruchkammerverfahrens, in den Händen der Besatzungsmacht, dann wurden deutsche Stellen, die Länder-Befreiungsministerien, zuständig. Allmählich setzte sich auch in der US-Zone das Rehabilitierungsstreben stärker durch, notwendigerweise mußte die Entnazifizierung ein Kompromiß zwischen Diskriminierung und Rehabilitierung der Nazis sein: Der Aufbau einer demokratischen Gesellschaft wäre mit Millionen von Parias nicht möglich gewesen, war aber andererseits belastet durch das Bewußtsein, daß Funktionäre und Nutznießer des NS-Staats ohne Sühne davonkamen. In der US-Zone wurde die Diskrepanz zwischen Anspruch und Wirklichkeit je länger desto größer: 13 Millionen Fragebogen waren ausgefüllt worden, ein Drittel davon war von der Entnazifizierung betroffen, etwa 10 Prozent wurden von einer Spruchkammer verurteilt, tatsächliche Strafen oder Nachteile von Dauer erlitt aber weniger als ein Prozent der zu Entnazifizierenden. Ärger gab es wegen des schleppenden Gangs der Verhandlungen, die »Spruchkammern«, Laiengerichte mit öffentlichen Klägern, waren überfordert, das Denunziantentum blühte, und die Nazis legten bereitwillig ausgestellte »Persilscheine« vor, Bestätigungen von Nachbarn und Kollegen, in denen ihre tadellose Haltung bescheinigt wurde.

Zahllose Einsprüche machten die Spruchkammern zu »Mitläuferfabriken«, und besonders ungerecht war es, daß die harmlosen Fälle zuerst behandelt wurden. Die Aktivisten und wirklichen Nazis warteten länger; als sie dann vor die Spruchkammern traten, wurde aber nur noch milde geurteilt. Ab Frühjahr 1948 wurde die Entnazifizierung, im Zeichen von Kaltem Krieg und Wiederaufbau, in der US-Zone hastig zu Ende gebracht. Diskreditiert blieb das Säuberungsverfahren in jedem Fall, auch deshalb, weil überall Fachleute durchkamen, die für bestimmte Funktionen unentbehrlich schienen. Notwendig gewesen war die Entnazifizierung aber aus politischen wie moralischen Gründen.

Wolfgang Benz

Literatur: Lutz Niethammer, Die Mitläuferfabrik. Die Entnazifizierung am Beispiel Bayerns. Berlin, Bonn 1982; Helga A. Welsh, Revolutionärer Wandel auf Befehl? Entnazifizierungs- und Personalpolitik in Thüringen und Sachsen (1945–1948). München 1989; Clemens

Vollnhals (Hrsg.), Entnazifizierung. Politische Säuberung und Rehabilitierung in den vier Besatzungszonen 1945–1949. München 1991.

## Erster Weltkrieg (Ursachen)

Zu den zählebigsten deutschen Geschichtsmythen gehört die Überzeugung, das wilhelminische Kaiserreich habe von 1914 bis 1918 einen Verteidigungskrieg geführt. Neidisch auf Deutschlands Aufstieg zur Großmacht, auf das Eindringen dieser Großmacht in den Kreis der führenden Industriestaaten und auf die Erfolge des deutschen Exports in alle Kontinente, sei 1914 eine Welt von Feinden über die Deutschen hergefallen, um die Macht des Reiches zu vernichten und die Konkurrenz der deutschen Wirtschaft auszuschalten, um also Deutschland den von ihm moralisch und politisch mit Recht beanspruchten »Platz an der Sonne« zu verweigern. Namentlich der britische »Handelsneid« habe nach der Zerstörung des Konkurrenten getrachtet, zumal britische – wie auch französische – Besitzgier nicht bereit gewesen sei, sich mit der Rivalität des Reiches um jene Gebiete abzufinden, die von den Europäern als Räume kolonialer Herrschaft betrachtet wurden. Im Falle Frankreichs hätten außerdem der auch noch nach vierzig Jahren lebendige Traum von der Revanche für 1870/71 und die unbeirrt festgehaltene Forderung nach der Rückgewinnung Elsaß-Lothringens ihre Rolle gespielt. Unter führender Mitwirkung der Londoner Kabinette sei es so zur »Einkreisung« Deutschlands durch Großbritannien, Frankreich und das von deutschfeindlichen Panslawisten regierte Rußland gekommen, gegen die der deutschen Nation am Ende nur der Widerstand mit der Waffe geblieben sei.

Mit der historischen Wirklichkeit haben solch balladeske Skizzen nichts zu tun. Deutschland war bis 1914 einer der wichtigsten Wirtschaftspartner Großbritanniens geworden, und in den Wochen und Tagen vor Kriegsbeginn haben denn auch in London die Vertreter von Handel und Finanz das britische Kabinett massiv unter Druck gesetzt, eine der Erhaltung des Friedens dienende Politik zu verfolgen. Auch die Rivalität um außereuropäische Kolonien gehörte nicht zu den Kriegsgründen. Wohl lagen die europäischen

Mächte wie hungrige Raubtiere um die geschlagene Beute, und wenn sie sich Bissen wegzuschnappen suchten, nahm ihr Knurren gelegentlich eine beängstigende Stärke an. Jedoch ist es in den Vorkriegsjahrzehnten stets gelungen, koloniale Differenzen beizulegen. In der praktischen Politik sind koloniale Interessen doch nur als sekundär behandelt worden; anders hätten ja schwache Länder wie Belgien und Holland ihren riesigen Kolonialbesitz kaum vor den weit mächtigeren Rivalen retten können. Außerdem begann in der ersten Dekade des Jahrhunderts, obwohl die Eroberungswelle noch weiterlief und zum Beispiel Frankreich sich Teile Äquatorial-Afrikas und Marokko aneignete, der imperialistische Eifer in der Öffentlichkeit Englands und Frankreichs nachzulassen. In beiden Ländern übernahmen liberale und demokratische Parteien die Regierung, die ebenso wie ihre Wähler mehr an innere Reformen als an die Fortsetzung imperialistischer Politik dachten. Die Kabinette Frankreichs und Großbritanniens waren schon zwischen 1902 und 1904 fähig, ihre kolonialpolitischen Differenzen ein für allemal beizulegen und mit der Entente cordiale eine feste politische Verbindung zu begründen.

Die Kriegsgründe lagen in Europa selbst. Drei Mächte zeigten hier eine von Jahr zu Jahr zunehmende Kriegsbereitschaft. Im zaristischen Rußland entwickelten die herrschenden Gruppen, vom Hof über den Adel bis zum quantitativ noch schwachen Bürgertum, in der Auseinandersetzung mit den ständig gefährlicher werdenden und auch mit terroristischen Methoden arbeitenden sozialrevolutionären Bewegungen allmählich einen panslawistisch gefärbten Nationalismus; der erhob die während jahrhundertelanger Konflikte mit dem türkischen Imperium erwachsene Funktion eines Protektors der griechisch-orthodoxen Völker und der Balkanslawen ebenso zur ideologischen Doktrin wie die Mission zur vollständigen Vertreibung der Türken vom europäischen Kontinent und zur Errichtung russisch-orthodoxer Herrschaft in Konstantinopel und an den türkischen Meerengen. Rückschläge bei der Verfolgung solch doktrinärer Politik wurden mehr und mehr als unerträglich und außerdem als äußerst bedrohlich für die innere Stabilität des zaristischen Systems empfunden, erst recht nach der Niederlage im russisch-japanischen Krieg 1904/5 und nach den revolutionären Erschütterungen des Jahres 1905. Diese Tendenzen russischer Politik gerieten in einen friedensbedrohenden Gegensatz zur Grundrichtung der Politik Österreich-Ungarns. Die habsburgische Donaumonarchie, an der Verdrängung der Türken aus Südosteuropa nicht weniger beteiligt als Rußland, hatte im Gefolge des türkischen Rückzugs slawische Territorien erworben und wirtschaftliche wie machtpolitische Interessen im Balkanraum begründet. Dies schuf Reibungsflächen zwischen Österreich und Rußland. Daß aber politische Erfolge der Balkanslawen und politische Positionsgewinne Rußlands von Wiener Kabinetten bald sogar als reichsgefährdend angesehen wurden, lag daran, daß derartige Erfolge in der Tat kräftigend und radikalisierend auf den ohnehin immer stärker zu staatlicher Selbständigkeit strebenden Nationalismus der slawischen Völker Österreich-Ungarns wirkten, von den Serben Bosniens und der Herzegowina bis zu den Tschechen in Böhmen und Mähren. Die Nervosität der führenden österreichischen Kreise nahm noch zu, nachdem die Wiener Regierung Bosnien und die Herzegowina, seit dem Berliner Kongreß von 1878 unter österreichischer Verwaltung, 1908 annektiert hatte. Mit der Annexion, die dem großserbischen Nationalismus einen Schlag versetzen sollte, waren ja nur die slawischen Untertanen des habsburgischen Reiches vermehrt und alle slawischen Nationalismen aufs höchste gereizt worden. Noch mehr als zuvor waren die leitenden Wiener Politiker und Militärs nun überzeugt davon, daß für Österreich Kompromisse auf dem Balkan unmöglich und bei nächster Gelegenheit gegen den kleinserbischen Kernstaat mit der Hauptstadt Belgrad politische und militärische Strafaktionen unumgänglich seien, sofern gegen die dann sichere russische Intervention mit der Bundesgenossenschaft des Deutschen Reiches gerechnet werden dürfe.

Angesichts der inzwischen in Europa grundsätzlich defensiven Außenpolitik Frankreichs wie auch Großbritanniens und angesichts der Schwäche des habsburgischen Reiches konnte es auf dem europäischen Kontinent tatsächlich nur dann zu einem allgemeinen Krieg kommen, wenn Deutschland ihn zuließ oder wollte, und Deutschland schritt nach der Jahrhundertwende sogar von der Kriegsbereitschaft zum Kriegswillen fort. Mit der Bismarckschen

Reichsgründung waren die deutschen Teilstaaten zur wirtschaftlich, politisch und militärisch stärksten Macht Europas zusammengefügt. Bismarck hatte die Überlegenheit des Deutschen Reiches aber lediglich zur Sicherung des 1871 geschaffenen Status quo benutzt, also zur diplomatischen Isolierung des geschlagenen und um Elsaß-Lothringen beraubten Frankreich, zur behutsam zügelnden Stützung Österreichs und zur freundschaftlichen Bändigung Rußlands. Das Reich fungierte als Garant des europäischen Gleichgewichts. Bismarcks Nachfolger trachteten hingegen nach der Zerstörung des Gleichgewichts zugunsten Deutschlands, das sie zur Hegemonialmacht Europas machen wollten. Die herrschenden Gruppen des Reiches, vom Kaiser und seinen engsten Beratern über die Reichsregierung bis zu den Leitungsstäben von Heer und Marine, glaubten sich zur Niederhaltung einer ständig wachsenden Sozialdemokratie auf eine permanente Jagd nach außenpolitischen Erfolgen verwiesen; zugleich wurden sie zu Gefangenen eines ebenfalls auf äußere Expansion drängenden bürgerlichen Nationalismus, den sie zur Zähmung partikularistischer Kräfte, von den Polen im Osten und den Elsaß-Lothringern im Westen bis zu den Bayern im Süden, selbst genährt hatten und den sie allmählich sogar mitempfanden.

Unter solchen Zwängen meldeten sie rund um den Globus, am größten dimensioniert in Afrika, so viele koloniale Forderungen, handelspolitische Ansprüche und machtpolitische Mitspracherechte an, daß sie nicht allein alle europäischen Kolonialmächte, sondern ebenso die USA und Japan herausforderten. Bald stellte sich heraus, daß eine derartige Fülle von Wünschen nur dann zu befriedigen war, wenn die europäischen Großmächte deutscher Führung unterworfen wurden. Die gleiche Notwendigkeit ergab sich aus der Absicht, Deutschland eine Position zu sichern, die es erlaubte, bei der bald unvermeidlichen Auflösung der Donaumonarchie einen beträchtlichen Teil des österreichischen Territoriums, über die deutschen Reichsteile hinaus, und ebenso die österreichische Stellung auf dem Balkan zu erben. Diesem Ziel – und nicht einfach dem Schutz eines Bundesgenossen oder der Verfechtung bereits entstandener deutscher Interessen – diente eine so aggressive Unterstützung der österreichischen Politik in Südosteuropa und ein so zielbewußter Aufbau deutscher politischer Präsenz in der Türkei, daß die Politiker in St. Petersburg alsbald weniger Österreich-Ungarn, sondern mehr das Deutsche Reich als ihren großen Rivalen betrachteten. Als Deutschland in den beiden Marokkokrisen (1905/6 und 1911) Frankreich mit der Kriegsdrohung die Anerkennung deutscher Forderungen abzupressen suchte, handelten die Berliner Politiker vor allem auch in der Absicht, den westlichen Nachbarn in Abhängigkeit von Deutschland zu bringen, und den gleichen Zweck verfolgten die deutschen Kriegsdrohungen, mit denen Rußland von 1908 bis 1913 zur Duldung der österreichischen Balkanpolitik gezwungen wurde.

Mit einem ähnlichen Mittel, nämlich mit dem Bau einer gewaltigen Schlachtflotte, sollte Großbritannien zur Tolerierung der europäischen Hegemonie des Deutschen Reiches und zur Akzeptierung der deutschen »weltpolitischen« Ansprüche genötigt werden. Nachdem die Berliner Hegemonialpolitik Frankreich und Rußland zum Abschluß einer festen Allianz getrieben hatte (1892, 1897), nachdem ferner Großbritannien zu einer Verständigung mit Frankreich (Entente cordiale, 1904) und Rußland (1907) veranlaßt worden war, die bei einem deutschen Angriff den britischen Kriegseintritt auf der Seite Frankreichs und Rußlands schon fast sicher machte, verband sich die deutsche Aggressivität mit dem Gefühl, durch die selbstgeschaffene »Einkreisung« bedroht zu sein, und die Neigung, bei passender Gelegenheit eine militärische Lösung der deutschen Probleme zu suchen, nahm noch zu.

Daher steigerte sich die Berliner Kriegsbereitschaft zum Kriegswillen, als am 28. Juni 1914 großserbische Nationalisten in Sarajewo den österreichischen Thronfolger Franz Ferdinand und dessen Frau ermordeten. Einen propagandistisch verwertbaren Anlaß in der Hand, schien es jetzt möglich, mit einem Angriffskrieg gegen Frankreich und Rußland, notfalls auch gegen England, die Fesseln der »Einkreisung« zu durchschneiden und sowohl die deutsche Hegemonie in Europa zu etablieren wie zu »weltpolitischer« Bewegungsfreiheit durchzubrechen. So hat die Reichsleitung, gestützt auf eine Kriegspartei in Wien, die Donaumonarchie in eine militärische Aktion gegen Serbien getrieben, die Rußlands Intervention und damit den Eintritt des österreichisch-deutschen Bündnisfalls sicher machen mußte. Danach hatte Frankreich keine Wahl mehr, weil die militärische Planung Berlins bei einem deutsch-russischen Konflikt zunächst die Ausschaltung des westlichen Verbündeten Rußlands durch einen Blitzkrieg vorsah, wie man in Paris wußte. Und da Großbritannien nicht zulassen konnte, daß Deutschland Frankreich und Rußland niederwarf, sich zum Herrn des Kontinents aufschwang und damit England in Abhängigkeit brachte, zog der deutsche Kontinentalkrieg das britische Eingreifen unweigerlich nach sich, zumal die Reichsleitung alle Vermittlungsversuche der britischen Regierung sabotiert hatte und die deutschen Armeen im Westen einem Operationsplan folgten, der die Verletzung der belgischen Neutralität einschloß und damit jeden Zweifel über das Festsetzen eines siegreichen Deutschland an der Kanalküste beseitigte.

Hermann Graml

Literatur: Wolfgang Schieder (Hrsg.), Erster Weltkrieg. Ursachen, Entstehung und Kriegsziele. Köln 1969.

## Euthanasie

Das Wort Euthanasie – aus dem Griechischen – bedeutet Sterbehilfe. Gemeint ist die Erleichterung des Endes eines mit Sicherheit und auf qualvolle Weise verlöschenden Menschenlebens. Eine gefährliche Verfälschung erfuhr der Begriff im Zusammenhang mit dem sogenannten Sozialdarwinismus und der um die Jahrhundertwende aufkommenden Eugenik bzw. Rassenlehre. 1920 veröffentlichten die bekannten wissenschaftlichen Autoren Karl Binding und Alfred Hoche ihr Buch ›Die Freigabe der Vernichtung lebensunwerten Lebens‹. Darin wurden Standarddefinitionen, wie sie später im nationalsozialistischen Gedankengut gebraucht wurden, vorweggenommen: »Ballastexistenzen«, »Neben-Menschen«, »Defektmenschen«, »geistig Tote«, »leere Menschenhülsen«.

Hitler knüpfte in ›Mein Kampf‹ an diese Gedanken an. Nach der Machtergreifung wurde in suggestiver Form für die so aufgefaßte Euthanasie in Presse, Rundfunk und Film, aber auch in Schulbüchern Propaganda gemacht. Die Planungen für kommende Maßnahmen blieben jedoch geheim. Hitler wollte aus Angst vor Protesten der Öffentlichkeit und des Auslandes erst bei Ausbruch des erwarteten Krieges mit den Krankentötungen beginnen, weil er glaubte, dann seien sie besser geheimzuhalten. In der zweiten Jahreshälfte 1938 gingen in der »Kanzlei des Führers« zunehmend Bittschriften von Eltern ein, die für ihre Kinder den Gnadentod erbaten. Bei der »Kanzlei des Führers« wurde eine Tarnorganisation gebildet. Durch Runderlaß des Reichsministers des Innern vom 18. August 1939 mußten mißgebildete Kinder gemeldet werden. Sie wurden dann nach einer formellen Begutachtung in sogenannte Kinderfachabteilungen gebracht und dort durch Gift oder durch Verhungernlassen getötet.

Nach der Besetzung Polens im September 1939 ging die Leitung der dortigen Heilanstalten in deutsche Hände über. Arbeitsunfähige Kranke der polnischen Heilanstalten Owinska, Dziekanka, Koscian, Srem, Warta, Turek, Konin und Wloclawek wurden den Gesundheitsverwaltungen gemeldet und anschließend von dem Sonderkommando Lange in einem mit CO-Gasflaschen bestückten Gaswagen getötet. Auf die gleiche Weise wurden im Herbst 1939 in einer provisorischen Gaskammer im Fort VII in Posen Geisteskranke ums Leben gebracht. Kranke aus pommerschen und westpreußischen Heilanstalten wurden von dem SS-Wachsturmbann Eimann im Wald von Piasnica erschossen.

Der Beginn der Krankenmorde im besetzten Polen beschleunigte die Organisation der »Euthanasie« im Reich. Im Oktober 1939 unterschrieb Hitler eine Tötungsermächtigung, deren Text auf privatem Briefpapier seiner Kanzlei niedergelegt und auf den 1. September rückdatiert war. Dieser Text – in dem von der Gewährung des Gnadentodes die Rede ist – verschleierte von Anfang an, daß es nicht um Gnadentod, sondern um die »Ausmerzung« der arbeitsunfähigen und lästigen Kranken ging.

In der Folgezeit wurden Mitarbeiter für die »Euthanasie«-Organisation, die später nach dem Sitz der Zentrale in Berlin, Tiergartenstraße 4, die Tarnbezeichnung »Aktion T 4« erhielt, angeworben, wobei kein Zwang ausgeübt, die Angeworbenen jedoch zur Geheimhaltung verpflichtet wurden. Um aus dem Schriftverkehr der Organisation Rückschlüsse auf die beteiligten Dienststellen zu verhindern, führte man Tarnbezeichnungen ein. Die beiden wichtigsten waren die »Reichsarbeitsgemeinschaft Heil- und Pflegeanstalten«, kurz »RAG«, zuständig für die Anordnung der Krankenverlegungen, geleitet von Professor Werner Heyde und später von Professor Hermann Paul Nitsche, und die »Gemeinnützige Krankentransport GmbH« (Gekrat), Halterin der berüchtigten grauen Omnibusse mit getarnten Fenstern, die dem Amtsleiter der Kanzlei des Führers, Reinhold Vorberg (Deckname »Hintertal«), unterstand.

An die einzelnen Heilanstalten wurden Meldebogen verteilt. Als durchsickerte, um was es sich handelte, weigerten sich viele Anstalten, diese auszufüllen oder klassifizierten fast alle Kranken als arbeitsfähig. Vielfach wurden auch Angehörige aufgefordert, die Patienten schleunigst nach Hause zu holen.

In die »renitenten« Anstalten wurden Ärztekommissionen geschickt, die die Kranken nur nach schriftlichen Unterlagen meldeten. Die Kranken wurden nach einer vorherigen formellen Begutachtung in die Tötungsanstalten Grafeneck bei Reutlingen, Brandenburg/Havel, Bernburg an der Saale, Hartheim bei Linz an der Donau, Sonnenstein in Sachsen und Hadamar bei Limburg (vier Anstalten waren jeweils gleichzeitig in Betrieb) gebracht und dort ab Januar 1940 mit CO-Gas, das über das Kriminaltechnische Institut des Reichskriminalpolizeiamtes in Gasflaschen der Firma IG-Farben Ludwigshafen besorgt wurde, getötet. Beim Abtransport mußten, da der Zweck der Aktion bekanntgeworden war und viele Kranke durchaus nicht abgestumpft waren, Patienten oft mit Gewalt in die Busse gezerrt werden. Um die Geheimhaltung wieder zu sichern, verlegte man ab Herbst 1940 die Kranken in sogenannte Zwischenanstalten.

Die Angehörigen erhielten »Trostbriefe«, in denen ihnen angeboten wurde, die Urne mit der Asche der Leiche des Kranken, die man aus seuchenpolizeilichen Gründen habe einäschern müssen, zu übersenden. Sogenannte Absteckabteilungen sorgten, indem sie die Todeszeit und den Todesort des Opfers abänderten, dafür, daß nicht zu viele Angehörige aus demselben Bezirk zur gleichen Zeit Trostbriefe erhielten.

Pannen, die immer wieder vorkamen (Angehörige bekamen Urnen, die nur Stroh enthielten etc.), sorgten für immer mehr Gerüchte. Die Beunruhigung wuchs, als Alkoholiker, Senile, Fürsorgezöglinge etc. bei den Meldebogenaktionen erfaßt wurden. Proteste der Bevölkerung und vor allem der beiden Kirchen häuften sich. Der Bischof von Münster, Clemens August Graf von Galen, geißelte am 3. August 1941 in einer Predigt den staatlichen Krankenmord. Die Vergasungsaktion an den erwachsenen Geisteskranken wurde daraufhin eingestellt; die Aussonderung und Vergasung der kranken KZ-Häftlinge im Rahmen der sogenannten Aktion 14 f 13 und die Kinder-»Euthanasie«, die zirka 5000 Opfer forderte, waren davon jedoch nicht betroffen.

Der Krankenmord ging danach in versteckterer Form – Gift und Verhungernlassen – in bestimmten Heil- und Pflegeanstalten, wie Uchtspringe, Kaufbeuren, Niedernhart und vor allem Meseritz-Obrawalde in Pommern, weiter. Die Bezeichnung dieser Aktion als »wilde Euthanasie« vermittelt einen falschen Eindruck. Die Transportleiter der »Gekrat« holten nach den vorbereiteten Listen in gleicher Weise wie in der ersten Phase die Kranken aus den Zwischenanstalten ab.

Die jüdischen Heilanstaltsinsassen waren ohnehin nach einem Erlaß des Reichsinnenministers vom 15. April 1940 ohne Rücksicht auf ihre Arbeitsfähigkeit und den Grad ihrer Erkrankung erfaßt und zum größten Teil in der Tötungsanstalt Brandenburg vergast worden. Ihr Tod wurde von einem in Berlin eingerichteten fingierten Sonderstandesamt mit der Bezeichnung »Irrenanstalt Chelm« (Cholm II, Post Lublin) beurkundet. Dabei wurden die Sterbedaten verschoben und die Pflegekosten noch monatelang nach dem Tod eingezogen.

In der ersten Phase bis zum »Stopp der Aktion« wurden nach einer erhalten gebliebenen Statistik 70273 Kranke getötet. Wie viele Kranke in der zweiten Phase der »Euthanasie« noch getötet worden sind, ist nicht genau bekannt. Nach Schätzungen dürften in den beiden Phasen der Aktion etwa 120000 Kranke getötet worden sein.

Die deutsche Medizin benutzte die Leichen der Opfer, die ihr von der T 4 zur Verfügung gestellt wurden, zu Forschungszwecken. Mehr als die Hälfte der medizinischen Institute arbeitete mit der RAG zusammen. Besonders die Hirnforschung profitierte von den gebotenen Möglichkeiten. Bis in neuere Zeit wurden entsprechende Präparatsammlungen, so z.B. im Max-Planck-Institut in Frankfurt a.Main, benutzt.

Nach dem Krieg wurden nur wenige Beteiligte der T 4 von deutschen Gerichten verurteilt. Viele der Akteure machten wieder Karriere.

Willi Dreßen

Literatur: Ernst Klee, »Euthanasie« im NS-Staat. Frankfurt a.M. 1983; Willi Dreßen, L'élimination des malades mentaux. In: François Bédarida, La politique Nazie d'extermination. Paris 1989; Willi Dreßen, Euthanasie. In: Kogon, Langbein, Rückerl (Hrsg.), Nationalsozialistische Massentötungen durch Giftgas. Frankfurt a.M. 1983.

## Finanzierung Hitlers und der NSDAP

Als Adolf Hitler im Herbst 1919 seine politische Karriere begann, befanden sich in der Kasse der späteren NSDAP nach eigenem Bekunden 7 Mark und 50 Pfennig. Da abzusehen war, daß die vielfältigen Aktivitäten der Partei aus den Beiträgen der Mitglieder allein kaum finanziert werden konnten, bemühten sich Hitler und seine Gesinnungsfreunde von Anfang an um zusätzliche Finanzquellen. Die Abhängigkeit von Spenden, sei es in Form von Barmitteln oder Sachwerten, war für die NSDAP aus Imagegründen freilich besonders heikel, kamen solche Zuwendungen doch in aller Regel aus den wohlhabenden Schichten der Gesellschaft. Verläßliche Aussagen über die Höhe solcher Zuwendungen sind freilich wegen der schwierigen Quellenlage nur in Ausnahmefällen möglich.

Die ersten Förderer Hitlers kamen überwiegend aus dem gehobenen Mittelstand und der »Bohème« Berlins und Münchens. Einige wenige Großindustrielle wie Ernst von Borsig oder Fritz Thyssen, dessen Spende von etwa 100 000 Goldmark allerdings der nationalen und völkischen Bewegung insgesamt zugedacht war, zählten aber auch dazu. Die politische Aufwertung, die Hitler durch solche Kontakte erfuhr, war indessen oft ebenso wichtig wie ihr finanzieller Ertrag. Nach dem gescheiterten Putsch im November 1923 versiegten viele der früheren Geldquellen. Die Partei war bis zum Ende der zwanziger Jahre in erster Linie auf eigene Mittel angewiesen: Mitgliedsbeiträge, Eintrittsgelder für Veranstaltungen, Gelder aus Sammelaktionen und Einkünfte der Parteipresse. Die Einnahmen, welche die Partei auf diese Weise erzielen konnte, beliefen sich, einem offiziellen Kassenbericht zufolge, 1926 auf 114000 und 1927 nur auf 104000 Reichsmark. Um so mehr versuchte die Partei, private Spenden zu sammeln. Der Kontakt zu Emil Kirdorf, der in der Ruhrindustrie wichtige Posten bekleidet hatte, zahlte sich jedoch zunächst nicht wie erhofft aus.

Erst nach dem Erfolg bei den Reichstagswahlen vom September 1930 kam auch die NSDAP in den Genuß der von der Industrie zugunsten der bürgerlich-konservativen Parteien gesammelten Gelder. Allerdings dürfte sie aus gemeinsamen Spendenfonds oder von einzelnen Firmen oder Unternehmern kaum mehr als 10 bis 15 Prozent der insgesamt an die Parteien rechts von der SPD ausgeschütteten Mittel erhalten haben. Zu den größten Spendern zählte wiederum Fritz Thyssen, der bis Januar 1933 mindestens 400000 Reichsmark zur Verfügung stellte. Den Löwenanteil ihrer Einkünfte brachte die NSDAP jedoch nach wie vor durch Selbstfinanzierung auf: Mindestmitgliedsbeiträge von 1 Mark im Monat, Aufnahmegebühren, Eintrittsgelder von ebenfalls durchschnittlich 1 Mark für Kundgebungen mit Parteigrößen und andere Einnahmen summierten sich – bei einer Mitgliederzahl von etwa 200000 im Herbst 1930 – auf schätzungsweise rund 12 Millionen Mark für den Zeitraum Juni 1930 bis Mai 1931. Die zweite wichtige Finanzquelle waren Spenden aus dem Ausland, unter anderem von Sir Henry Deterding vom Royal-Shell-Konzern, zur Unterstützung des »antibolschewistischen Kampfes« der Nationalsozialisten.

Der Aufstieg der NSDAP wurde also hauptsächlich aus parteiinternen Einnahmequellen und ausländischen Spenden finanziert. Die Zuwendungen von der deutschen Industrie fielen demgegenüber weniger ins Gewicht. Nach der Machtübernahme änderte sich dies allerdings: Alle Betriebe mußten sich verpflichten, jährlich 5 Promille der Lohn- und Gehaltssumme des Vorjahres an die NSDAP abzuführen. Diese »Adolf-Hitler-Spende der deutschen Wirtschaft« erbrachte bis 1945 insgesamt über 700 Millionen Mark.

Werner Bührer

Literatur: Thomas Trumpp, Zur Finanzierung der NSDAP durch die deutsche Großindustrie. Versuch einer Bilanz. Zuletzt in: Karl Dietrich Bracher u. a. (Hrsg.), Nationalsozialistische Diktatur 1933–1945. Eine Bilanz. Düsseldorf 1983, Seite 132–154; Horst Matzerath, Henry A. Turner, Die Selbstfinanzierung der NSDAP 1930–1933. In: Geschichte und Gesellschaft 3 (1977), Seite 59–92.

## Flucht und Vertreibung

Als Folge des verlorenen Zweiten Weltkrieges kam es zu einer riesigen Bevölkerungsbewegung in ost-westlicher Richtung, die mit der Flucht der Deutschen vor der Roten Armee begann und ihren Höhepunkt in der systematischen Austreibung der Deutschen aus den Gebieten östlich der Oder-Neiße-Grenze und aus Ost- und Südosteuropa hatte. Im amtlichen Sprachgebrauch sind »Vertriebene« diejenigen »Deutschen, die ihren Wohnsitz in den z. Zt. unter fremder Verwaltung stehenden deutschen Ostgebieten (Gebietsstand 31. 12. 1937) oder im Ausland hatten und ihn durch den Zweiten Weltkrieg infolge Vertreibung verloren haben«. Und: »Flüchtlinge aus der SBZ sind die Deutschen, die nach Kriegsende aus der sowjetischen Besatzungszone oder dem Sowjetsektor von Berlin in das Bundesgebiet einschließlich Berlin (West) gekommen sind, und ihre Kinder.« Neuerdings spricht man von »Aussiedlern«, die aufgrund deutscher Abstammung und Zugehörigkeit zur deutschen Kultur aus der Sowjetunion, aus Polen, Rumänien usw. in die Bundesrepublik kommen.

Die Ursprünge und Ursachen dieser Bevölkerungsbewegungen liegen in der nationalsozialistischen Zeit. Mit dem Beginn des Zweiten Weltkrieges begann im Herbst 1939 in Europa eine der größten Umsiedlungs-, Emigrations- und Vertreibungswellen, die die Geschichte kennt. Ausgelöst wurde die Völkerwanderung durch die Hybris nationalsozialistischer Ideologie und Politik; es waren die Folgen jener Schlagworte, an die zu viele in Deutschland zu lange glaubten, die Phrasen vom »Volk ohne Raum«, von der Überlegenheit der germanisch-deutschen Rasse, vom Recht des Stärkeren, das die Unterwerfung, Beherrschung, ja Vernichtung »minderwertiger« Völker naturgesetzlich erlaube. Die erste Phase der riesigen Bevölkerungsbewegung erfaßte über neun Millionen Menschen, die in einem

Raum, der von Finnland im Norden, der Ukraine im Osten, Griechenland im Süden und Frankreich im Westen begrenzt war, rückgesiedelt, umgesiedelt, vertrieben, »eingedeutscht«, »umgevolkt« oder verschleppt wurden.

Vom Standpunkt der NS-Volkstumspolitik war diese erste Phase größtenteils positiv aufzufassen, holte sie doch Hunderttausende von Volksdeutschen »heim ins Reich«, wo sie verfügbar wurden für die Germanisierung der polnischen Gebiete, die vom Deutschen Reich annektiert worden waren. Rund 1,2 Millionen Polen mußten ihre Heimat in den neuen »Reichsgauen« Wartheland und Danzig-Westpreußen verlassen und in das »Generalgouvernement« übersiedeln. Die Ziele, die sich hinter den bevölkerungspolitischen Maßnahmen verbargen, umreißt eine Denkschrift des Rassenpolitischen Amtes der NSDAP vom 25. November 1939, also kurz nach der Niederlage Polens, in der die »Schaffung einer rassisch und damit geistig-seelisch wie völkisch-politisch einheitlichen deutschen Bevölkerung« propagiert war. Der Verfasser der Denkschrift fuhr konsequent fort: »Hieraus ergibt sich, daß alle nicht eindeutschbaren Elemente rücksichtslos beseitigt werden müssen.«

Dem Zusammenbruch des Deutschen Reiches im Frühjahr 1945 folgte auf die Ostbewegung in Mittel-, Südost- und Osteuropa eine ebenso gewaltsame Westbewegung, die in ihrer Totalität gegenüber dem deutschen Bevölkerungsanteil der betroffenen Gebiete der totalen Niederlage Deutschlands entsprach. Lange vor der Potsdamer Konferenz vom Sommer 1945 stand fest, daß das Sudetenland wieder Bestandteil der Tschechoslowakei sein würde. Vom Altreichsgebiet sollten Ostpreußen, dessen nördliche Hälfte die Sowjets beanspruchten, und die östlich der Oder-Neiße-Linie liegenden Teile von Pommern, der Mark Brandenburg und Schlesien abgetrennt werden und unter polnischer Verwaltung bleiben, unter die sie die Sowjets bereits am 21. April 1945 gestellt hatten. Die Ausweisung der Deutschen aus ihrem Staatsgebiet betrieben dann aber nicht nur die Polen, sondern auch die Tschechoslowakei, Ungarn, Jugoslawien und Rumänien.

Die Vertreibung der Deutschen sollte, so hatten es die Alliierten auf ihren Kriegskonferenzen in Teheran (1943) und Jalta (1945) erörtert und in Potsdam besiegelt, inner-

Vertreibung und Flucht der Deutschen aus ihren
Heimatgebieten

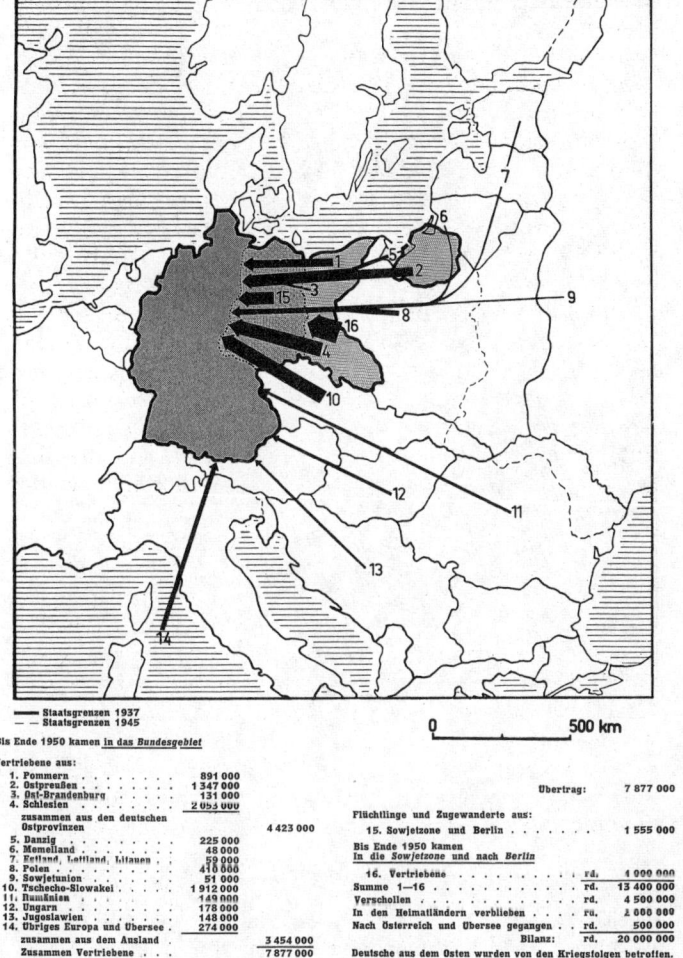

— Staatsgrenzen 1937
-- Staatsgrenzen 1945

Bis Ende 1950 kamen *in das Bundesgebiet*

Vertriebene aus:

| | | |
|---|---:|---:|
| 1. Pommern | 891 000 | |
| 2. Ostpreußen | 1 347 000 | |
| 3. Ost-Brandenburg | 131 000 | |
| 4. Schlesien | 2 053 000 | |
| zusammen aus den deutschen Ostprovinzen | | 4 423 000 |
| 5. Danzig | 225 000 | |
| 6. Memelland | 48 000 | |
| 7. Estland, Lettland, Litauen | 59 000 | |
| 8. Polen | 410 000 | |
| 9. Sowjetunion | 51 000 | |
| 10. Tschecho-Slowakei | 1 912 000 | |
| 11. Rumänien | 149 000 | |
| 12. Ungarn | 178 000 | |
| 13. Jugoslawien | 148 000 | |
| 14. Übriges Europa und Übersee | 274 000 | |
| zusammen aus dem Ausland | | 3 454 000 |
| Zusammen Vertriebene | | 7 877 000 |

| | | |
|---|---|---:|
| Übertrag: | | 7 877 000 |
| Flüchtlinge und Zugewanderte aus: | | |
| 15. Sowjetzone und Berlin | | 1 555 000 |
| Bis Ende 1950 kamen *In die Sowjetzone und nach Berlin* | | |
| 16. Vertriebene | rd. | 4 000 000 |
| Summe 1—16 | rd. | 13 400 000 |
| Verschollen | rd. | 4 500 000 |
| In den Heimatländern verblieben | rd. | 2 000 000 |
| Nach Österreich und Übersee gegangen | rd. | 500 000 |
| Bilanz: | rd. | 20 000 000 |

Deutsche aus dem Osten wurden von den Kriegsfolgen betroffen.

Quelle: Flüchtlinge, Vertriebene, Kriegsgefangene. Hrsg. vom Bundesministerium für Vertriebene. Bonn 1959

## Deutsche Reichgebiete östlich der Oder-Neiße-Linie (in den Grenzen gemäß Versailler Vertrag)

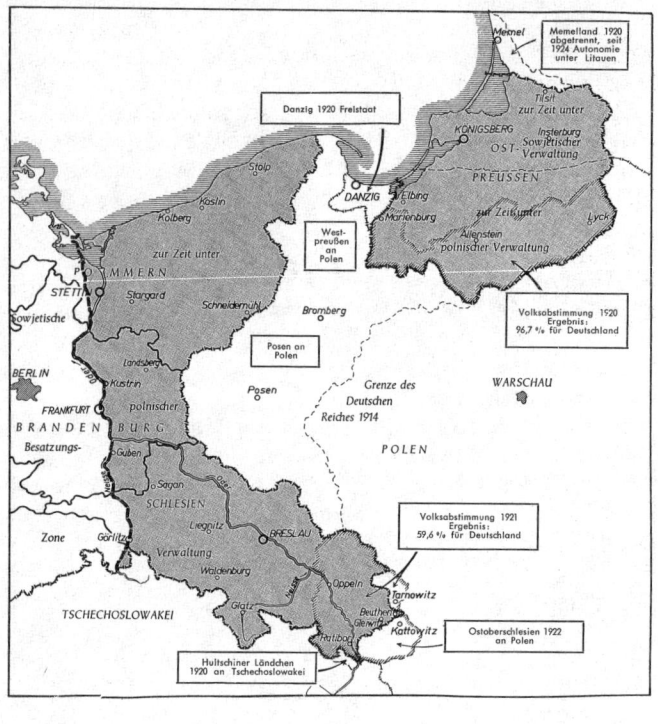

Im Jahre 1939 lebten in

| | |
|---|---|
| Ostpreußen | 2,5 Mill. Deutsche |
| Ost-Pommern | 1,9 Mill. Deutsche |
| Ost-Brandenburg | 0,6 Mill. Deutsche |
| Schlesien | 4,6 Mill. Deutsche |
| zusammen | 9,6 Mill. Deutsche |

Quelle: Tatsachen zum Problem der deutschen Vertriebenen und Flüchtlinge. Hrsg. vom Bundesministerium für Vertriebene, Flüchtlinge und Kriegsbeschädigte. Bonn 1960

halb der neuen Grenzen Frieden stiften und die Minderhei-
tenprobleme ein für allemal bereinigen, wie Churchill im
britischen Unterhaus im Dezember 1944 erklärte. Für die
Tschechoslowakei hatte Staatspräsident Benesch dasselbe,
die restlose Austreibung der deutschen Minderheit, der 3,5
Millionen Sudetendeutschen, bereits 1941 vom Londoner
Exil aus gefordert.

Zu Mitleid mit den Millionen betroffenen Deutschen
neigte kaum jemand, zu groß waren bei den östlichen
Nachbarn Deutschlands die Leiden, die ihnen nationalsozialistischer Germanisierungswahn und deutsche Besatzungspolitik in den Jahren des Zweiten Weltkriegs zuge-
fügt hatten. Andererseits – das galt vor allem für die
Westmächte – hielt man es aber auch für möglich, den
gigantischen Bevölkerungstransfer in einigermaßen huma-
ner Form durchzuführen. Das war, wie die Leiden und
Verluste der Flüchtlinge und Vertriebenen bewiesen, aus
vielen Gründen eine irrige Annahme.

Der Alliierte Kontrollrat als Inhaber der vollziehenden
Gewalt im besetzten Deutschland beschloß am 20. November 1945 die quotenmäßige Aufnahme von 3,5 Millionen
Deutschen aus den ehemaligen deutschen Ostgebieten in
der sowjetischen (2 Millionen) und britischen (1,5 Millionen) Besatzungszone und von 2,5 Millionen Deutschen aus
der Tschechoslowakei, 500 000 aus Ungarn und 150 000
aus Österreich in der sowjetischen (750 000), der amerikanischen (2,25 Millionen) und der französischen (150 000)
Besatzungszone. Nach den Ergebnissen der Volkszählung
vom 29. Oktober 1946 befanden sich in den vier Besatzungszonen über 9,5 Millionen aus ihrer Heimat vertriebene Deutsche, davon in der sowjetischen Zone 3,6 Millionen, in der britischen 3,1 Millionen, in der amerikanischen
2,7 Millionen, in Berlin 100 000 und in der französischen
Besatzungszone 60 000. Bis zur nächsten Volkszählung
vom 1. September 1950 hatte sich diese Zahl allein für das
Bundesgebiet (und ohne die innerdeutschen Flüchtlinge
aus der DDR) noch einmal um über zwei Millionen auf
einen Anteil von 16,5 Prozent (1946: 13,1 Prozent) der
Gesamtbevölkerung erhöht.

Die Probleme, die dieser Zustrom im zerstörten und von
den Alliierten besetzten Rest-Deutschland schuf, schienen
kaum lösbar. Die Vertriebenen erwarteten Wohnung und

Arbeit, Entschädigung für erlittene Verluste und Betreuung in höchster existenzieller Not. Bis zur Gründung der Bundesrepublik oblag die Fürsorge für die Flüchtlinge in den Westzonen den Ländern. Mit der Gründung der Bundesrepublik wurde ein »Bundesministerium für Vertriebene« eingerichtet, das zwanzig Jahre lang die sozialpolitischen Maßnahmen zur Integration der Flüchtlinge und Vertriebenen koordinierte und im Rahmen des Lastenausgleichs um Entschädigung und Starthilfen bemüht war.

Ende der 60er Jahre war die Integration der Opfer von Flucht und Vertreibung in die Nachkriegsgesellschaft der Bundesrepublik wie der DDR vollzogen. Daß die Eingliederung von Millionen Menschen ohne größere wirtschaftliche und politische Probleme geglückt war, darf als eines der größten Nachkriegswunder betrachtet werden.

Wolfgang Benz

Literatur: Wolfgang Benz (Hrsg.), Die Vertreibung der Deutschen aus dem Osten. Ursachen, Ereignisse, Folgen. Frankfurt a. M. 1985.

### ›Germany must perish‹

Unter diesem Titel erschien Anfang 1941 in New York eine Broschüre, in der die Aufteilung Deutschlands an die Nachbarstaaten und die biologische Ausrottung der Deutschen durch Sterilisierung propagiert wurde. Verfasser war Theodore N. Kaufman, der das Büchlein auch selbst verlegte und vertrieb. Der nationalsozialistischen Propaganda war die Geschichte hochwillkommen, sie wurde im ›Völkischen Beobachter‹ (24. Juli 1941) in großer Aufmachung zu einem »ungeheuerlichen jüdischen Vernichtungsprogramm« hochstilisiert. Der Verfasser sei ein enger Mitarbeiter des US-Präsidenten Roosevelt, der die Hauptthesen des Buches persönlich inspiriert und diktiert habe. Die ganze NS-Presse beschäftigte sich ausführlich mit dem Pamphlet und brachte Auszüge, in denen »die letzten Ziele der jüdischen Politik gegenüber Deutschland« enthüllt wurden.

Das Reichspropagandaministerium publizierte im September 1941 eine Broschüre in Millionenauflage, in der bewiesen werden sollte, daß Kaufman »kein namenloser Einzelgänger, kein vom Weltjudentum abgelehnter Fanatiker, kein geisteskranker Sonderling« sei. Aber der angebliche Roosevelt-Intimus und »Präsident der amerikanischen Friedensliga« war nichts anderes als ein unbekannter kleiner Mann, der Theaterkarten verkaufte und ganz aus eigenem Antrieb handelte. Die amerikanische Öffentlichkeit lehnte seine abstrusen Ideen entrüstet ab. So war es in einem Artikel im US-Magazin ›Time‹ zu lesen, der einzigen größeren Würdigung, die der »Kaufman-Plan« fand. Der Beamte im Goebbels-Ministerium, der die »Zusammenhänge« erfunden hat, kannte diesen Artikel wohl, aber er verdrehte ihn ins Gegenteil. Bewiesen werden mußte ja, daß »die Juden« die Vernichtung der Deutschen propagierten, daß man sich also in einer Situation der Notwehr befinde.

Daß Deutschland von Vernichtungsplänen bedroht sei, spielte in der Durchhaltepropaganda im Zweiten Weltkrieg eine große Rolle. Goebbels stellte am 27. Mai 1944 im ›Völkischen Beobachter‹ »Beweise« für den »Vernichtungswillen der Alliierten« zusammen und zitierte unter anderen eine Londoner Zeitung: »Wir sind dafür, jedes in Deutschland lebende Lebewesen auszurotten: Mann, Frau, Kind, Vogel und Insekt. Wir würden keinen Grashalm wachsen lassen.« Und in der nationalsozialistischen Berichterstattung über die Jalta-Konferenz im Februar 1945 hieß es: »Es wächst die Erkenntnis, daß Deutschland genannt, aber Europa gemeint ist, daß nach Auslöschung des deutschen Volkes der Kontinent seine feste Mitte verlieren und der schrankenlosen Willkür der Bolschewisten überantwortet wäre.«

Benützten die NS-Propagandisten die Vernichtungsphantasien zur Stärkung des Durchhaltewillens, so dienen sie Neonazis und Apologeten des NS-Staats bis zum heutigen Tag dazu, um vom Holocaust abzulenken und die Schuld am Völkermord den Opfern zuzuweisen. Für die Behauptung, das planmäßige Vernichtungsprogramm des NS-Regimes gegen die Juden sei ein Akt der Notwehr gewesen, bildet der »Kaufman-Plan« das wichtigste Indiz. Paul Rassinier, ein Goebbels-Epigone, grub 1963 die Schrift Theodore N. Kaufmans wieder aus, um zu beweisen, daß »die Juden« an allem schuld sind, andere Rechtsradikale folgten ihm. Heinz Roth brachte 1970 den Morgenthau-Plan und den Kaufman-Plan in einen inneren Zusammenhang mit der Wannseekonferenz, bei der am 20. Januar 1942 deutscherseits »keine Ausrottung«, sondern »Auswanderung« der Juden vorgesehen gewesen sei. Die Juden seien also schlimmer als die Deutschen gewesen, legt der Autor nahe. In den 1980 veröffentlichten Erinnerungen Adolf Eichmanns wird dann auch die Judenvernichtung auf die »Provokation Kaufmans« zurückgeführt.

Für die rechtsextremistische Propaganda ist der Kaufman-Plan offenbar unentbehrlich. 1977 erschien erstmals eine Übersetzung in deutscher Sprache, und im Frühjahr 1983 waren in der ›Nationalzeitung‹ unter der Überschrift ›Holocaust-Verbrechen gegen Deutschland – Die Pläne zur Ausrottung unseres Volkes‹ Auszüge aus dem Pamphlet zu lesen, garniert mit längst widerlegten Legenden und Lügen über seine Entstehung, die im Goebbels-Ministerium erfunden wurden.

Wolfgang Benz

Literatur: Wolfgang Benz, Judenvernichtung aus Notwehr? Die Legenden um Theodore N. Kaufman. In: Vierteljahrshefte für Zeitgeschichte 29 (1981), Seite 615–630.

## »Grenzzwischenfälle« am 31. August 1939

Hitler beauftragte etwa am 10. August 1939 den Reichsführer SS, Heinrich Himmler, mit der Vorbereitung von angeblich polnischen Überfällen im oberschlesischen Grenzgebiet. Er war der Überzeugung, die Regierungen Frankreichs und Englands würden einen Krieg scheuen und jeden Anschein einer polnischen Schuld aufgreifen, um sich im Falle eines deutsch-polnischen Krieges ihren Garantieversprechen und Bündniszusagen zu entziehen. Himmler übertrug dem Chef der Sicherheitspolizei und des SD, Reinhard Heydrich, Planung und Durchführung der Aktion. Heydrich flog nach Oberschlesien, besichtigte zusammen mit dem örtlich zuständigen Leiter der Gestapo-Stelle Oppeln das Grenzgebiet und zog Übergänge bei Ratibor, Groß Rauden und Kreuzburg in nähere Erwägung, bei denen seiner Meinung nach spektakuläre polnische Überfälle im Rahmen eines Zangenangriffs auf das oberschlesische Industrierevier ohne besondere Gefährdung vorgetäuscht werden konnten. Himmler entschied

sich nach einem Ortstermin für die beiden letzteren
Übergänge.

Nun beauftragte Heydrich den Kommandeur der Führer-
schule der Sicherheitspolizei in Berlin-Charlottenburg,
Otto Hellwig, mit der Planung bei Groß Rauden und den
SS-Oberführer Otto Rasch mit der im Kreis Kreuzburg.
SS-Standartenführer Hans Trummler sollte mit seinen
Schülern der Grenzpolizeischule Pretzsch die angeblichen
Verteidiger stellen. SS-Oberführer Herbert Mehlhorn hat-
te die Vorbereitungen kritisch zu begleiten.

Der Chef des SS-Personalamts berief polnisch sprechen-
de schlesische SS-Leute zur Ausbildung als »polnische Soldaten« in die SS-Führerschule nach Bernau. Heinz Jost,
der Leiter der Auslandsabteilung des SD, verhandelte mit
dem Amt des Admirals Canaris (militärische Abwehr) wegen Freistellung dieser SS-Leute vom Militärdienst, Über-
lassung polnischer Uniformen und Räumung der betreffenden Grenzabschnitte von Militär. Der Leiter der Fahrbe-
reitschaft hielt Lastkraftwagen zur ständigen Verfügung,
und Gestapo-Chef Heinrich Müller wollte sich um KZ-
Häftlinge kümmern, die zum Tode verurteilt waren und als
Opfer angeblicher Kämpfe dienen sollten.

Die Bewohner des Grenzdorfs Hochlinden bei Groß
Rauden hörten am Abend des 31. August einige Schüsse
an der Grenze, denen sie aber keine Bedeutung beimaßen,
und im Kreis Kreuzburg rief der Förster vom Forsthaus im
Pitschener Grenzwald etwa zur gleichen Zeit den Bürgermeister an und meldete, daß sein Forsthaus von polnischen
Soldaten und Zivilisten überfallen würde. In Hochlinden
fragte der Fahrer eines Lastwagens der Grenzpolizei nach
einem Friedhof, und in Pitschen sprach man später von
einem Grab, in dem ein bei der Schießerei mit der Grenzpolizei Getöteter beigesetzt worden sein soll. Kommando-
führer Rasch feierte in seinem Bereitschaftsquartier in der
Gastwirtschaft Wyrwich noch am selben Abend – in Gegenwart der Wirtsleute natürlich als angeblicher Verteidiger – lautstark einen ersten Sieg über die Polen. Stunden
später wurden diese Ereignisse vom Vormarsch der deutschen Truppen regelrecht in den Schatten gerückt.

Die SS-Leute erhielten zum Teil schon am nächsten Tag
im Rahmen der Einsatzgruppen unter dem Decknamen
»Unternehmen Tannenberg« Aufgaben in den von den

deutschen Truppen eroberten Gebieten. In der Presse erschien ein Bericht von schweren polnischen Grenzverletzungen. Hitler vermied es, in seiner Reichstagsrede vom 1. September 1939 von Krieg zu sprechen. Goebbels wies die Presse an: »Keine Überschriften, in denen das Wort ›Krieg‹ enthalten ist.« Politiker versuchten vergeblich, Kapital aus den Zwischenfällen zu schlagen. Reichsaußenminister von Ribbentrop betonte den Vertretern der Westmächte gegenüber, die Polen hätten zuerst Einfälle in deutsches Gebiet unternommen, und Botschafter Coulondre meldete nach Paris, die deutsche Regierung versuche, »das Vorgehen der deutschen Truppen eher als eine Polizeiaktion hinzustellen«. Ansonsten schien man selbst in Berlin nicht mehr sonderlich an den nächtlichen Ereignissen interessiert gewesen zu sein. Nicht einmal das Auswärtige Amt war später in der Lage, eine brauchbare Dokumentation für das deutsche Weißbuch aufzutreiben.

Jürgen Runzheimer

Literatur: Jürgen Runzheimer, Die Grenzzwischenfälle am Abend vor dem Angriff auf Polen. In: Wolfgang Benz, Hermann Graml (Hrsg.), Sommer 1939. Die Großmächte und der Europäische Krieg. Stuttgart 1979, Seite 107–147.

## Guernica

Der Spanische Bürgerkrieg (1936–1939) begann durch einen Militäraufstand General Francos und ihm ergebener Truppen gegen die erst kurz zuvor gewählte Volksfront-Regierung aus bürgerlichen Republikanern, Sozialisten, Kommunisten und Syndikalisten. Die republikanische Seite erhielt Unterstützung aus der UdSSR und durch freiwillige Internationale Brigaden. Auf Francos Seite hingegen kämpften italienische faschistische Milizen und die von Hitler entsandte »Legion Condor«. Diese Legion, deren Eingreifen in den Bürgerkrieg in Deutschland zunächst geheimgehalten wurde, bestand aus Luftwaffeneinheiten mit Bombern, Jagdfliegern, Aufklärern, Flak und Fernmeldetruppen, sowie aus acht Panzerkompanien. Außerdem wurden franquistische Offiziere von der Legion ausgebildet. Etwa 5500 Wehrmachtsangehörige waren im Einsatz. Bis kurz vor Beginn des Zweiten Weltkrieges übten sie in

Spanien in einer Art »Generalprobe«, wie Göring später zugab, neue Kampftaktiken und modernes Kriegsgerät.

Die Bombardierung der baskischen Stadt Guernica am 26. April 1937 durch die Legion Condor galt als die Generalprobe für den »totalen Krieg«, bei dem erstmalig ein Terrorangriff auf ungeschützte Zivilisten geflogen wurde.

Neuere Forschungen ergaben, daß die Zerstörung Guernicas aber nicht so geplant war, wie sie dann erfolgte. Der Angriff galt in Richtung Bilbao fliehenden baskischen Truppen, denen der Rückzug abgeschnitten werden sollte. Dazu wurde ein Luftangriff auf die Straßengabelung, die Brücke und die Vorstadt Renteria östlich von Guernica befohlen. Italienische Kampfflieger machten den Anfang, und die Legion Condor besorgte den Rest. Wegen schlechter Sichtverhältnisse verfehlten die Bomben ihr Ziel und fielen auf die Stadt. Der Chef der Legion Condor, von Richthofen, der den Befehl gegeben hatte, notierte am 30. April in sein Tagebuch: »Guernica, Stadt von 5000 Einwohnern, buchstäblich dem Erdboden gleichgemacht. Angriff erfolgte mit 250-kg- und Brandbomben, letztere etwa ⅓. Als die 1. Jus (= Junkers) 52 kamen, war überall schon Qualm... Keiner konnte mehr Straßen-, Brücken- und Vorstadtziel erkennen und warf nun mitten hinein...« Offiziell wurde die Bombardierung Guernicas von Berlin totgeschwiegen.

Obwohl Augenzeugen, Auslandskorrespondenten und der britische Konsul die Bombardierung der Stadt durch deutsche Flugzeuge bestätigten, begann bereits am Tag nach der Zerstörung Guernicas die franquistische Seite mit der Verbreitung von Propaganda-Legenden. Zunächst hieß es, die Basken hätten ihre Stadt selbst in die Luft gesprengt, eine andere Variante besagte, Artilleriefeuer von der nahen Front habe die Zerstörungen angerichtet. Später wurde die Bombardierung zwar eingeräumt, gleichzeitig aber behauptet, es habe sich um eine Aktion der republikanischen Seite gehandelt. Erst Jahre später gab der bekannte deutsche Jagdflieger Adolf Galland öffentlich zu, daß die Deutschen für die Zerstörung Guernicas verantwortlich waren.

Trotz der offensichtlichen Unglaubwürdigkeit der Ablenkungs- und Rechtfertigungsversuche gelang es den Franquisten, die auf den Angriff folgende heftige internationale Debatte, die unter anderem durch Picassos berühmtes Gemälde »Guernica« entfacht wurde, für eine Weile zu beeinflussen. In Spanien selbst war es erst 1970 möglich, die Bombardierung zuzugeben. Bis heute ist Guernica das Symbol für den Beginn des modernen Krieges gegen die Zivilbevölkerung.

Sabine Berloge

Literatur: Klaus A. Maier, Guernica 26. 4. 1937. Die deutsche Intervention in Spanien und der »Fall Guernica«. Freiburg i. Br. 1975; Hans-Henning Abendroth; Guernica: Ein fragwürdiges Symbol. In: Militärgeschichtliche Mitteilungen 41 (1987), Seite 111–126.

### Heß' Englandflug

Rudolf Heß, geb. 1894, gestorben am 17. August 1987 im Kriegsverbrechergefängnis Berlin-Spandau als letzter Häftling der Alliierten aus dem Nürnberger Kriegsverbrecherprozeß. Der im April 1933 zum »Stellvertreter des Führers« der NSDAP ernannte Heß war zu diesem Zeitpunkt schon einige Jahre lang als Hitlers Privatsekretär dessen treu ergebener Gefolgsmann und Bewunderer, der er uneingeschränkt bis zu seinem Tode blieb. Obwohl Heß als »Stellvertreter des Führers« sowie Inhaber einer Reihe weiterer Ämter ganz oben in der Parteihierarchie rangierte, von Hitler 1939 sogar nach Göring als sein zweiter Nachfolger bestimmt wurde, besaß er wenig konkrete Macht; an die Schalthebel hatten sich mittlerweile andere gesetzt wie Göring, Goebbels, Himmler oder auch sein Stellvertreter und späterer Nachfolger Bormann.

In der NSDAP galt der überzeugte Nationalsozialist und Antisemit Heß zunehmend als verschrobener Mensch, der im Führerkult aufging, sich als das Gewissen der Partei fühlte und sich ansonsten statt mit Tagespolitik lieber mit Wahrsagerei, Anthroposophie und ähnlichem beschäftigte. Seine realitätsfernen Ansichten gipfelten am 10. Mai 1941 im Versuch, durch seinen Flug nach Schottland in Eigenregie – allerdings in der festen Überzeugung, Sendbote Hitlers zu sein – einen Friedensvertrag mit England auszuhandeln. Heß' Ziel dabei war, Hitler für seine Politik im Osten den Rücken freizuhalten; im Falle der Weigerung Englands sagte Heß die Vernichtung des Landes durch die deutschen Truppen voraus. Die Briten nahmen diesen seltsamen Un-

terhändler nicht ernst und internierten Heß bis Kriegsende;
in Deutschland erklärte Hitler ihn für geisteskrank.

Als sich Heß 1945 vor dem Alliierten Militärtribunal in
Nürnberg verantworten mußte, wurde in Untersuchungen
seines Geisteszustandes festgestellt, daß er zwar nicht im
medizinischen Sinne geisteskrank, jedoch ein Hysteriker
und Psychopath sei. Das Urteil für Heß, der in seinem
Schlußwort vor Gericht nach wie vor von Hitlers Größe
sprach, lautete auf lebenslange Haft. Seit 1966 saß Heß als
einziger Gefangener in Spandau; Gnadengesuche der ver-
schiedensten Seiten scheiterten immer wieder am sowjetischen Veto. So konnte Heß von rechten Gruppen als »Botschafter des Friedens« zu einer Art Märtyrer hochstilisiert
werden, auch wurden Zweifel an seiner Todesursache laut.
Diese Gerüchte, genährt durch die zögerlichen Informationen der Alliierten über die Todesumstände, wurden jedoch
auch in der Obduktion, die die Familie Heß durchführen
ließ, nicht bestätigt.

Brigitte Emmer

# Hitlers Tod

Spätabends am 1. Mai 1945 gab Großadmiral Dönitz über
den Reichssender Hamburg bekannt, daß »der Führer«
Adolf Hitler am gleichen Nachmittag »an der Spitze seiner
Truppen« im Kampf um Berlin gefallen sei. Tatsächlich
hatte Hitler schon am Nachmittag des Vortages in seinem
letzten Hauptquartier, dem Bunker im Reichskanzleigar-
ten, Selbstmord begangen. Hitlers Leiche war zusammen
mit der seiner Frau Eva, geborene Braun, in einem Bom-
bentrichter nahe dem Bunkerausgang mit Benzin übergos-
sen und verbrannt worden. Die verkohlten Leichen, in einem anderen Trichter gleich neben dem Verbrennungsort
vergraben, fanden Suchkommandos der Roten Armee, die
in Begleitung deutscher Zeugen aus Hitlers Umgebung systematisch nach Hitlers Leiche forschten, am 4. Mai. Eine
gerichtsmedizinische Kommission der Roten Armee aus
hochrangigen Fachleuten, die außer den Leichen von Hitler und Eva Braun auch die Leichen des Ehepaares Goebbels und seiner Kinder sowie des letzten deutschen Gene-
ralstabschefs, General Krebs, untersuchte, identifizierte
Hitler und Eva Braun eindeutig auf Grund der Gebißbe-

funde, die durch die Zeugenaussagen von Hitlers Zahn-
techniker und Zahnarztassistentin und aufgefundene Röntgenaufnahmen untermauert wurden. Am 3. Juni 1945 meldete der Abwehrchef der zuständigen 1. Weißrussischen
Front (Heeresgruppe) der sowjetischen Staatsführung das
Untersuchungsergebnis und teilte mit, daß die Leichen verbrannt und ihre Asche in alle Winde verstreut worden sei.

Hohe sowjetische Offiziere hatten schon im Juni 1945
gegenüber Mitgliedern des Stabs von General Eisenhower
Ergebnisse der sowjetischen Untersuchungskommission
ausgeplaudert; Stalin jedoch ließ aus persönlichem Miß-
trauen oder politischem Kalkül nicht zu, daß sie veröffentlicht wurden. Er erklärte vielmehr während der Potsdamer
Konferenz, daß er Hitler in Spanien oder Argentinien ver-
mute. Erst ein 1950 aufgeführter sowjetischer Film über
den Fall von Berlin ließ Hitler durch Selbstmord enden.
Ein Ende der Märchen vom in das Ausland geflohenen und
noch lebenden Hitler bedeutete dies noch lange nicht.
Noch 1969 wußte ein findiger Autor seinen Lesern zu berichten, daß Hitler mit seiner Frau in ein tibetanisches Klo-
ster geflüchtet, allerdings 1947 auf dem Weg in die Heimat
im Schneesturm umgekommen sei.

Die 1968 durch ein Buch des russischen Journalisten Besymenski auch im Westen bekannt gewordenen Untersuchungsergebnisse der sowjetischen Ärztekommission von
1945 und Vergleiche mit Röntgenaufnahmen von Hitlers
Schädel aus dem Jahre 1944, die in amerikanischen Archiven gefunden wurden, haben zwar unter den Fachleuten
alle Zweifel an der Identität der untersuchten Leiche zer-
streut, strittig blieb aber, ob Hitler sich durch Zyankali
oder durch einen Kopfschuß den Tod gab. Die, oft schon
nach wenigen Tagen gemachten, widersprüchlichen Aussagen der Zeugen aus Hitlers engster Umgebung lassen den
Schluß einer bewußten Mystifikation zu, um den »Führer«
vor dem Vorwurf des »feigen« Selbstmords durch Gift zu
bewahren. Sebastian Haffner wies darauf hin, daß die eigentliche Feigheit Hitlers darin bestand, die militärisch und
politisch aussichtslose Lage des Dritten Reiches nicht
schon früher durch seinen Selbstmord anerkannt zu haben.

Hermann Weiß

Literatur: Lew Besymenski, Der Tod des Adolf Hitler. 2. Aufl. München 1988.

**Hoßbach-Niederschrift**

Am 5. November 1937 eröffnete Adolf Hitler, der »Führer« des nationalsozialistischen Deutschland, nachmittags um 16.15 Uhr in der Reichskanzlei eine dann vier Stunden dauernde Konferenz mit dem Reichskriegsminister und den Oberbefehlshabern von Heer, Marine und Luftwaffe: Generalfeldmarschall Werner von Blomberg, Generaloberst Werner von Fritsch, Generaladmiral Erich Raeder, Generaloberst Hermann Göring. Anwesend waren ferner der Außenminister Konstantin von Neurath und der Adjutant der Wehrmacht beim »Führer«, Oberst Friedrich Hoßbach. Anlaß der Besprechung war einmal die Notwendigkeit, in dem fortwährenden Gezerre um die Zuteilung von Rohstoffen und industriellen Kapazitäten für das jeweilige Aufrüstungsprogramm zwischen den Wehrmachtteilen, namentlich zwischen Luftwaffe und Marine, zu vermitteln; außerdem wollte Hitler, mit dem Tempo der Aufrüstung des Heeres unzufrieden, Generaloberst von Fritsch »Dampf machen«, wie er zu Göring sagte. Tatsächlich benutzte aber der »Führer« die Konferenz vor allem zu einer langen grundsätzlichen außenpolitischen Erklärung, die er sogar für den Fall seines Todes zu seinem politischen Testament erklärte. Bemerkenswert an seiner Ansprache war jedoch weniger die Bekundung der seinen Zuhörern ja längst vertrauten Entschlossenheit, die »Raumnot« des Deutschen Reiches in absehbarer Zukunft durch eine expansionistische und auch den Krieg als Mittel einsetzende Politik zu beheben, sondern mehr die Ankündigung, daß er vorbereitende Schritte, nämlich die Annexion Österreichs und der Tschechoslowakei, schon für 1938 ins Auge gefaßt habe, falls die internationale Lage günstig sein sollte. So nah sahen die Anwesenden danach den militärischen Konflikt vor sich, daß Fritsch spontan den Verzicht auf seinen am 10. November beginnenden Urlaub anbot, was Hitler freilich als überflüssig abwies. Doch machten sich die Militärs sofort daran, ihre Kriegsplanung der Zielsetzung des »Führers« anzupassen. Noch im Dezember 1937 wurde Hitler der »1. Nachtrag zur Weisung für die einheitliche Kriegsvorbereitung der Wehrmacht vom 24. 6. 1937« vorgelegt, und anders als in der bislang defensiven Weisung hieß es nun: »Hat Deutschland seine volle Kriegsbereitschaft auf allen Gebieten erreicht, so wird die militärische

Voraussetzung geschaffen sein, einen Angriffskrieg gegen die Tschechoslowakei ... auch dann zu einem siegreichen Ende zu führen, wenn die eine oder andere Großmacht gegen uns eingreift.« Sollten die Großmächte abgelenkt sein, werde der Angriff auf die CSR »auch vor der erreichten vollen Kriegsbereitschaft« erfolgen.

Oberst Hoßbach, der sich während der Konferenz mit Wissen Hitlers Stichworte notiert hatte, fertigte einige Tage später eine Niederschrift an, in der er die Rede Hitlers ausführlich, die anschließende Diskussion, in der von Neurath und den Militärs – Göring ausgenommen – auch Bedenken gegen Hitlers Zeitplan vorgebracht worden waren, nur summarisch wiedergab. Nachdem Rechercheure der Alliierten die Aufzeichnung Hoßbachs – später oft fälschlich »Protokoll« genannt – im Mai 1945 in den deutschen Akten entdeckt hatten, gelangte eine Kopie, veranlaßt von Robert Murphy, dem politischen Berater des amerikanischen Militärgouverneurs in Deutschland, ins State Department und fand von dort ihren Weg zu den Teams, die den Nürnberger Hauptkriegsverbrecherprozeß und die weiteren zwölf Nürnberger Prozesse vorbereiteten.

Unter der Bezeichnung PS-386 von der amerikanischen Anklagevertretung präsentiert, spielte die Niederschrift als einer der dokumentarischen Beweise für den Expansions- und Kriegswillen Hitlers und der NS-Führung eine wichtige prozessuale Rolle. Jene drei Angeklagten, die Teilnehmer der Konferenz vom 5. November 1937 gewesen waren, also Göring, Raeder und Neurath, haben zwar bedauert, daß Hoßbach die Hitlers Ansprache folgende Diskussion nur summarisch festgehalten hatte, weil so ihre Opposition gegen die Pläne des »Führers« nicht deutlich genug werde, ansonsten aber die Richtigkeit der Aufzeichnung nicht in Frage gestellt. Hoßbach selbst, bei Kriegsende General der Infanterie, hat sowohl als Zeuge in Nürnberg wie in seinen 1965 erschienenen Memoiren naturgemäß keine Garantie für den Wortlaut übernehmen wollen, jedoch die inhaltliche Korrektheit des Dokuments ausdrücklich bestätigt. Gleichwohl: Da das Original der Niederschrift im amerikanischen Hauptquartier in Europa bereits im Sommer 1945 verschlampt worden war und daher der US-Ankläger in Nürnberg nur die nach Washington gegangene Kopie vorlegen konnte, ist das in der rechtsradikalen Propaganda stets als Fälschung hingestellte Dokument auch von einigen seriösen Historikern mit Skepsis betrachtet worden; sie mochten die Möglichkeit manipulativer Eingriffe der amerikanischen Anklagevertreter jedenfalls nicht völlig ausschließen. Lange Jahre war überdies auch eine Abschrift der Aufzeichnung verschollen, die Oberst Graf Kirchbach von der Kriegsgeschichtlichen Abteilung des Generalstabs im November 1943 angefertigt hatte, als er mit der Sichtung der Akten des Generalfeldmarschalls Walther von Brauchitsch, vom Februar 1938 bis Dezember 1941 Oberbefehlshaber des Heeres, beauftragt und dabei auf das handschriftliche Original der Hoßbach-Niederschrift gestoßen war. Graf Kirchbach hatte seine Abschrift im Januar 1944 seinem Schwager Viktor von Martin zur Aufbewahrung übergeben, der sie Ende Oktober 1945 den britischen Besatzungsbehörden zur Verfügung stellte, wonach sie spurenlos verschwand. 1989 ist jedoch diese Kirchbach-Abschrift in bislang gesperrten britischen Akten gefunden worden, zusammen mit begleitenden Briefen Martins und britischer Offiziere, und so konnte festgestellt werden, daß die im Nürnberger Prozeß verwendete Kopie mit der Abschrift des Grafen Kirchbach Wort für Wort übereinstimmt. Der Verdacht der Manipulation ist damit entkräftet, die Authentizität des in Nürnberg und danach von vielen Historikern benutzten Textes zweifelsfrei erwiesen.

Hermann Graml

Literatur: Walter Bußmann, Zur Entstehung und Überlieferung der »Hoßbach-Niederschrift«. In: Vierteljahrshefte für Zeitgeschichte 16 (1968), Seite 373–384; Bradley F. Smith, Die Überlieferung der Hoßbach-Niederschrift im Lichte neuer Quellen. In: Vierteljahrshefte für Zeitgeschichte 38 (1990), Seite 329–336.

## Juden in der deutschen Kultur und Gesellschaft

Die Nationalsozialisten sprachen von der »verjudeten« Weimarer Republik, vom übermäßigen Einfluß der Juden in allen Bereichen, von einer Dominanz der Juden in Kultur und Gesellschaft. Die sich gegen den Antisemitismus wehrenden Juden versuchten vielfach, ihre Leistungen für ihr deutsches Vaterland herauszustreichen, zu zeigen, daß es oft Juden waren, die der deutschen Kultur zu Weltgeltung verhalfen, daß deutsche Juden Höchstleistungen erbrachten. Beide, Antisemiten und die angegriffenen Juden, gingen also von der gleichen Annahme aus: einem überproportionalen Einfluß der Juden, der dann – je nach Standpunkt – negativ oder positiv ausgelegt wurde.

In der Tat waren deutsche Juden aus weit zurückliegenden politischen und sozialen Gründen, an denen sie selbst keine Schuld hatten, auch nach Erreichen der völligen Gleichberechtigung mit den anderen Deutschen, in bestimmten Bereichen besonders stark vertreten, so neben dem Handel vor allem in freien und künstlerischen Berufen, und sie prägten aus diesen heraus wesentlich das kulturelle und gesellschaftliche Leben mit. Die »Vorherrschaft« der Juden in diesen Bereichen war eines der wichtigsten Themen der NS-Propaganda: Juden als »Verwalter der deutschen Kultur« würden Deutsche verdrängen. Der Vorwurf wurde erhoben, Juden würden ihre verlegerische und publizistische Macht dazu benützen, Rassegenossen zu protegieren und deutsche Begabungen zu unterdrücken. Tatsache ist aber, daß gerade jüdische deutsche Verleger, Kritiker und Literaturhistoriker nichtjüdische deutsche Autoren in großem Maße förderten.

Deutsche Juden als Verleger, Schriftsteller, Publizisten, Musiker und Wissenschaftler spielten eine bedeutende Rolle im deutschen Geistesleben und verhalfen dadurch der deutschen Kultur zu Ansehen. Nach der Gründung des Deutschen Reiches war Nationalstolz angesagt, der nicht zuletzt auf der angeblichen Überlegenheit der deutschen Kultur basierte. Wie aber hätten die endlich gleichberechtigten Juden ihre Zugehörigkeit zu dieser jungen deutschen Nation besser bezeugen können als mit besonderem Engagement auf diesem Gebiet. Sie »verjudeten« nicht, wie ihnen von ihren Feinden vorgeworfen wurde, die deutsche Kultur, sondern sie waren als Deutsche jüdischen Glaubens oder auch »nur« von jüdischen Vorfahren abstammend, hervorragende Repräsentanten der deutschen Kultur. So repräsentierten die Dirigenten Bruno Walter und Otto Klemperer *deutsche* Musik in Vollendung, Max Reinhardt war der *deutsche* Regisseur, durch dessen Schule zahlreiche deutsche Schauspieler gegangen sind, die ihm ihre großen Karrieren zu danken hatten. Fritz Kortner und Elisabeth Bergner waren renommierte *deutsche* Schauspieler, Franz Werfel, Stefan Zweig und Rudolf Borchardt waren angesehene *deutsche* Schriftsteller, und es waren Juden wie Fritz Lang und Ernst Lubitsch, die dem *deutschen* Film zu Weltgeltung verhalfen.

Auch an dem weltweit hohen Ansehen der deutschen Wissenschaft hatten deutsche Juden ihren Anteil. In der Rechtswissenschaft sei hier nur Martin Wolff genannt, in der Physik Albert Einstein; Sigmund Freud ist der Vater der modernen Psychoanalyse. Die Juden beherrschten diese Bereiche nicht, aber sie leisteten darin Großes, und sie waren hier auch überproportional vertreten. Dies hatte historische Gründe. Zwar waren die deutschen Juden nach der gesetzlich verfügten Gleichberechtigung auch zu den Hochschulen zugelassen, aber vor 1918 waren ihnen viele akademische Berufe doch in der Praxis noch verschlossen und vor allem die Beamtenlaufbahn: höherer Verwaltungsdienst, Anstellung als Richter oder Staatsanwälte, Hochschullehrstühle. Jüdische Studierende waren damit auf die freien akademischen Berufe, besonders die des Rechtsanwalts und des Arztes angewiesen. Nicht ein Privileg oder Monopol führte jüdische deutsche Akademiker in diese Berufe, sondern der Zwang, die Chance eines Studiums dort zu nutzen, wo es möglich war. Und nicht die wissenschaftlichen Spitzenleistungen einiger weniger, die Aufsehen erregten, sondern der vertraute jüdische Hausarzt, der jüdische Anwalt, der den Normalbürger vor den Schranken des Gerichts verteidigte, waren wesentlich mit verantwortlich für das hohe gesellschaftliche Ansehen der deutschen Juden.

Das Propagandaschlagwort von der »Judenrepublik« impliziert auch einen beherrschenden Einfluß der Juden auf die Weimarer Republik. Mit »Judenrepublik« diffamierten Antidemokraten den ersten deutschen demokratischen Staat, versahen diesen mit einem weithin negativ empfundenen Etikett. Natürlich standen am Anfang dieser Republik auch Juden. Von den sechs Volksbeauftragten im Jahr 1918 waren zwei Juden. In den 19 Nachkriegskabinetten bis 1930 waren dann allerdings nur noch fünf Minister deutsch-jüdischer Abstammung. Daß Juden sich überwiegend zum Liberalismus und zur politischen Linken hingezogen fühlten, war die logische Konsequenz aus ihrer Geschichte: von dort aus war die Emanzipation der Juden betrieben worden, und als die Gleichberechtigung endlich laut Gesetz erreicht war, wurde von rechten, reaktionären Kreisen erfolgreich versucht, diese Gleichberechtigung in der Praxis zu verhindern. Die Juden mußten also ihre politische Heimat auf der Linken suchen. Dennoch waren sie unzweideutig deutsche Patrioten: Im Ersten Weltkrieg waren 12000 für ihr Vaterland gefallen, 35000 jüdische deutsche Soldaten waren ausgezeichnet worden; in den Abstimmungsgebieten in Oberschlesien hatten die jüdischen Bewohner mit überwältigender Mehrheit für Deutschland gestimmt.

Jüdische Bürger waren so gute oder auch schlechte Deutsche wie die Nichtjuden. Die Vorurteile den Juden gegenüber hatten eine jahrhundertelange Tradition, sie waren in einem relativ kurzen Zeitraum nicht auszurotten. In der Not nach dem verlorenen Krieg hatten es daher die Demagogen der extremen Rechten – die ja wahrlich nicht schuldlos an dem Desaster waren – leicht, alle Schuld daran eben auf die Juden und ihren übermäßigen Einfluß zu schieben und für ihre abstrusen Behauptungen zahllose Anhänger zu finden.

Wolfram Selig

**Juden in der deutschen Wirtschaft**
»In ihrem Besitz sind die Geldadern, Bank und Handel«, so der Berliner Hofprediger, Adolf Stoecker 1879 in seiner ersten antisemitischen Rede. Von Stoecker über Hitler bis hin zu den heutigen Rechtsextremen spielt die Frage der »Überfremdung« der Wirtschaft durch die Juden eine zentrale Rolle in der antisemitischen Propaganda. Bewußt wird der Eindruck erweckt, die Wirtschaft werde von der jüdischen Minderheit einseitig beherrscht, und der volkstümlichen Vorstellung vom reichen, wuchertreibenden Juden neue Nahrung gegeben. Die Konzentration der jüdischen Wirtschaftstätigkeit auf einige wenige besonders in der Öffentlichkeit stehende oder krisenanfällige Wirtschaftszweige – etwa die Textilindustrie – bot eine hervorragende Angriffsfläche für solche Vorurteile.

Tatsächlich »beherrschten« die Juden etwa in der Weimarer Republik nur wenige eher unbedeutende Spezialbranchen: Mehr als die Hälfte der deutschen Viehhandelsfirmen waren in jüdischem Besitz. Stark vertreten waren

Juden auch in der Konfektions- und Schuhbranche sowie in einzelnen Zweigen des Metallhandels, der Elektro-, der chemischen und der Porzellanindustrie. Der jüdische Anteil in der Schwerindustrie dagegen machte nur einen geringen Prozentsatz aus. Die antisemitische Agitation richtete sich allerdings vor allem gegen die im Vergleich zur Gesamtbevölkerung überproportionale Rolle, die die Juden im Bereich der Warenhauskonzerne und Privatbanken spielten. Die meisten Warenhäuser – Tietz, Wertheim, Israel, Schocken – waren jüdische Gründungen, die zumindest anfänglich von jüdischen Bankhäusern finanziert wurden. Das billige Warenangebot mußte zwangsläufig in Kreisen des Klein- und Einzelhandels auf Gegenwehr stoßen, die sich zu verallgemeinerndem Haß gegen »die Juden« verstieg. Daß allerdings auch und ganz besonders die wirtschaftliche Lage des jüdischen Einzelhandels von diesen Großkonzernen negativ betroffen war, wurde dabei außer acht gelassen.

Durch die zunehmende Verstädterung des deutschen Judentums – 1900 lebten rund 48 Prozent der Juden in Städten über 100000 Einwohner, 1925 waren es rund 67 Prozent – hatten sich mehr und mehr handel- und gewerbetreibende Juden in den Städten niedergelassen und eigene Geschäfte gegründet. Obwohl im Zuge der Emanzipation das uralte Grundbesitzverbot für Juden und damit ihre Ausschaltung aus der Agrarwirtschaft sowie die Verweigerung der Beamtenlaufbahn aufgehoben worden waren, vollzog sich eine berufliche Umschichtung der Juden erst allmählich. Kleingewerbe und Handel, auf die sie sich gezwungenermaßen spezialisiert hatten, blieben auch weiterhin die wichtigsten jüdischen Wirtschaftszweige. Allerdings war allmählich ein Aufstieg vom Kleinbürgertum zum Mittelstand erfolgt. Durch Industrialisierung und Gründung von Großkonzernen sah sich dieser jüdische Mittelstand nun ebenso bedroht wie die übrige Bevölkerung.

Die 1929 einsetzende Wirtschaftskrise, unter der die Juden nicht weniger zu leiden hatten als die Nichtjuden, traf eben diese mittelständischen jüdischen Betriebe und kleinen Kaufleute besonders hart. Korruptionsskandale jüdischer Kaufleute und Unternehmer und (unterstellte) Riesengewinne »des Judentums« in der Inflationszeit wurden einseitig von der antisemitischen Propaganda hochgespielt und gingen, soweit sie vereinzelt den Tatsachen entsprachen, auf das Konto der nach dem Ersten Weltkrieg eingewanderten Ostjuden, die seit jeher antisemitischem Druck ausgesetzt waren und deshalb auf schnelle, risikoreiche Gewinne setzten. Bei diesen Auswüchsen einer Krisensituation handelte es sich daher um ein soziologisches, nicht um ein speziell jüdisches Problem.

Die wirtschaftliche Krisensituation beschleunigte die schon vorhandene allgemeine Tendenz der Juden, sich aus dem Wirtschaftsleben mehr und mehr zurückzuziehen. Die Entwicklung zur Kartellisierung und zum Großbetrieb wurde von jüdischen Kaufleuten und Bankiers nur sehr zurückhaltend aufgenommen. Ihre auf wirtschaftlichem Gebiet eher »konservative« Denkweise, das heißt eine individuelle Gestaltung von Handel und Wirtschaft, also keineswegs eine Bildung von großer wirtschaftlicher Machtposition, lief dieser neuen Wirtschaftsform entgegen. Die Konsequenz daraus war eine deutliche Umorientierung auf andere Berufszweige, die Hinwendung zur Wissenschaft, zu den freien akademischen Berufen – Mediziner, Juristen – und nicht zuletzt zum Beamtentum. Dies war aber nicht nur Ausdruck einer Gegenbewegung gegen eingeschränkte Unternehmerinitiativen, sondern auch einer Assimilation an die Gesamtbevölkerung – vor allem den Mittelstand – und dessen Berufsstrukturen.

In diesen Bereich gehört auch die rückläufige Entwicklung der jüdischen Privatbanken, die allerdings ebenso wie die nicht-jüdischen bereits seit 1896/97 an Bedeutung verloren hatten. Ursprünglich unbestrittene jüdische Domäne, gingen die Beschäftigungszahlen von Juden im Bank- und Börsenwesen von 1882 mit 21,9 Prozent auf 3,8 Prozent im Jahre 1925 zurück, und bis 1933 fiel ihr Anteil nochmals auf 2 Prozent. Im gleichen Zeitraum sank der Anteil der Juden in leitenden Stellungen des Bankwesens um ein Drittel, und die Zahl der jüdischen Privatbanken reduzierte sich von 1225 auf 485. Hier macht sich neben der beruflichen Umschichtung freilich auch der Rückgang der jüdischen Bevölkerung – Auswanderung und niedrigere Geburtenrate – bemerkbar. Es gilt hier aber auch den Anstieg der großen Aktienbanken zu berücksichtigen, die die kleinen Privatbanken schluckten. Der jüdische Anteil der dort tätigen Direktoren und Betriebsleiter stieg daher

Plakat des Aktionskomitees der NSDAP Gau Groß-Berlin mit Terror-
aufruf gegen die Juden. Quelle: Institut für Zeitgeschichte München

im Zeitraum von 1895 bis 1907 von 2558 auf 3179; viele
ehemalige Privatbankiers traten in den Dienst von Groß-
banken.

Die von Juden überproportional besetzten kaufmänni-
schen und der Öffentlichkeit unmittelbar dienenden Berufe
traten fast überall auffallend in Erscheinung, hatten aber
tatsächlich, was ihren Einfluß auf die Wirtschaft betraf,
keinerlei Bedeutung. Bei der von der völkischen Propaganda als »jüdische Hochfinanz« bezeichneten Gruppe von
reichen jüdischen Großbürgern handelte es sich um nicht
mehr als hundert Familien, die darüber hinaus meist dem
Judentum seit Generationen entfremdet waren und ihm
auch der Religion nach nicht mehr angehörten. Auch wenn
im Verhältnis zur Gesamtbevölkerung diese Familien einen
höheren Anteil an der deutschen Wirtschaft ausmachten,
so ist das keinesfalls gleichbedeutend mit einem überproportionalen »jüdischen Einfluß«, zumal die einzelnen Familien und Betriebe keine engeren Beziehungen zueinander als zu anderen Wirtschaftspartnern hatten und auch im
Verhältnis zueinander einem kapitalistischen Konkurrenz-
kampf unterlagen.

Juliane Wetzel

Literatur: Hans Mommsen, Zur Frage des Einflusses deutscher Juden
auf die Deutsche Wirtschaft in der Weimarer Republik. In: Gutachten
des Instituts für Zeitgeschichte. Band 2, Stuttgart 1966, Seite 348–
369; Avraham Barkai, Vom Boykott zur »Entjudung«. Der wirtschaftliche Existenzkampf der Juden im Dritten Reich 1933–1943.
Frankfurt a. M. 1988; Esra Bennathan, Die demographische und wirtschaftliche Struktur der Juden. In: Werner Mosse (Hrsg.), Entschei-
dungsjahr 1932. Zur Judenfrage in der Endphase der Weimarer Republik. Tübingen 1965, Seite 87–131.

## »Die Juden sind unser Unglück!«

Im Jahre 1879 veröffentlichte der durch seine in klein-
deutsch-nationalistischem Geiste geschriebene ›Deutsche
Geschichte im 19. Jahrhundert‹ berühmt gewordene Berliner Historiker und Publizist Heinrich von Treitschke in den
von ihm herausgegebenen ›Preußischen Jahrbüchern‹ einen polemischen Aufsatz gegen die in Deutschland lebenden Juden, der in dem Satz gipfelte: »Die Juden sind unser
Unglück!« Er faßte diesen und weitere Aufsätze ein Jahr

später in einer Broschüre unter dem Titel ›Ein Wort über unser Judenthum‹ zusammen, nachdem seine Äußerungen große Empörung und eine heftige Kontroverse hervorgerufen hatten. Man warf Treitschke mit Recht vor, er habe damit den bisher auf obskure Zirkel beschränkten Antisemitismus im deutschen Bildungsbürgertum salonfähig gemacht. Der angesehene liberale Althistoriker Theodor Mommsen bezichtigte ihn, das »Evangelium der Intoleranz« zu predigen. Der Breslauer Rabbiner Manuel Joël schrieb zutreffend, Treitschke schaffe sich in den Juden einen Sündenbock. So spreche nicht ein Historiker, sondern ein Pamphletist.

Der Satz »Die Juden sind unser Unglück!« wurde schnell zu einem der beliebtesten Schlagworte der antisemitischen Polemik in Deutschland und seit den frühen 20er Jahren auch von den Nationalsozialisten übernommen. Die vom Gauleiter der NSDAP in Franken, Julius Streicher, herausgegebene berüchtigte antisemitische Kampfzeitschrift ›Der Stürmer‹ führte den Slogan auf der Titelseite jeder Ausgabe.

Die primitive Methode, die Juden als Sündenböcke für alle möglichen Übel anzuprangern, war schon im Mittelalter weit verbreitet. Sie wurde vom modernen Antisemitismus übernommen und zum oft lächerlich wirkenden Exzeß getrieben. Auch bei den Nationalsozialisten wurde alles, was ihren Vorstellungen zuwiderlief, den Juden in die Schuhe geschoben. Personen, deren Taten, Ideen und Schriften ihren Zielen entgegenstanden, wurden einfach als Juden bezeichnet bzw. diffamiert – beispielsweise Lenin, Franklin D. Roosevelt, Matthias Erzberger, Thomas Mann oder Bert Brecht.

Hellmuth Auerbach

Literatur: Walter Boehlich (Hrsg.), Der Berliner Antisemitismusstreit. Frankfurt a. M. 1988; Hermann Graml, Reichskristallnacht. Antisemitismus und Judenverfolgung im Dritten Reich. München 1988.

## Judenvernichtung: Die Zahl der Opfer

Beim Nürnberger Hauptkriegsverbrecherprozeß gaben enge Mitarbeiter Adolf Eichmanns, des für die Deportation der Juden aus ganz Europa in die Vernichtungslager zu-

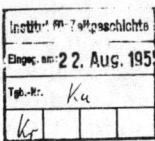

PO/AGn
O 69
Nr.16.507

**COMITÉ INTERNATIONAL**
DE LA
**CROIX-ROUGE**

Instit... ...geschichte

Eing... am: 2 2. Aug. 1955

Tgb.-Nr.:  Ku

kr

Genf, den 17. August 1955

Herrn Dr.H. Krausnick
Institut für Zeitgeschichte
MÜNCHEN
Reitmorstrasse 29

Sehr geehrter Herr Krausnick,

Wir bestätigen dankend den Empfang Ihres Schreibens vom 12. August 1955, welches Sie an das "Schweizer Rote Kreuz Genf" richteten und dem "Internationalen Komitee vom Roten Kreuz" in Genf zugestellt wurde.

Gestatten Sie uns, zunächst einen Irrtum zu berichtigen, der häufig die beiden sich in der Schweiz befindlichen Rotkreuzorganisationen betrifft: das Internationale Komitee vom Roten Kreuz in Genf, Gründerorganisation, erfüllt in Kriegszeiten eine neutrale Vermittler-Tätigkeit in allen Fragen charitativer Art, während dem Schweizerischen Roten Kreuz in Bern, unserer nationalen Rotkreuzgesellschaft, vorwiegend Aufgaben auf nationalem Gebiete obliegen.

Was nun Ihre Anfrage bezüglich der in deutschen Konzentrationslagern umgekommenen Häftlinge betrifft, sind wir nicht in der Lage, irgendwelche Angaben zu machen und zwar aus folgenden Gründen :

Statistische Aufstellungen über Verluste an Militärpersonen oder Deportierten können wir nicht verschaffen, da derartige statistische Arbeiten dem Internationalen Komitee vom Roten Kreuz nicht obliegen.  Einerseits verfügt das Komitee über die hiezu erforderlichen Mittel nicht und anderseits beziehen sich die in der Kartei der Kriegsgefangenen-Zentrale enthaltenen Meldungen auf Gefangenschaftsnahme, Transfer in andere Lager, Freilassung, usw, aber geben kein genaues Bild der gesamten Anzahl von Kriegsgefangenen.

./.

ständigen Mannes im Berliner »Reichssicherheitshauptamt«, zu Protokoll, die Zahl der jüdischen Opfer des Nationalsozialismus betrage zwischen 5 und 6 Millionen. Forschungen der Historiker und Ermittlungsergebnisse der Juristen aus zahlreichen Prozessen wegen nationalsozialistischer Gewaltverbrechen haben diese Größenordnung des Völkermordes bestätigt.

Freilich ist es nicht möglich, eine absolute Zahl mit mathematischer Exaktheit anzugeben. Diese Tatsache benutzen Rechtsextreme und Neonazis seit Jahrzehnten dazu,

2

Statistiken, die diesen Angabe zu entnehmen wären, würden
nicht nur eine sehr langwierige Arbeit erfordern, sondern
auch ein ungenaues Endergebnis aufweisen. Bei weitem noch
unvollständiger sind unsere Angaben über die sich seinerzeit
in Deutschland befindlichen Häftlinge der Konzentrationslager. Wenn wir auch gegen Ende des Krieges Häftlingen Hilfe
und Beistand gewähren konnten, so waren trotz zahlreicher
Bemühungen Hilfsaktionen in dem gleichen Ausmasse wie zugunsten
der Kriegsgefangenen nicht möglich, da dem Komitee hiezu die
rechtlichen Grundlagen fehlten (Das Abkommen zum Schutze der
Zivilbevölkerung geht auf den 12. August 1949 zurück, dan dem
die in Genf tagende diplomatische Konferenz die 4 Genfer Abkommen zum Schutze der Kriegsopfer annahm).

Wie Sie aus diesen Ausführungen ersehen, beruhen die
Angaben des deutschen Wochenblattes auf keiner von Internationalen
Komitee vom Roten Kreuz gelieferten Information. Vielleicht
wäre es Ihnen möglich, uns die betreffende Zeitung zu übermit-
teln.

Genehmigen Sie, sehr geehrter Herr Krausnick, den Ausdruck
unserer vorzüglichen Hochachtung.

R. BOVEY
Leiter der Informationsabteilung

Quelle: Institut für Zeitgeschichte München

die Dimension des Holocaust zu verharmlosen, zu verklei-
nern oder ganz zu leugnen. Zum »Beweis« dienen statistische Tricks, angebliche Erklärungen des Internationalen
Roten Kreuzes oder der UNO und immer wieder neue
Anstrengungen, mit denen die technische Unmöglichkeit
der Massenvernichtung in Auschwitz und den anderen
Vernichtungslagern nachgewiesen und die tatsächlichen
Beweise als gefälscht erwiesen werden sollen (siehe Auschwitz-Lüge). Die älteste, aber bis zur Gegenwart immer wieder zitierte »Quelle« zur Verharmlosung des Völkermordes ist eine aus den frühen Nachkriegsjahren stammende
angebliche amtliche Feststellung des Roten Kreuzes, nach
der es insgesamt im NS-Staat höchstens 300000 Opfer rassischer, religiöser und politischer Verfolgung gegeben habe. Die erst in Schweizer Zeitungen, dann unter deutschen
Rechtsextremisten verbreitete Angabe ist eine Erfindung
von interessierter Seite, wie aus der Stellungnahme des Internationalen Komitees vom Roten Kreuz gegenüber dem
Institut für Zeitgeschichte in München vom 17. August
1955 hervorgeht. Die Veröffentlichung dieses Sachverhalts

COMITÉ INTERNATIONAL
DE LA
CROIX-ROUGE

Genf, den 11. Oktober 1965
RNy/MBr

Sehr geehrter Herr Direktor,

Wir kommen zurück auf Ihr Schreiben vom 27. August 1965,
betreffend den Offenen Brief an Herrn Kardinal Döpfner, der
ven der Zeitung "Deutsche Nachrichten" veröffentlicht wurde,
sowie auf unseren Zwischenbescheid vom 22. September.

Es wurde tatsächlich bereits mehrmals gesagt, die von
dem Verfasser dieses Briefes zitierten Zahlen der in den
Konzentrationslagern umgekommenen Juden stammten vom "Internationalen Roten Kreuz".

Wir möchten eindeutig klarstellen, dass das Internationale
Komitee vom Roten Kreuz in Genf überhaupt nichts mit diesen
Behauptungen zu tun hat. Die Statistiken über die Kriegsverluste
und die Opfer politischer, rassischer oder religiöser Verfolgungen fallen nicht in sein Zuständigkeitsgebiet und haben nie
dazu gehört.

Selbst wenn es sich um Kriegsgefangene handelt (die seit
1929 durch ein internationales Abkommen geschützt sind und für
die wir, wie Sie wissen, einen Zentralen Suchdienst besitzen),
wagen wir keine Zahlen zu nennen, da wir uns wohl bewusst sind,
dass wir nicht im Besitze sämtlicher Auskünfte betreffend diesen
Personenkreis von Kriegsopfern sein können. Um so mehr sind wir

An den Direktor des Instituts
für Zeitgeschichte
Herrn Dr. H. Krausnick
LÜNCHEN 27,
Möhlstrasse 26

störte die weitere Verbreitung der unsinnigen Zahl nicht.
Zehn Jahre später, am 11. Oktober 1965, distanzierte sich
das Rote Kreuz abermals entschieden: »Wir möchten eindeutig klarstellen, daß das Internationale Komitee vom
Roten Kreuz in Genf überhaupt nichts mit diesen Behauptungen zu tun hat. Die Statistiken über die Kriegsverluste
und die Opfer politischer, rassischer oder religiöser Verfolgungen fallen nicht in sein Zuständigkeitsgebiet und haben
nie dazugehört. Selbst wenn es sich um Kriegsgefangene

- 2 -

verpflichtet, uns jeglicher Schätzung zu enthalten, wenn es
sich um Zivilpersonen handelt, die zu jener Zeit durch
keinerlei Konvention geschützt waren und sich somit der Aktion
des Roten Kreuzes fast vollständig entzogen.

Wir haben nichts dagegen, dass Sie auf den Inhalt
dieses Schreibens Bezug nehmen.

Mit vorzüglicher Hochachtung

Für das Internationale Komitee
vom Roten Kreuz

Roger Du Pasquier
Leiter der Informationsabteilung

Quelle: Institut für Zeitgeschichte München

handelt (die seit 1929 durch ein internationales Abkommen geschützt sind und für die wir, wie Sie wissen, einen Zentralen Suchdienst besitzen), wagen wir keine Zahlen zu nennen, da wir uns wohl bewußt sind, daß wir nicht im Besitze sämtlicher Auskünfte betreffend diesen Personenkreis von Kriegsopfern sein können. Um so mehr sind wir verpflichtet, uns jeglicher Schätzung zu enthalten, wenn es sich um Zivilpersonen handelt, die zu jener Zeit durch keinerlei Konvention geschützt waren und sich somit der Aktion des Roten Kreuzes fast vollständig entzogen.«

Einige Jahre später setzte ein Neonazi die Behauptung in Umlauf, die UNO habe die jüdischen Verluste mit insgesamt 200 000 beziffert. Auf Nachforschungen des Instituts für Zeitgeschichte antwortete die Vertretung der Bundesrepublik bei der UNO am 1. August 1974, daß die »erwähnte Zahl von 200 000 jüdischen Opfern des NS-Regimes mit Sicherheit nicht auf Feststellungen der Vereinten Nationen beruht«.

Die Unmöglichkeit, eine absolute Zahl exakt zu bestimmen, wird von den Rechtsextremen auch als Beweis genommen für die Unfähigkeit der Historiker beziehungsweise für politische Absicht. Tatsächlich liegt das Problem unter anderem darin, daß ein großer Teil der Ermordeten nicht namentlich registriert wurde; das gilt sowohl für die Massaker der »Einsatzgruppen« auf dem Territorium der Sowjetunion (siehe Babi Jar) als auch für den Massenmord durch Giftgas in den Vernichtungslagern Auschwitz, Treblinka, Maidanek, Chelmno usw., ebenso für die Pogrome an rumänischen Juden, denen wie den Massenerschießungen in Serbien Menschen in der Größenordnung von Hunderttausenden zum Opfer fielen.

Trotz der teilweise schlechten Quellenlage hat die historische Forschung anhand der Korrespondenz und Berichterstattung der SS selbst, mit Hilfe von Deportationslisten und Zeugenberichten zweifelsfreie Beweise erbracht, denen zufolge die Zahl der jüdischen Opfer der nationalsozialistischen Herrschaft weit über 5 Millionen liegt. Rechnet man die in Ghettos und Lagern aufgrund der Verhältnisse (Hunger, sanitäre Zustände, Entbehrung, Verzweiflung usw.) ums Leben Gekommenen, die Selbstmorde, die an den Folgen nach der Befreiung Umgekommenen dazu, so überschreitet die Zahl der Holocaust-Opfer mit Sicherheit die 6-Millionen-Grenze.

Gesicherte Minimalzahlen für die einzelnen Länder unter nationalsozialistischer Herrschaft nach neuesten Forschungsergebnissen des Instituts für Zeitgeschichte: Deutsches Reich 165000, Österreich 65000, Frankreich und Belgien 32000, Niederlande 102000, Luxemburg 1200, Italien 7600, Griechenland 60000, Jugoslawien 55000 bis 60000, Tschechoslowakei 143000, Bulgarien 11000, Albanien 600, Norwegen 735, Dänemark 50, Ungarn 502000, Rumänien 211000, Polen 2700000, Sowjetunion 2100000–2200000.

Wolfgang Benz

Literatur: Wolfgang Benz (Hrsg.), Dimension des Völkermords. Die Zahl der jüdischen Opfer des Nationalsozialismus. München 1991.

### Judenvernichtung – was wußten die Deutschen davon?

Die Existenz von Konzentrationslagern, in die politische Gegner, aber auch Kriminelle und »Asoziale«, im Kriege dann Schwarzhändler und Schwarzhörer, kurzum alle dem

NS-Regime Mißliebigen gesteckt wurden, war im Volk durchaus bekannt. Arbeitskommandos von KZ-Häftlingen wurden auch außerhalb der Lager eingesetzt und traten somit in der Öffentlichkeit auf.

Die Ausgrenzung der Juden aus der deutschen Volksgemeinschaft wurde von den Nationalsozialisten nicht nur propagiert, sondern durch Boykottmaßnahmen (1933) und den Pogrom der »Reichskristallnacht« (8./9. November 1938) auch denjenigen handgreiflich gemacht, die die vorangegangenen Gesetze und Verordnungen gegen die Juden nicht zur Kenntnis genommen hatten. Hitlers Reden wurden durch den Rundfunk verbreitet, auch die vom 30. Januar 1939, in der er die Vernichtung der Juden in Europa ankündigte (siehe die Abb. aus dem ›Völkischen Beobachter‹, S. 125). Sie begann alsbald nach Kriegsbeginn in Polen durch die Exekutionskommandos der Einsatzgruppen. Das blieb auch vielen Offizieren und Soldaten der Wehrmacht nicht verborgen und wurde unter Kameraden und beim Heimaturlaub weiter kolportiert. Der Judenmord in den Ostgebieten wurde von der NS-Führung als Notwehr gegen die angebliche »jüdische Weltverschwörung« dargestellt. Man hatte aber offensichtlich doch ein schlechtes Gewissen dem eigenen Volk gegenüber, als man 1940/41 damit begann, auch die in Deutschland lebenden Juden zu deportieren und zu liquidieren. Die Deportation wurde als »Umsiedlung«, die Tötung als »Sonderbehandlung« getarnt und über alle derartigen Aktionen der Mantel der strikten Geheimhaltung gehängt (siehe »Sonderbehandlung«). Trotzdem gab es zahlreiche Zivilisten (Verwaltungsbeamte, Eisenbahner und andere Personen, die mit den Deportationen zu tun hatten), die wußten oder zumindest ahnten, daß es sich bei den umfangreichen Judentransporten quer durch Europa nicht um Aktionen der Umsiedlung und des Arbeitseinsatzes handelte. Ab 1941 gingen vielfach Gerüchte über die Vergasung von Juden um, und wer sich bemühte, konnte auch genauere Informationen darüber bekommen. Was in Auschwitz geschah, war nicht nur in den naheliegenden Städten Kattowitz und Gleiwitz bekannt. Aber gerade unter der Beamtenschaft war bis in höchste Kreise die Tendenz zum Nicht-wissen-Wollen und zum Verdrängen des Unangenehmen besonders groß. Man hatte Angst vor Himmler und der Gestapo. Die in

Deutschland traditionelle autoritäre Disposition ließ Proteste gegen Aktionen der Staatsgewalt kaum aufkommen – auch nicht von kirchlicher Seite.

Die große Masse des deutschen Volkes kümmerte sich nicht mehr um das Schicksal der Juden, nachdem diese aus der Gesellschaft verdrängt waren. Die Kriegsereignisse verdrängten die »Judenfrage« aus dem allgemeinen Bewußtsein, trotz fortwährender antisemitischer Propaganda. Hitler wiederholte seine Prophezeiung vom 30. Januar 1939 mehrmals, und Goebbels schrieb in seiner weitverbreiteten Wochenzeitung ›Das Reich‹ am 14. Juni 1942 offen von der Vernichtung der Juden. Im Volk blieb allenfalls ein dumpfes Gefühl des Unrechts lebendig, das sich mit zunehmender Härte des Krieges verstärkte. Es ging die Parole um, die schweren Luftangriffe der Alliierten auf deutsche Städte seien Vergeltungsmaßnahmen für das, was man den Juden angetan hatte.

Aber die meisten kannten die volle Wahrheit, das Ausmaß und die Methode systematischer Judenvergasung bis zuletzt nicht. Helmut J. Graf von Moltke, eine der führenden Personen des deutschen Widerstands, schrieb am 25. März 1943, er glaube, »mindestens neun Zehntel der Bevölkerung weiß nicht, daß wir Hunderttausende von Juden umgebracht haben. Man glaubt weiterhin, sie seien lediglich abgesondert worden und führten etwa dasselbe Leben wie zuvor, nur weiter im Osten, woher sie stammten, vielleicht etwas armseliger, aber ohne Luftangriffe.« Erst nach dem Zusammenbruch und der Aufdeckung der unbeschreiblichen Greueltaten durch die Alliierten bekamen alle Deutschen eine konkrete Anschauung von dem, was in ihrem Namen geschehen war – und wollten es häufig auch dann nicht wahrhaben.

Hellmuth Auerbach

Literatur: Hans Mommsen, Was haben die Deutschen vom Völkermord an den Juden gewußt? In: Walter H. Pehle (Hrsg.), Der Judenpogrom 1938. Von der »Reichskristallnacht« zum Völkermord. Frankfurt a. M. 1988, Seite 176–200, (Zitat Moltkes Seite 233); Walter Laqueur, Was niemand wissen wollte. Die Unterdrückung der Nachrichten über Hitlers »Endlösung«. Frankfurt a. M. 1982; Hans-Heinrich Wilhelm, Wie geheim war die »Endlösung«? In: Wolfgang Benz (Hrsg.), Miscellanea. Festschrift für Helmut Krausnick. Stuttgart 1980, Seite 131–148.

# Katyn

Der Ort Katyn liegt 20 Kilometer südwestlich von Smolensk – nicht zu verwechseln mit Khatyn bei Minsk, wo die UdSSR eine Gedenkstätte errichten ließ, um an die Ermordung von russischen Bürgern durch Deutsche zu erinnern. Katyn befand sich seit Juli 1941 unter deutscher Besatzungsherrschaft. Bald erfuhren deutsche Stellen von Erschießungen polnischer Offiziere durch die Sowjets. Mitte April 1943 entdeckten deutsche Soldaten Massengräber mit den Leichen von mehr als 4100 polnischen Offizieren. Die Westmächte übernahmen zunächst die sowjetische Erklärung, dieses Kriegsverbrechen sei von den Deutschen verübt worden.

Tagebuchskizzen, Briefe und dergleichen, die man bei den Toten fand, endeten im April 1940. Sowjetische Bürger sagten aus, im Frühjahr 1940 sei hier, unweit eines Gebäudes der sowjetischen Geheimpolizei, »das Schießen und Schreien von Männerstimmen« zu hören gewesen. Eine internationale Ärztekommission, vom Deutschen Roten Kreuz zur Untersuchung der Leichen eingeladen, kam zu dem Ergebnis, »daß die Erschießungen in den Monaten März und April 1940 stattgefunden haben«.

Nach der Rückeroberung dieses Gebietes durch die Rote Armee ließ Stalin eine sowjetische Untersuchungskommission einsetzen; sie kam zu einem gegenteiligen Ergebnis. Nach 1945, auch während des Nürnberger Prozesses, versuchten die Sowjets durch Pressionen, frühere Zeugenaussagen umzukehren. Ein Ausschuß des amerikanischen Kongresses beschäftigte sich daher 1951/52 erneut mit Katyn und befragte viele der ursprünglich beteiligten Gerichtsmediziner ein zweites Mal; dabei bestätigte sich weitgehend, daß die Erschießungen vor dem Jahr 1941 stattgefunden haben mußten.

Die sowjetische Regierung hat inzwischen zugegeben (April 1990), daß sie für dieses Verbrechen verantwortlich ist.

Manfred Vasold

Literatur: John P. Fox, Der Fall Katyn und die Propaganda des NS-Regimes. In: Vierteljahrshefte für Zeitgeschichte 30 (1982), Seite 462–499.

## Knochenmühle

Von NS-apologetischer Seite wird immer wieder argumentiert: Wenn wirklich während der nationalsozialistischen Herrschaft so viele Menschen umgebracht worden wären, müsse es davon mehr Spuren geben, z. B. Massengräber. Tatsächlich seien aber verhältnismäßig wenige aufgefunden worden.

Daß dies so ist, dafür hat die SS selbst gesorgt. Die Opfer der Erschießungskommandos der Einsatzgruppen der Sicherheitspolizei und des SD und der Vernichtungslager in den besetzten Ostgebieten wurden zwar zuerst in Massengräbern beerdigt. Als aber in der Hitze des Sommers 1942 die vielfach nur oberflächlich verscharrten Leichen anzuschwellen begannen, die Leichenflüssigkeit Insekten anlockte und das Grundwasser verseuchte, sann man auf Abhilfe. Zudem wuchs die Furcht, die Rote Armee könnte beim Wiedervorrücken nach Westen solche Massengräber entdecken. Himmler war aber entschlossen, keine Spuren zu hinterlassen. Im Juni 1942 befahl er dem Kommandeur des Einsatzkommandos 4 a, SS-Standartenführer Paul Blobel, alle Spuren zu beseitigen. Blobel stellte ein spezielles Kommando unter der Codebezeichnung 1005 auf, das die Aufgabe hatte, alle Massengräber zu öffnen und die Leichen zu verbrennen. In den meisten Fällen geschah dies in dafür ausgehobenen Gruben auf Rosten aus Eisenbahnschienen. Auch in Auschwitz-Birkenau wurden 1944, als die Krematorien für die Masse der Leichen nicht mehr ausreichten bzw. zeitweise ausfielen, hinter diesen solche Verbrennungsgruben ausgehoben. »Die Asche fiel während des ohne Unterbrechung fortgesetzten Verbrennens durch die Roste und wurde laufend entfernt und zerstampft. Das Aschenmehl wurde mittels Lastwagen nach der Weichsel gefahren und dort schaufelweise in die Strömung geworfen, wo es sofort abtrieb und sich auflöste«, schrieb der Kommandant von Auschwitz, Rudolf Höß, nach dem Kriege.

Im Vernichtungslager Chelmno (deutsch: Kulmhof) im Warthegau und später auch an anderen Exekutionsstätten in Polen setzte man zur Zerkleinerung der in der Asche verbliebenen Knochen eine spezielle Knochenmühle ein, die man über die Ghettoverwaltung von Lodz von einer Hamburger Firma bezogen hatte. Die Asche und das Knochenmehl wurden in Gruben geschüttet, mit Sand und

Erde bedeckt und darauf Lupinen gesät oder Bäume gepflanzt. »Die Arbeiten selbst wurden durch Judenkommandos durchgeführt, die nach Beendigung eines Abschnittes erschossen wurden. KL Auschwitz hatte laufend Juden für das Kommando 1005 zur Verfügung zu stellen.« (Rudolf Höß).

Hellmuth Auerbach

Literatur: Kommandant in Auschwitz. Autobiographische Aufzeichnungen des Rudolf Höß. Hrsg. v. Martin Broszat. München 1963 u. öfter; Raul Hilberg, Die Vernichtung der europäischen Juden. Bd. 2, Frankfurt a. M. 1990; »Gott mit uns«. Der deutsche Vernichtungskrieg im Osten 1939–1945. Hrsg. v. Ernst Klee und Willi Dreßen. Frankfurt a. M. 1989 (dort S. 225 ff. Abbildung und Beschreibung einer Knochenmühle).

**Kollektivschuld**
Zum Arsenal rechtsradikaler Propaganda gehört die Behauptung, die Alliierten hätten die These von der Kollektivschuld aller Deutschen an den Verbrechen des Hitler-Regimes propagiert und darauf gestützt die Bestrafung und Umerziehung der Deutschen sowie die Maßnahmen im Zuge der Entmilitarisierung (Demontage) und weitere wirtschaftliche Sanktionen (Reparationen) betrieben. In der rechtsextremen Literatur, aber nicht nur dort, spielt die Zurückweisung der Kollektivschuldthese eine beträchtliche Rolle, oft wird auch behauptet, an den Folgen der Kollektivschuldthese leide das deutsche Volk immer noch. Zur Verteidigung unternehmen bestimmte Autoren große Anstrengungen, um auf Kriegsverbrechen der Alliierten hinzuweisen, die »jüdische Mitschuld« an der nationalsozialistischen Politik darzutun, die Zahl der Opfer des Holocaust zu minimieren, den Völkermord zu verharmlosen. Die Mühe ist auch deshalb vergeblich, weil die These einer Kollektivschuld der Deutschen niemals Bestandteil der alliierten Politik gegenüber Deutschland gewesen ist oder zur Begründung dieser Politik nach 1945 herangezogen wurde.

In der öffentlichen Meinung der angelsächsischen Länder spielte während des Zweiten Weltkriegs der Gedanke einer deutschen Kollektivschuld durchaus eine Rolle, in den Medien wurden, begründet durch die Nachrichten über die Judendeportationen, die Konzentrationslager, die deutsche Kriegführung im Osten und auf dem Balkan, die deutsche Besatzungspolitik, Betrachtungen über den barbarischen »deutschen Nationalcharakter« angestellt, Greueltaten als »typisch deutsch« angeprangert und Verbindungslinien aus der deutschen Geschichte (Friedrich der Große, Wagner, Nietzsche als Kronzeugen für Eroberungslust, Machtbesessenheit, Antisemitismus, Herrenmenschentum) zum Nationalsozialismus gezogen. Solcher Argumentation traten jedoch ebenso frühzeitig wie energisch die deutschen Emigranten in den USA und Großbritannien entgegen, die aus politischen oder »rassischen« Gründen vor Hitler ins Exil geflohen waren. In der sowjetischen Kriegspropaganda spielte der Gedanke einer Kollektivschuld keine Rolle.

Der Vorwurf an die Gesamtheit eines Volkes, an der Politik und ihren Folgen mitverantwortlich zu sein, wurde auch nicht zum ersten Mal gegen die Deutschen gerichtet; die These wurde nach der endgültigen Niederlage Napoleons auch gegen »die Franzosen« als Gesamtheit erhoben, wurde aber beim Wiener Kongreß 1815 zurückgewiesen. Auch 1945 war die Kollektivschuldthese nicht das Motiv alliierter Deutschlandpolitik. In den Nürnberger Prozessen wurden die Angeklagten nach dem Nachweis ihrer individuellen Schuld verurteilt. Im Verfahren gegen I. G. Farben (Prozeß VI vor dem US-Tribunal in Nürnberg) wurde im Urteil eindeutig klargestellt: »Es ist undenkbar, daß die Mehrheit aller Deutschen verdammt werden soll mit der Begründung, daß sie Verbrechen gegen den Frieden begangen hätten. Das würde der Billigung des Begriffes der Kollektivschuld gleichkommen, und daraus würde logischerweise Massenbestrafung folgen, für die es keinen Präzedenzfall im Völkerrecht und keine Rechtfertigung in den Beziehungen zwischen den Menschen gibt.«

Während zum Beispiel Papst Pius XII. die Deutschen gegen den Kollektivschuldvorwurf in Schutz nahm, bekannten sich prominente Politiker und Persönlichkeiten des öffentlichen Lebens wie Theodor Heuss, Karl Barth und Karl Jaspers zur kollektiven Verantwortung des deutschen Volkes als einer moralischen Forderung. In diesem Sinne wurde das Problem in den ersten Nachkriegsjahren auch öffentlich diskutiert. In der »Stuttgarter Erklärung« vom 19. Oktober 1945 sprachen die evangelischen Bischöfe von einer »Solidarität der Schuld«, in der sich der Rat der Evangelischen Kirche Deutschlands mit dem ganzen Volk wisse: »Mit großem Schmerz sagen wir: Durch uns ist unendliches Leid über viele Völker und Länder gebracht worden... Wohl haben wir lange Jahre hindurch im Namen Jesu Christi gegen den Geist gekämpft, der im nationalsozialistischen Gewaltregiment seinen furchtbaren Ausdruck gefunden hat; aber wir klagen uns an, daß wir nicht mutiger bekannt, nicht treuer gebetet, nicht fröhlicher geglaubt und nicht brennender geliebt haben.«

Als moralisches und theologisches Postulat (auch in der Version als »kollektive Scham«) ist das Problem der Mitverantwortlichkeit für das, was im deutschen Namen geschah, immer noch aktuell, auch über den Kreis derer hinaus, die damals Hitlers Politik billigten und seine Erfolge bejubelten. Als politisches und juristisches Problem hat die Kollektivschuldthese dagegen nie real existiert.

Wolfgang Benz

Literatur: Karl Jaspers, Die Schuldfrage. Heidelberg 1946; Stefan T. Possony, Zur Bewältigung der Kriegsschuldfrage. Völkerrecht und Strategie bei der Auslösung zweier Weltkriege. Köln 1968; Heinrich Henkel, Kollektivschuld. In: Internationales Recht und Diplomatie 5 (1960), Seite 37–52.

## »Kraft durch Freude«

Ein halbes Jahr nach der Zerschlagung der Gewerkschaften, der Beschlagnahmung ihres Vermögens und der Verhaftung ihrer wichtigsten Funktionäre durch die Nationalsozialisten wurde am 27. November 1933 in Berlin die »NS-Gemeinschaft Kraft durch Freude (KdF)« gegründet. Sie war Teil der Deutschen Arbeitsfront (DAF), der nationalsozialistischen Folgeorganisation der Gewerkschaften, die, unter der Führung von Dr. Robert Ley, die einheitliche Organisation aller am Wirtschaftsleben Beteiligten – vom Arbeiter bis zum Unternehmer – betrieb. Nach dem Willen Hitlers sollte KdF dazu beitragen, die Deutschen zu einem »nervenstarken Volk« zu machen, »denn nur mit einem Volk, das seine Nerven behält, kann man wahrhaft große Politik machen«. Vorbild für diese neue Massenorganisation, die ebenfalls von Ley geleitet wurde, war das 1925 von Mussolini gegründete faschistische Freizeitwerk »Dopolavoro« (Nach der Arbeit).

KdF verfolgte vor allem das Ziel, die Arbeiter für den Nationalsozialismus zu gewinnen, ihre Arbeitsproduktivität und -motivation zu steigern und durch ein umfangreiches Freizeitprogramm und Reiseangebot, sowie die Ankündigung eines für alle erschwinglichen KdF-Autos (Volkswagen) von der Entrechtung am Arbeitsplatz, der Stagnation der Löhne und der zunehmenden Reglementierung der Arbeitsbedingungen im Zuge der anlaufenden Kriegsvorbereitungen abzulenken. Außerdem ging es darum, den Freizeitbereich der gesamten Bevölkerung organisatorisch zu erfassen und für die Stärkung der »Volksgemeinschaft« und einer »anständigen Gesinnung« (Robert Ley) im nationalsozialistischen Interesse zu nutzen.

Nach mehrfachen Umstrukturierungen bestand KdF 1938 aus folgenden sechs Ämtern:

1. »Feierabend«: Organisiert wurden Theater- und Konzertbesuche, bunte Abende, Filmvorführungen etc. Bis 1938 wurden diese Veranstaltungen nach offiziellen Angaben von ca. 38 Millionen Menschen besucht.

2. »Sport«: Das Sportamt war zuständig für den Betriebssport mit dem Ziel der »Wehrertüchtigung« und »rassischen Vervollkommnung«.

3. »Volksbildung«: Hier wurden vor allem politische Schulungskurse angeboten.

4. »Wehrmachtsheime«: Reichsarbeitsdienst und Wehrmacht erhielten eine gesonderte Betreuung.

5. »Schönheit der Arbeit«: Ziel war der Nachweis, Verbesserungen der Arbeitsbedingungen auch ohne Gewerkschaften durchsetzen zu können. So wurde der Bau von Kantinen, Dusch- und Umkleidekabinen, Schwimmbädern etc. auf Druck bzw. »Anregung« von KdF-Betriebsinspektoren von den Betriebsdirektoren finanziert.

6. »Reisen, Wandern und Urlaub«: Bis 1938 organisierte dieses populärste Amt laut NS-Statistik Urlaubsreisen für ca. 10 Millionen Menschen. Angeboten wurden sowohl Wanderungen und Zugreisen innerhalb Deutschlands, zum Beispiel ins Riesengebirge, nach Masuren und in den Baye-

rischen Wald, als auch Schiffsreisen unter anderem nach Norwegen, England und Madeira.

Durch straffe Organisation, den Einsatz des beschlagnahmten Gewerkschaftsvermögens und staatliche Subventionen gelang KdF der Aufbau des ersten deutschen Massentourismus-Unternehmens. Während die Popularität der KdF-Reisen unbestritten ist, bestehen jedoch erhebliche Zweifel daran, ob besonders die begehrten Schiffsreisen mit der KdF-eigenen »Weißen Flotte« tatsächlich für viele Arbeiter erschwinglich waren. Protokolle der Gestapo, die stets mit an Bord war, legen vielmehr den Eindruck nahe, daß vor allem NS-Funktionäre und Angehörige des Bürgertums an diesen Reisen teilnahmen.

Zweifel existieren auch hinsichtlich des ideologischen Erfolgs des gesamten KdF-Programms und speziell der KdF-Reisen. Offensichtlich ging es den meisten Teilnehmern vor allem darum, sich zu amüsieren und sich der ständigen politischen Einflußnahme zu entziehen. So sahen sich Ley und Goebbels schließlich gezwungen, vor dem Abgleiten von KdF in eine »reine Rummelbewegung« (Goebbels) zu warnen. Viel bewirkt haben wird das nicht – war doch Ley im Volk bekannt als der »Reichstrunkenbold«.

Seit 1938 betrieb KdF neben seiner Flotte, Strandbädern und Unternehmen aller Art auch das Volkswagenwerk, in dem der »KdF-Wagen« für einen massenfreundlichen Kaufpreis von 1000,— RM produziert werden sollte. Als hier nach Kriegsausbruch stattdessen die Kübelwagen der Wehrmacht entstanden, hatten 300000 Menschen ihr Auto durch wöchentliche Sparraten angezahlt und 60000 Käufer bereits den vollen Preis bezahlt. Kein einziger »KdF-Wagen« wurde jedoch an seinen Besitzer ausgeliefert, kein Käufer erhielt je sein Geld zurück. Auch die übrigen KdF-Einrichtungen erwiesen sich als kriegstauglich: Dampfer wurden zu Truppentransportern, Ferienheime zu Lazaretten. Robert Ley, der sich aus dem DAF/KdF-Vermögen persönlich kräftig bereichert hatte, beging 1945 nach seiner Gefangennahme Selbstmord.

Sabine Berloge

Literatur: Timothy W. Mason, Sozialpolitik im Dritten Reich. Opladen 1977.

## »Kriegserklärungen« der Juden an Deutschland

Nach der Reichstagswahl vom 5. März 1933 begannen an mehreren Orten gezielte gewalttätige Ausschreitungen seitens der SA gegen jüdische Anwälte, Ärzte und Geschäftsleute. Vielfach kam es auch schon zu Boykottaktionen gegen jüdische Geschäfte und Warenhäuser. In Berlin und anderswo haben die Gewaltsamkeiten auch mehrfach Juden das Leben gekostet, zahlreiche andere sind verhaftet worden. Darüber wurde in der ausländischen Presse ausführlich berichtet und wohl auch manches übertrieben, nicht zuletzt in anti-nationalsozialistischen Artikeln deutscher jüdischer Emigranten. Gegen solche Berichte wandte sich am 17. März 1933 der nationalsozialistische ›Völkische Beobachter‹ mit einem polemischen Artikel, der die Überschrift trug: »Der jüdische Krieg beginnt«. In den folgenden Wochen schaukelten sich die antijüdische Propaganda in der NS-Presse und die anti-nationalsozialistische Polemik mancher englischer und amerikanischer Blätter gegenseitig hoch.

Am 24. März 1933 erschien die englische Boulevardzeitung ›Daily Express‹ mit der Schlagzeile ›Judea declares War on Germany‹. Das Blatt brachte darunter aber lediglich Berichte über Proteste und Androhungen von Boykottmaßnahmen englischer und amerikanischer Juden als Gegenreaktion auf antijüdische Aktionen der Nationalsozialisten. Von nationalsozialistischer Seite wurden diese Schlagzeile und andere, weniger sensationelle Berichte aber gerne aufgegriffen zur Rechtfertigung der großangelegten Boykottaktion gegen die deutschen Juden am 1. April 1933. Der im ›Völkischen Beobachter‹ vom 27. März 1933 groß aufgemachte Bericht, 200 Autos mit der Aufschrift »Juda erklärt Deutschland den Krieg – Boykottiert deutsche Waren« seien durch London gefahren, wurde aber nirgends bestätigt und auch nicht durch Fotos belegt. Die Vertretung der in Großbritannien ansässigen Juden, der Jewish Board of Deputies, erklärte vielmehr (The Times vom 27. März 1933), er wolle sich nicht in innerdeutsche Angelegenheiten einmischen. Boykottmaßnahmen und Protestversammlungen seien »spontane Ausbrüche der Empörung« einzelner Personen, aber nicht vom Board organisiert.

Die antijüdischen Maßnahmen der nationalsozialisti-

schen Führung und die Ausgrenzung der Juden aus der
deutschen Gesellschaft steigerten sich bekanntlich in den
folgenden Jahren und gipfelten noch vor dem Krieg im
barbarischen Pogrom der »Reichskristallnacht« vom 8./9.
November 1938.

Angesichts dieser aller Welt offenbaren judenfeindlichen
Haltung des Hitler-Regimes ist es nicht verwunderlich, daß
der Präsident des Zionistischen Weltkongresses und Leiter
der Jewish Agency for Palestine, Dr. Chaim Weizmann, im
Hinblick auf den abzusehenden Krieg Ende August 1939
dem britischen Premierminister mitteilte, daß die Juden im
Konfliktfall an der Seite Großbritanniens und der anderen
Demokratien stehen würden. Weizmanns Brief an Neville
Chamberlain vom 29. August 1939 hat folgenden Wortlaut
(er wurde mit der Antwort Chamberlains am 6. September
1939 in der ›Times‹ veröffentlicht):

»Sehr geehrter Herr Premierminister,
In dieser Stunde der äußersten Krise drängt mich das Bewußtsein, daß die Juden zur Verteidigung der geheiligten
Werte einen Beitrag zu leisten haben, Ihnen diesen Brief
zu schreiben. Ich möchte auf das ausdrücklichste die Erklärung bekräftigen, die ich und meine Mitarbeiter während
der letzten Monate und besonders in der letzten Woche
abgegeben haben: daß die Juden bei Großbritannien stehen und an der Seite der Demokratien kämpfen werden.

Es ist unser dringender Wunsch, diesen Erklärungen
Wirkung zu geben. Wir möchten dies in einer Weise tun,
die ganz mit den britischen Aktionsplänen übereinstimmt
und uns deshalb, in kleinen wie in großen Dingen, unter
die koordinierende Führung der Regierung seiner Majestät
stellen. Die Jewish Agency ist bereit, sich an sofortigen
Vorbereitungen für die Nutzung jüdischer Arbeitskräfte,
technischer Fähigkeiten, Hilfsmittel usw. zu beteiligen.

Die Jewish Agency hat in letzter Zeit mit der Mandatsmacht im politischen Bereich Auseinandersetzungen gehabt. Wir würden es gerne sehen, wenn diese Meinungs-
verschiedenheiten zurücktreten könnten angesichts der
derzeitigen größeren und dringenderen Erfordernisse. Wir
möchten Sie bitten, diese Erklärung in dem Geiste anzunehmen, in dem sie gemacht wurde.

Ich bin, sehr geehrter Herr Premierminister,
Ihr ergebener Ch. W.«

Weizmann bekräftigte mit diesem Brief eine Erklärung, die der 25. Zionistenkongreß in Genf (16.–25. August 1939) verabschiedet hatte und die besagt, daß die zionistische Organisation ungeachtet aller Zerwürfnisse mit der britischen Regierung als Mandatsmacht über Palästina in diesen Krisenzeiten zu Großbritannien stehen und auf der Seite der Demokratien kämpfen werde. Seitens der Jewish Agency for Palestine wurde wenige Tage später, nachdem der Krieg von Hitler tatsächlich ausgelöst worden war und Großbritannien seinen Verpflichtungen gemäß in den Krieg eingetreten war, die Parole ausgegeben: »Dieser Krieg ist auch unser Krieg«.

Chaim Weizmann konnte in seinem Brief an Chamberlain natürlich nur im Namen der Organisation sprechen, die er vertrat. Die Zionistische Weltorganisation umfaßte im Jahre 1939 etwas über eine Million Juden (nur wenig mehr als 6 Prozent der gesamten jüdischen Bevölkerung auf der Welt) und nur einen Bruchteil der damals noch in Deutschland lebenden Glaubensjuden. Es ist also absurd zu behaupten, die Juden hätten Hitler 1939 den Krieg erklärt, wie dies seitens der nationalsozialistischen Propaganda und später von rechtsextremistischen Kreisen zur Rechtfertigung der Judenvernichtung im nationalsozialistischen Herrschaftsbereich geschehen ist. Eine »Kriegserklärung« kann auch nur die Regierung eines Staates abgeben und nicht eine privatrechtliche Organisation.

Im übrigen hatte Hitler selbst in einer Reichstagsrede am 30. Januar 1939 (also schon sieben Monate vor Beginn des Krieges) die Vernichtung der Juden Europas angekündigt. Er sagte wörtlich (Völkischer Beobachter, Münchner Ausgabe, 31. Januar 1939): »Und eines möchte ich an diesem vielleicht nicht nur für uns Deutsche denkwürdigen Tage nun aussprechen: Ich bin in meinem Leben sehr oft Prophet gewesen und wurde meistens ausgelacht. In der Zeit meines Kampfes um die Macht war es in erster Linie das jüdische Volk, das nur mit Gelächter meine Prophezeiungen hinnahm, ich würde einmal in Deutschland die Führung des Staates und damit des ganzen Volkes übernehmen und dann unter vielen anderen auch das jüdische Problem zur Lösung bringen. Ich glaube, daß dieses damalige schallende Gelächter dem Judentum in Deutschland unterdes wohl schon in der Kehle erstickt ist.

## Denn Europa kann nicht mehr zur Ruhe kommen, bevor nicht die jüdische Frage ausgeräumt ist

Es kann sehr wohl möglich sein, daß über diesem Problem früher oder später eine Einigung in Europa selbst zwischen solchen Nationen stattfindet, die sonst nicht so leicht den Weg zueinander finden würden. Die Welt hat Siedlungsraum genügend, es muß aber endgültig mit der Meinung gebrochen werden, als sei das jüdische Volk vom lieben Gott eben dazu bestimmt, in einem gewissen Prozentsatz Nutznießer am Körper und an der produktiven Arbeit anderer Völker zu sein.

Das Judentum wird sich genau so einer soliden aufbauenden Tätigkeit anpassen müssen, wie es andere Völker auch tun, oder es wird früher oder später einer Krise von unvorstellbarem Ausmaße erliegen.

Und eines möchte ich an diesem vielleicht nicht nur für uns Deutsche denkwürdigen Tage nun aussprechen: Ich bin in meinem Leben sehr oft Prophet gewesen und wurde meistens ausgelacht. In der Zeit meines Kampfes um die Macht war es in erster Linie das jüdische Volk, das nur mit Gelächter meine Prophezeiungen hinnahm, als ich erklärte, daß ich einmal in Deutschland die Führung des Staates und damit des ganzen Volkes übernehmen und dann unter vielen anderen auch das jüdische Problem zur Lösung bringen. Ich glaube, daß dieses damalige schallende Gelächter dem Judentum in Deutschland unterdessen wohl schon in der Kehle erstickt ist.

Ich will heute wieder ein Prophet sein: Wenn es dem internationalen Finanzjudentum in- und außerhalb Europas gelingen sollte, die Völker noch einmal in einen Weltkrieg zu stürzen, dann wird das Ergebnis nicht die Bolschewisierung der Erde und damit der Sieg des Judentums sein, sondern die Vernichtung der jüdischen Rasse in Europa.

Denn die Zeit der propagandistischen Wehrlosigkeit der nicht-jüdischen Völker ist zu Ende. Das nationalsozialistische Deutschland und das faschistische Italien besitzen jene Einrichtungen, die es gestatten, wenn notwendig, die Welt über das Wesen einer Frage aufzuklären, die vielen Völkern instinktiv bewußt und nur wissenschaftlich unklar ist. Augenblicklich mag das Judentum in gewissen Staaten eine Hetze betreiben unter dem Schutz einer dort in seinen Händen befindlichen Presse, des Films, der Rundfunkpropaganda, der Theater, der Literatur usw. Wenn es diesem Volke aber noch einmal ge-

lingen sollte, die Millionenmassen der Völker in einen für diese gänzlich sinnlosen und nur jüdischen Interessen dienenden Kampf zu hetzen, dann wird sich die Wirksamkeit einer Aufklärung äußern, die in Deutschland allein schon in wenigen Jahren das Judentum restlos erlegen ist.

Die Völker wollen nicht mehr auf den Schlachtfeldern sterben, damit diese wurzellose internationale Rasse an dem Geschäften des Krieges verdient und ihre alt-testamentarische Rachsucht befriedigt. Über die jüdische Parole „Proletarier aller Länder vereinigt euch", wird eine höhere Erkenntnis siegen, nämlich:

„Schaffende Angehörige aller Nationen, erkennt euren gemeinsamen Feind!"

Zu den Vorwürfen, die in den sogenannten Demokratien gegen Deutschland erhoben werden, gehört auch der, das nationalsozialistische Deutschland sei ein religionsfeindlicher Staat. Ich möchte dazu vor dem ganzen deutschen Volk folgende feierliche Erklärung abgeben:

1. In Deutschland ist niemand wegen seiner religiösen Einstellung bisher verfolgt worden, noch wird deshalb jemand verfolgt werden.

2. Der nationalsozialistische Staat hat seit dem 30. Januar 1933 an öffentlichen Steuererträgnissen durch seine Staatsorgane folgende Summen den beiden Kirchen zur Verfügung gestellt:

| | | |
|---|---|---|
| im Rechnungsjahr 1933: | 130 Millionen RM. |
| „ „ 1934: | 170 „ „ |
| „ „ 1935: | 250 „ „ |
| „ „ 1936: | 320 „ „ |
| „ „ 1937: | 400 „ „ |
| „ „ 1938: | 500 „ „ |

Dazu noch jährlich rund 85 Millionen Reichsmark aus Zuschüssen der Länder, und rund 7 Millionen Reichsmark aus Zuschüssen der Gemeinden und Gemeindeverbände.

Abgesehen davon sind die Kirchen der größte Grundeigentümer nach dem Staate. Der Wert ihres land- und forstwirtschaftlichen Besitzes übersteigt einen Betrag von rund 10 Milliarden Reichsmark. Die Einkünfte aus diesem Grundbesitz sind auf über 300 Millionen jährlich zu schätzen.

Dazu kommen noch die zahllosen Schenkungen, testamentarischen Übereignungen und vor allem die Ergebnisse ihrer Kirchensammlungen. Ebenso ist die Kirche im nationalsozialistischen Staat auf verschiedenen Gebieten steuerbegünstigt und besitzt für Schenkungen, Vermächtnisse usw. die Steuerfreiheit.

Es ist daher — gelinde gesagt — eine Unverschämtheit, wenn besonders ausländische Politiker sich unterstehen, von Religionsfeindlichkeit im Dritten Reich zu reden.

Auszug aus Hitlers Rede im Reichstag am 30. Januar 1939
Völkischer Beobachter, Münchner Ausgabe, vom 31. Januar 1939, S. 4

Ich will heute wieder ein Prophet sein: Wenn es dem internationalen Finanzjudentum in und außerhalb Europas gelingen sollte, die Völker noch einmal in einen Weltkrieg zu stürzen, dann wird das Ergebnis nicht die Bolschewisierung der Erde und damit der Sieg des Judentums sein, sondern die Vernichtung der jüdischen Rasse in Europa.«

Man kann also wohl eher sagen, Hitler habe den Juden den Krieg erklärt und nicht umgekehrt.

Hellmuth Auerbach

Literatur: Avraham Barkai, Vom Boykott zur »Entjudung«. Der wirtschaftliche Existenzkampf der Juden im Dritten Reich 1933–1943. Frankfurt a. M. 1987; Cristopher Sykes, Kreuzwege nach Israel. Die Vorgeschichte des jüdischen Staates. München 1967.

## Kriegsgefangenschaft

Am Ende des Zweiten Weltkrieges hatte die Sowjetunion 20 Millionen Opfer zu beklagen. 7 Millionen Zivilisten waren durch Hunger und Seuchen, durch die brutale Partisanenbekämpfung, als Opfer der nationalsozialistischen Rassenvernichtung, in deutscher Zwangsarbeit oder in den Kampfhandlungen umgekommen; etwa 10 Millionen Soldaten waren gefallen, von den rund 5,7 Millionen sowjetischen Kriegsgefangenen hatten nur 2,4 Millionen die deutsche Gefangenschaft überlebt.

Die meisten Deutschen – Zivilisten und Soldaten – wußten, was in der Sowjetunion, was mit den sowjetischen Kriegsgefangenen geschehen war und fürchteten die Rache der Sowjets. Bis zum letzten Kriegstag wurde daher fanatisch gegen die Rote Armee gekämpft. Wo es eben ging, setzte man sich nach Westen ab: Die Gefangennahme durch die Anglo-Amerikaner erschien den meisten Soldaten als glückliche Fügung, als Rettung vor dem sicheren Tod in sowjetischen Lagern. Ende Juni 1945 waren an der Westfront 7 614 794 »Kriegsgefangene und entwaffnetes Militärpersonal« eingebracht worden, von denen etwa die Hälfte- in amerikanischen Lagern gefangengehalten wurde. Insgesamt gerieten im Zweiten Weltkrieg 11 094 000 Wehrmachtsangehörige in Kriegsgefangenschaft. Über ihr Schicksal hat eine wissenschaftliche Kommission im Auftrag der Bundesregierung 17 Jahre lang Material zusammengetragen und in 22 Bänden veröffentlicht. Im Hinblick auf die Sowjetunion bestätigte die Untersuchung die Befürchtung der deutschen Soldaten: Von rund 3 155 000 Gefangenen kamen bis 1956 etwa 1 094 000 um; in manchen Sammellagern nach der Kapitulation lag die Sterbequote zwischen 25 und 90 Prozent. Demgegenüber schien sich die Hoffnung der deutschen Soldaten auf die amerikanische Kriegsgefangenschaft erfüllt zu haben. Der Sieg machte die Sieger zwar übermütig oder gleichgültig gegenüber den Besiegten, wie es im Bericht der Kommission heißt, aber »der Phase des Übermuts, der Willkür und der Gleichgültigkeit folgte die Phase der Rückbesinnung darauf, daß man ausgezogen war, um eine verbrecherische Ideologie zu vernichten, nicht aber die Menschen, die von ihr befallen waren«. Die Amerikaner waren auf die Massen deutscher Kriegsgefangener nicht vorbereitet; sie errichteten an Rhein und Nahe Massenlager, in denen in den ersten drei Monaten des Jahres 1945 nach amerikanischen Angaben 3 053, nach deutschen Angaben 4 537 Gefangene starben.

Dem stellte der kanadische Journalist James Bacque 1989 in seinem Buch ›Der geplante Tod. Deutsche Kriegsgefangene in amerikanischen und französischen Lagern 1945 bis 1946‹, die Zahl 1 Million gegenüber; er schrieb von einem der dunkelsten Kapitel amerikanischer Kriegsverbrechen, für das in erster Linie der erfolgreiche Oberkommandierende der westalliierten Streitkräfte im Zweiten Weltkrieg und spätere Präsident der Vereinigten Staaten, General Dwight D. Eisenhower, verantwortlich gewesen sein soll. Bacque gibt zu, daß die Aktenlage nicht so lückenlos ist, daß eine unbestreitbare Aussage möglich wäre.

Wenn er die zum Teil auch nur bruchstückhaft erhaltenen Daten aus einigen Lagern zur Gesamtzahl 1 Million hochrechnet und daraus ein gigantisches Kriegsverbrechen macht, so bedient er sich einer Methode, die seriöse Historiker niemals anwenden würden. Die von der Bundesregierung eingesetzte Kommission ist offensichtlich zu Ergebnissen gekommen, die so nicht stimmen. Ob dies eine politische Konzession gewesen ist, wie Bacque behauptet, ob den Amerikanern verziehen worden sei, »ohne daß sie auch nur angeklagt waren«, das bleibe dahingestellt. Seine Behauptung, daß die Amerikaner, und hier in erster Linie Eisenhower, 1 Million deutscher Kriegsgefangener bewußt in den Tod getrieben hätten, steht unbewiesen im Raum.

Auch ist es falsch und unverantwortlich, wenn er behauptet, es habe genügend Lebensmittel gegeben und auch die Möglichkeit, diese in den Lagern zu verteilen. Tatsache ist, daß es 1945 weltweit eine Nahrungsmittelknappheit gab und das Transportsystem in Europa weitgehend zerstört war. Schon am 14. Februar 1945 hat Eisenhower die alliierten Regierungen darauf hingewiesen, daß er für das Kriegsende eine schwere Lebensmittelknappheit in ganz Europa befürchte. Er befürchtete sogar eine Hungersnot – und er hatte keine Lebensmittelreserven, um die Deutschen, die »Displaced Persons« und die alliierte Zivilbevölkerung zu ernähren. Er bat »dringend« um sofortige Lebensmittellieferungen aus Großbritannien – und das zu einem Zeitpunkt, als in Großbritannien Lebensmittel noch rationiert waren.

Für viele – alte Kameraden und neue Linke – sind die absurden Hochrechnungen und Verdächtigungen des kanadischen Journalisten willkommen, sie nähren eine neue Legende.

Rolf Steininger

Literatur: Zur Geschichte der deutschen Kriegsgefangenen des Zweiten Weltkriegs. Hrsg. Erich Maschke, 22 Bde. München 1962–1974; Christian Streit, Keine Kameraden. Die Wehrmacht und die sowjetischen Kriegsgefangenen 1941–1945. Stuttgart 1978; Kriegsgefangenschaft. Berichte über das Leben in Gefangenenlagern der Alliierten. Hrsg. v. Wolfgang Benz u. Angelika Schardt, München 1991.

## Kriegsziele der Alliierten

Die Aggressions- und Vernichtungspolitik Hitlers führte seit dem deutschen Überfall auf Polen am 1. September 1939 zur Bildung einer historisch einmaligen Kriegskoalition gegen das Deutsche Reich. Nichts symbolisiert die entscheidende Funktion Hitlers beim Zustandekommen dieser Koalition deutlicher als sein Angriff auf die UdSSR am

22. Juni 1941 und die folgende Kriegserklärung an die USA vom 11. Dezember 1941. Beide Großmächte wurden so ohne formelle Bündnisverpflichtungen in eine gemeinsame Front gegen das Dritte Reich geführt. Hitler selbst legte damit durch den von ihm ausgelösten Kooperationszwang zweier derart verschiedener Kriegspartner den machtpolitischen und ideologischen Grundstein für die Teilung Deutschlands nach 1945.

Unter den schließlich 53 kriegführenden Staaten der »Anti-Hitler-Koalition« wurden die wesentlichen Entscheidungen über die künftige Behandlung Deutschlands im Mächtedreieck USA–UdSSR–Großbritannien getroffen, nachdem mit dem Abschluß des Hitler-Stalin-Paktes vom 23. August 1939 jegliche aktive deutsche Außenpolitik erloschen war. Hitler untersagte jeden realpolitischen Rettungsversuch, um diesen Koalitionsring etwa durch einen von Stalin mehrfach angebotenen Sonderfrieden im Stile des Arrangements von 1939 zu sprengen. »Nach dem Osten, und immer nur nach dem Osten« sollte durch drastische Gewaltpolitik die »germanische Expansion« verlaufen, und die Unterjochung der UdSSR blieb der Schlüssel für die hybriden Weltmachtpläne Hitlers, für die er im Falle eines Scheiterns sogar den Untergang des deutschen Volkes in Kauf nahm.

Mit dem unbedingten »Vernichtenwollen der UdSSR« und der systematischen Ermordung der jüdischen Bevölkerung in den besetzten Ländern Europas bewies Hitler, daß er diesen Krieg nicht nach pragmatischen, machtpolitischen oder taktischen Überlegungen führte, sondern wesentlich als einen rassistischen Ausrottungskrieg. Die Antwort der Alliierten war die »Deklaration von Moskau« vom 30. September 1943 mit der Forderung nach bedingungsloser Kapitulation Deutschlands, Italiens und Japans. Dieses Prinzip war von Roosevelt und Churchill bereits am 24. Januar 1943 in Casablanca verkündet worden. Sie bedeutete »nicht die Vernichtung der deutschen, italienischen und japanischen Bevölkerung, aber die Vernichtung derjenigen Weltanschauungen in diesen Ländern, die sich auf Eroberung und die Unterwerfung anderer Völker gründen«.

Um eine künftige militärische Bedrohung durch das deutsche Machtpotential definitiv auszuschließen, wurden von den »Großen Drei« Pläne vorangetrieben, Deutschland durch Gebietsabtretungen zu schwächen und das verbleibende deutsche Territorium dauerhaft in mehrere Einzelstaaten zu spalten. In ihrem Grundmuster zielten diese Planspiele zumeist auf die Schaffung selbständiger süddeutscher Staaten, eine konsequente Schwächung und Isolierung Preußens als dem vermeintlichen Hort des deutschen Militarismus sowie auf eine Verselbständigung bzw. internationale Kontrolle der Rheinlande und des Ruhrgebiets. Dieses alliierte Kriegsziel wurde unter dem Stichwort »Dismemberment of Germany« sowohl in bilateralen Gesprächen wie etwa zwischen Eden und Stalin im Dezember 1941 in Moskau als auch auf den Kriegskonferenzen der »Großen Drei« in Teheran und Jalta in verschiedenen territorialen Varianten debattiert, ohne daß letztlich ein Konsens über eine Aufteilung Deutschlands erzielt wurde. Ausschlaggebend hierfür waren wachsende moralische und ökonomische Zweifel vor allem bei den Angelsachsen, das Problem eines künftigen Machtgleichgewichts in Europa angesichts der bei Kriegsende zu erwartenden hegemonialen Stellung der UdSSR in Ost- und Mitteleuropa sowie für die UdSSR seit dem Frühjahr 1945 das Problem der deutschen Reparationen.

Die Forderung nach bedingungsloser Kapitulation bedeutete auch die vollständige militärische Besetzung Deutschlands und damit die Aufgliederung in zunächst drei Besatzungszonen. Die zur Erörterung der europäischen Nachkriegsprobleme gegründete »European Advisory Commission« (EAC) einigte sich am 15. Januar 1944 auf der Basis eines britischen Zonenvorschlages vom 8. November 1943. Gemäß Londoner Zonenprotokoll vom 12. September 1944 waren auch die deutschen Provinzen östlich von Oder und Lausitzer Neiße Teil der sowjetischen Besatzungszone, wurden von der UdSSR jedoch noch vor der Konferenz von Potsdam de facto dem neu formierten polnischen Staat beziehungsweise der UdSSR selbst eingegliedert. In Jalta stimmte Stalin im Februar 1945 der Bildung einer französischen Besatzungszone zu, und für Groß-Berlin wurde eine Vier-Sektoren-Besatzung beschlossen.

Das Reparationsproblem und damit ein entscheidendes Kriegsziel der UdSSR leitete seit Frühjahr 1945 den schleichenden Bruch der »Anti-Hitler-Koalition« ein. Auf der Potsdamer Konferenz vom 17. Juli bis zum 2. August 1945 einigten sich die »Großen Drei« nur noch formelhaft auf die Grundsätze der Demokratisierung, Entmilitarisierung, Entnazifizierung und Dezentralisierung Deutschlands, über die Höhe der in Sachwerten zu leistenden deutschen Reparationen (Stalin hatte schon in Jalta 20 Milliarden Dollar vorgeschlagen und die Hälfte für die UdSSR beansprucht) wurde kein Einverständnis erzielt. Durch das Londoner Vier-Mächte-Abkommen wurde ein internationales Militärtribunal organisiert, das in Nürnberg von November 1945 bis August 1946 die nationalsozialistischen Hauptkriegsverbrecher aburteilte. Vom einstigen Kriegsziel eines *dismemberment* blieb nur noch das Postulat der Dezentralisierung und damit die Herausbildung föderalistischer Binnenstrukturen in Deutschland im Kontrast zum zentralisierten NS-Staat. Das Konzept einer gemeinsamen »Demokratisierung« Deutschlands scheiterte am Gegensatz zwischen dem liberal-demokratischen, parlamentarischen Repräsentativsystem in den westlichen Besatzungszonen und einer kommunistisch gesteuerten scheindemokratischen »Blockpolitik« in der sowjetischen Besatzungszone.

Über das Ausmaß der industriellen Demontage konnte keine Einigung erzielt werden. Die sowjetischen Pläne verlangten eine Reduzierung der deutschen Schwerindustrie auf 20 Prozent ihres Bestandes. Die UdSSR vertrat in Potsdam aus elementarem Eigeninteresse das Prinzip der wirtschaftlichen Einheit Deutschlands, um auf diese Weise Reparationen auch aus den westlichen Besatzungszonen zu erhalten. Sie forderte in Potsdam eine besondere Vier-Mächte-Verwaltung für das Ruhrgebiet, scheiterte jedoch am amerikanischen Widerspruch. Das reparationspolitische Grundprinzip von Potsdam, wonach jede Besatzungsmacht ihre Reparationsansprüche im wesentlichen aus ihrer eigenen Zone befriedigen sollte, ließ das Prinzip der wirtschaftlichen Einheit sehr bald obsolet werden.

Schon während des Krieges hatten die Angelsachsen und die stalinistische UdSSR auf Grund ihrer völlig unterschiedlichen politischen Systeme und außenpolitischen Leitideen erhebliche Probleme, ihre Kriegsziele über die

von allen angestrebte Vernichtung der nationalsozialistischen Ideologie hinaus zu koordinieren. Nach Potsdam
zerbrach die von Hitler herbeigeführte Kriegskoalition
an den politischen und ökonomischen Gegensätzen in
der Frage der Behandlung Deutschlands und am beginnenden weltpolitischen Dualismus der USA und der
UdSSR. An die Stelle einer gemeinsamen Deutschlandpolitik trat die offene Konfrontation im Zeichen des
Kalten Krieges.

Wolfgang Ramonat

Literatur: John H. Backer, Die Entscheidung zur Teilung Deutschlands. Amerikanische Deutschlandpolitik 1943–1948. München
1981; Hermann Graml, Die Alliierten und die Teilung Deutschlands.
Konflikte und Entscheidungen 1941–1948. Frankfurt a.M. 1985;
Wolfgang Ramonat, Die Anti-Hitler-Koalition und die Teilung
Deutschlands 1939–1945. In: Deutschland-Archiv 21 (1988), Seite
1068–1083.

**Kriminalität im Dritten Reich**
Zu den hartnäckigsten Legenden um das Dritte Reich zählt
die Behauptung, in jenen Jahren habe es keine nennens-
werte Kriminalität gegeben: Frauen, so die gängige Rede,
hätten sich auch ohne Begleitung nachts unbesorgt auf die
Straße wagen können. Der Grund dafür wird im harten
Durchgreifen Hitlers gesehen. So erhöhte sich beispielsweise die Zahl der Delikte, für die auf Todesstrafe erkannt
werden konnte, zwischen 1932 und 1944 von drei auf 46.
Ein Blick in die amtliche Kriminalstatistik lehrt jedoch,
daß der Rückgang der Straftaten trotz der generellen, dra-
konischen Verschärfung des Strafrechts nicht so außerge-
wöhnlich war, wie es die damalige Propaganda und eine bis
heute weitverbreitete Meinung glauben machen wollten
bzw. wollen.
  Die Zahl der rechtskräftig verurteilten Personen, die in
der Weimarer Republik, von dem Krisenjahr 1923 mit
823 902 Fällen einmal abgesehen, zwischen 348 247 (1919)
und 696 668 (1924) schwankte, seit 1928 aber die 600 000-
Marke nicht mehr überschritt, ging nach der Machtübernahme der Nationalsozialisten tatsächlich zurück:

| Jahr | verurteilte Personen insgesamt | davon männlich | weiblich | davon Jugendliche (14 bis unter 18) |
|------|------|------|------|------|
| 1933 | 491142 | 432523 | 58619 | 15959 |
| 1934 | 385906 | 331130 | 54776 | 12303 |
| 1935 | 431426 | 369683 | 61743 | 17038 |
| 1936 | 385400 | 330046 | 55354 | 16872 |
| 1937 | 438493 | 370458 | 68035 | 24562 |
| 1938 | 335665 | 282510 | 53155 | 19302 |

Quelle: Kriminalstatistik des Statistischen Reichsamtes, zitiert nach Klönne, Jugendkriminalität, Seite 25.

Die Zahl der rechtskräftig abgeurteilten Straftaten sank also weder kontinuierlich noch, wie die Entwicklung einzelner Delikte zeigt, einheitlich:

| Delikte | rechtskräftig verurteilte Personen | | | | | |
|---------|------|------|------|------|------|------|
|  | 1931 | 1932 | 1933 | 1935 | 1937 | 1939 |
| Verbrechen und Vergehen wider die Sittlichkeit | 12879 | 13178 | 15059 | 16143 | 23069 | 19980 |
| u. a. Blutschande | 740 | 808 | 834 | 635 | 697 | 640 |
| Widernatürliche Unzucht | 665 | 801 | 853 | 2106 | 8271 | 7614 |
| Unzucht mit Pers. unter 14 J. | 3935 | 4155 | 5442 | 6185 | 6969 | 6285 |
| Notzucht | 542 | 532 | 576 | 586 | 613 | 642 |
| Mord und Totschlag | 502 | 653 | 674 | 478 | 410 | 336 |
| Fahrlässige Tötung | 1585 | 1496 | 1448 | 1675 | 2238 | 1940 |
| Kindesmord | 100 | 105 | 106 | 113 | 129 | 119 |
| Leichte, gefährliche und schwere Körperverletzung | 47983 | 43134 | 32826 | 29617 | 26977 | 17371 |
| einfacher Diebstahl | 77510 | 85315 | 76793 | 67870 | 64651 | 48252 |
| schwerer Diebstahl | 21845 | 27253 | 24806 | 14108 | 12123 | 10082 |

Quelle: Kriminalstatistik des Statistischen Reichsamtes, zitiert nach Klönne, Jugendkriminalität, Seite 29; Zahlen für Diebstahlsdelikte nach den Statistischen Jahrbüchern des Deutschen Reiches.

Seit 1939 stieg die Zahl einzelner Delikte – unter anderem Mord und Totschlag, Diebstahl, Raub und räuberische Erpressung – wieder an. Die offizielle Propaganda führte diese Entwicklung vor allem auf die inzwischen »eingetretenen Gebietserweiterungen« zurück. Die rückläufige Tendenz bei anderen Delikten war indessen nicht nur, wie es die offizielle Sprachregelung wollte, ein Beweis für die Richtigkeit nationalsozialistischer Verbrechensbekämpfung, sondern auch Ausdruck der wachsenden Bedeutung der Militär- und Sondergerichte, deren Urteile in der zivilen Kriminalstatistik nicht mehr enthalten waren. Auffallend ist schließlich, daß die Jugendkriminalität während des Krieges, aber auch schon vorher, trotz der besonderen »Fürsorge« der Nationalsozialisten für die Jugend zunahm.

Werner Bührer

Literatur: Jugendkriminalität und Jugendopposition im NS-Staat. Ein sozialgeschichtliches Dokument. Hrsg. und eingeleitet von Arno Klönne. Münster 1981; Bruno Blau, Die Kriminalität in Deutschland während des Zweiten Weltkrieges. In: Zeitschrift für die gesamte Strafrechtswissenschaft 64 (1952), Seite 32–81.

## Lachout-»Dokument«

Im November 1987 publizierte die in Österreich erscheinende neonazistische Zeitung ›Halt‹ ein angebliches »Dokument« eines »Militärpolizeilichen Dienstes« des »Alliierten Kommandos«, datiert 1. Oktober 1948. Das »Dokument« behauptet, »alliierte Untersuchungskommissionen« hätten »festgestellt«, daß in einer Reihe von Konzentrationslagern, darunter dem in Oberösterreich gelegenen Konzentrationslager Mauthausen, keine Ermordungen von Häftlingen durch Giftgas stattgefunden hätten. Für die »Richtigkeit« dieses »Dokuments« zeichnet ein »Emil Lachout, Leutnant«. Dieses »Dokument« erregte rasch ziemliches Aufsehen, es wurde von einer Reihe rechtsextremer und neonazistischer Zeitungen Österreichs und der Bundesrepublik Deutschland nachgedruckt. Der zu diesem Zeitpunkt unbekannte Lachout rückte mit einem Schlag in die erste Reihe der Kronzeugen der »Revisionisten« auf.

```
                                      ABSCHRIFT

Militärpolizeilicher Dienst        Wien, 1.10.1948
                                   10. Ausfertigung

        R u n d s c h r e i b e n        Nr.31/48

   1. Die Alliierten Untersuchungskommissionen haben bisher
      festgestellt, dass in folgenden Konzentrationslagern
      keine Menschen mit Giftgas getötet wurden:
      Bergen-Belsen, Buchenwald, Dachau, Flossenbürg, Gross-
      Rosen, Mauthausen und Nebenlager, Natzweiler, Neuen-
      gamme, Niederhagen(Wewelsburg), Ravensbrück, Sachsen-
      hausen, Stutthof, Theresienstadt.
      In diesen Fällen konnte nachgewiesen werden, dass Ge-
      ständnisse durch Folterungen erpresst wurden und Zeugen-
      aussagen falsch waren.
      Dies ist bei den KV-Erhebungen und Einvernahmen zu be-
      rücksichtigen.
      Ehemalige KZ-Häftlinge, welche bei Einvernahmen Angaben
      über die Ermordung von Menschen, insbesondere von Juden,
      mit Giftgas in diesen KZ machen, ist dieses Untersuchungs-
      ergebnis zur Kenntnis zu bringen. Sollten sie weiter auf
      ihre Aussagen bestehen, ist die Anzeige wegen falscher
      Zeugenaussage zu erstatten.

   2. Im RS 15/48 kann P. 1 gestrichen werden.

                          Der Leiter des MPD.:
                              Müller, Major

Für die Richtigkeit
  der Ausfertigung:
Lachout, Leutnant              L.S.

F.d.R.d.A.:
Republik Österreich    Ich bestätige hiemit, dass ich am 1.Oktober 1948
Wachkommando Wien      als Angehöriger des militärpolizeilichen Dienstes
  Kommando             beim Alliierten Militärkommando die Richtigkeit
                       der Rundschreiben-Ausfertigung gemäss § 18 Abs.4
                       AVG beglaubigt habe.

                       Wien, 2 7. Okt. 1987
```

Das Lachout-»Dokument«. Quelle: Dokumentationsarchiv des österreichischen Widerstandes, Wien

   Die Morde mittels Giftgas im Konzentrationslager Mauthausen und einigen anderen im »Dokument« genannten Lagern sind historisch und gerichtlich bewiesen. Abgesehen vom Inhalt des »Dokuments« zeigen auch zahlreiche formale Gründe, daß es sich um eine plumpe Fälschung handelt. Die genannten alliierten Stellen haben nicht existiert: das Alliierte Kontrollsystem in Österreich bestand aus einem Alliierten Rat, einem Exekutiv-Komitee und den von den alliierten Regierungen ernannten Stäben; die gesamte Organisation hieß »Alliierte Kommission für Österreich«; für die Verwaltung Wiens wurde eine »Alliierte Kommandantur (Kommendantura)« eingerichtet; die

Alliierten Missionen selbst führten kein militärisches Wachpersonal, ihr Schutz war von der österreichischen Polizei zu gewährleisten.

Weitere von Emil Lachout zum »Beweis« der Existenz eines »Militärpolizeilichen Dienstes« vorgelegte »Bestätigungen« haben sich aufgrund eingehender wissenschaftlicher und behördlicher Recherchen gleichfalls als gefälscht erwiesen. Als Amtssprachen der Alliierten waren Englisch, Französisch und Russisch zugelassen, deutsche Übersetzungen hatten keinen amtlichen Charakter. Das »Dokument« hingegen ist in deutscher Sprache abgefaßt. Ferner trägt es einen Langstempel: »Republik Österreich – Wachbataillon Wien – Kommando«. Österreich verfügte bis zum Abschluß des Staatsvertrages 1955 über keine eigenen Streitkräfte. Ein im Jahr 1945 beim Bundeskanzleramt eingerichtetes »Unterstaatssekretariat für Heerwesen« wurde im Dezember desselben Jahres auf Wunsch der Alliierten aufgelöst. Im Jahre 1948 bestand kein »Wachbataillon Wien«, auch nicht im Aufgabenbereich des Bundesministeriums für Inneres. Das »Dokument« weist keinen amtlichen Kopf mit Angabe der zuständigen Kommandantur auf, entgegen aller sonst üblichen Gepflogenheiten der alliierten Stellen. Auch der Begriff »alliierte Untersuchungskommissionen« existierte nicht in dieser Form. Die Vereinigten Staaten und Großbritannien riefen bereits während des Zweiten Weltkrieges gemeinsam mit anderen alliierten Staaten eine »Kriegsverbrechenskommission der Vereinten Nationen« ins Leben, die im Oktober 1943 erstmals in London zusammentrat. Diese Kommission bildete in der Folge den Ausgangspunkt für die Nürnberger Prozesse, bei denen auch die Menschentötungen durch Giftgas verhandelt wurden. Alliierte Behörden unterstanden nicht der österreichischen Rechtsordnung, trotzdem bestätigte Lachout angeblich das »Dokument« gemäß österreichischem Verwaltungsrecht – ein für eine alliierte Behörde juristisch unmöglicher Vorgang.

Lachout selbst konnte 1948 als 1928 Geborener noch nicht den Rang eines Leutnants innegehabt haben. Lachout war auch – wie Nachforschungen des zuständigen Bundesministeriums für Inneres ergaben – niemals Mitglied der österreichischen Exekutive (Polizei, Gendarmerie, B-Gendarmerie).

Da der behauptete »Militärpolizeiliche Dienst« nie bestanden hat, mußte Lachout bisher einen Beweis für dessen Existenz schuldig bleiben.

Brigitte Bailer-Galanda

Literatur: Dokumentationsarchiv des österreichischen Widerstandes (Hrsg.), Das Lachout-»Dokument«. Anatomie einer Fälschung. Wien 1989; Eugen Kogon, Hermann Langbein, Adalbert Rückerl u. a. (Hrsg.), Nationalsozialistische Massentötungen durch Giftgas. Eine Dokumentation. Frankfurt a. M. 1983.

## Lampenschirme aus Menschenhaut

»Im Herbst 1940 war SS-Hauptsturmführer Müller in der Pathologischen Abteilung tätig. Müller gab die Anregung, Tätowierungen von Körpern verstorbener oder getöteter Häftlinge abzulösen, die Haut zu gerben und Lampenschirme aus dieser Haut herzustellen. Er berief sich bei Übermittlung dieses Auftrages an mich auf einen Befehl aus Berlin. Wiederholt wurden Hunderte von Stücken tätowierter Haut auf die verschiedenste Art gegerbt und an den Chef des Amtes D III des Wirtschafts- und Verwaltungsapparates [der SS] in Berlin, den Standartenführer Lolling, übersandt. Lolling war bis Ende des Krieges leitender Arzt aller Konzentrationslager Deutschlands.« Aus einem Fernschreiben Lollings an den SS-Standort-Arzt in Weimar-Buchenwald vom 17. 4. 1944 geht hervor, daß dort zu diesem Zeitpunkt »142 Stück Tätowierungen« lagen.

Die oben zitierte Aussage des österreichischen Häftlings Gustav Wegerer in Buchenwald vom 23. April 1945 wird von anderer Seite mehrfach bestätigt. So zum Beispiel durch den französischen Mediziner Alfred Balachowsky, ebenfalls Buchenwald-Häftling, der am 29. Januar 1946 im Nürnberger Hauptkriegsverbrecherprozeß als Zeuge auftrat:

»M. Dubost: Gab es viele tätowierte Menschenhäute in Block 2?
Balachowsky: Es gab stets tätowierte Menschenhäute in Block 2. Ich weiß nicht, ob es viele waren, weil ständig Häute hereinkamen und wieder weitergegeben wurden; es gab nicht nur tätowierte, sondern auch einfach gegerbte Häute, die nicht tätowiert waren.

M. Dubost: Man hat also Menschen gehäutet?
Balachowsky: Man hat die Haut abgezogen und dann gegerbt. . . . . Ich sah SS-Männer aus Block 2, dem ›Pathologischen Block‹, mit gegerbten Häuten unter dem Arm herauskommen. Ich weiß von Kameraden, die in Block 2 arbeiteten, daß dort Bestellungen auf Häute eingegangen sind, und daß diese gegerbten Häute einigen Wachposten und Besuchern geschenkt wurden, die sie zum Einbinden von Büchern benutzten. . . als die Amerikaner das Lager befreiten, haben sie am 11. April 1945 im Block 2 noch tätowierte und gegerbte Häute gefunden.«

Die Amerikaner fanden auch einen Lampenschirm aus gegerbter tätowierter Menschenhaut, der aus der Wohnung des ehemaligen Kommandanten des Konzentrationslagers Buchenwald, Karl Koch, stammen soll. In der amerikanischen und deutschen Presse wurde berichtet, die Frau des Kommandanten, Ilse Koch, die ihres Auftretens wegen von den Häftlingen die »Bestie von Buchenwald« genannt wurde, habe die Tätowierten ausgesucht und deren Haut gerben lassen. Dies ist jedoch in Prozessen gegen Ilse Koch nicht bewiesen worden. Laut Bericht eines Häftlings sind auch in Auschwitz 1940/41 tätowierte Hautstücke von Häftlingen gesammelt worden.

Einige Stücke gegerbter tätowierter Menschenhaut werden im Museum der Nationalen Mahn- und Gedenkstätte Buchenwald bei Weimar gezeigt, andere sollen sich in den National Archives in Washington, USA, befinden.

Hellmuth Auerbach

Literatur: Internationales Buchenwald-Komitee (Hrsg.), Buchenwald. Mahnung und Verpflichtung. Dokumente und Berichte. Frankfurt a. M. 1960 (Lolling-FS, Abb. 37, Zitat Wegerer, S. 158); Der Prozeß gegen die Hauptkriegsverbrecher vor dem Internationalen Militärgerichtshof. Nürnberg 1947, Band VI (Zitat S. 347f.); Arthur L. Smith jr., Die »Hexe von Buchenwald«. Der Fall Ilse Koch. Köln 1983.

## Landesverrat und Widerstand

Der Widerstand gegen den Nationalsozialismus wird in rechtsextremistischer Deutung nur scheinbar differenziert bewertet: In der Regel wird Claus Schenk Graf von Stauffenberg, der in den fünfziger und sechziger Jahren mit seinen Mitverschwörern als »Verräter« und »Eidbrüchiger« charakterisiert worden war, heute als glühender Nationalist gewürdigt, dessen letztes Vermächtnis gelautet habe: »Es lebe das heilige Deutschland!« Sein Ziel sei die Bewahrung des großdeutschen Nationalstaates und der Schutz Deutschlands vor dem Bolschewismus gewesen. Andererseits finden sich immer wieder Hinweise auf die angeblich verhängnisvollen Auswirkungen des Widerstands auf die militärische Lage. Dabei richten sich Vorwürfe nicht nur gegen Spione wie Richard Sorge, sondern vor allem gegen die Mitglieder der Widerstandsorganisation Harnack/Schulze-Boysen (»Rote Kapelle«) und das »Nationalkomitee Freies Deutschland«, dessen Mitglieder aus russischer Kriegsgefangenschaft zum Sturz Hitlers und zum Rückzug der deutschen Wehrmacht aufriefen.

Der Verratsvorwurf richtete sich weiterhin gegen Angehörige des deutschen Exils, vor allem, wenn sie aktiv als Soldaten gegen die deutsche Wehrmacht gekämpft hatten oder als Angehörige der alliierten Besatzungstruppen – in welcher Funktion auch immer – nach Deutschland zurückgekehrt waren. Insofern wurden Politiker wie Herbert Wehner oder Willy Brandt massiv als Verräter verunglimpft. Der Verratsvorwurf richtete sich weiterhin gegen Mitglieder der Widerstandsgruppe, die sich im Sommer 1943 an der Ostfront um Henning von Tresckow gebildet hatte. Bereits die Nationalsozialisten versuchten den Zusammenbruch der Heeresgruppe Mitte im Sommer 1944 dem militärischen Widerstand anzulasten und konnten durch ihre Propaganda bis weit in die fünfziger Jahre das Bild der Deutschen prägen.

Besonders der ehemalige Major Ernst Remer, der maßgeblich zum Scheitern des Umsturzversuches vom 20. Juli 1944 durch die Verhaftung des damaligen Berliner Stadtkommandanten von Hase beigetragen hatte, diffamierte in den fünfziger Jahren den Widerstand und wurde deshalb von dem damaligen Braunschweiger Generalstaatsanwalt Fritz Bauer angeklagt. Bauer ging es vor allem um die Zurückweisung des Verratsvorwurfs. Deshalb betonte er mehrfach, daß Hitler sein Volk verraten habe und deshalb keinen Anspruch auf Gehorsam gehabt hätte: »Ein verratenes Volk kann man nicht verraten.« In der Folgezeit wurde zumindest der Widerstand im Umkreis des 20. Juli 1944 anerkannt und seit 1956 auch in die Traditionsbildung der Bundeswehr integriert. Innere Vorbehalte richteten sich hingegen, vor allem auch im Zuge der deutsch-deutschen Spaltung, des Aufbaus der NVA und des Verbotes der KPD durch das Bundesverfassungsgericht, gegen kommunistische Widerstandsgruppen, zumal diese in der DDR zunehmend als Vertreter eines besseren »antifaschistischen« Deutschland bezeichnet und gewürdigt wurden. Sie wurden in rechtsextremistischen Äußerungen als Verräter bezeichnet, die Deutschland der Herrschaft Stalins hätten ausliefern wollen und deshalb keinen Anspruch auf eine positive Würdigung hätten. Diese Deutung kam lange Zeit einer breiten antikommunistischen Stimmung entgegen. Dabei überschnitt sich die Argumentation mit derjenigen rechtskonservativer Kreise, die allein im angeblich demokratisch-antitotalitären Widerstand einen positiven Bezugspunkt historisch-politischer Bildung und geschichtspolitisch erwünschter Erinnerung erblicken.

Der rechtsextremistischen Deutung des Widerstands als Landesverrat, überdies in gleichsam letzter Minute von Offizieren begangen, die angeblich vor allem ihre eigene Stellung und Haut zu retten versucht hätten, kam die landläufige Meinung der Deutschen in den fünfziger Jahren entgegen, soweit sie sich an den Stammtischen artikulierte. Offiziere, die wie Hans Oster gegnerische Regierungen über bevorstehende Angriffe informiert oder versucht hatten, die Alliierten über die Ziele der deutschen »Opposition« zu informieren, galten als »Landesverräter«, die in Übereinstimmung mit dem Recht ermordet worden seien. Im Widerstand wurde, so scheint es, zunächst weniger eine Alternative zur Anpassung an das NS-Regime und zur bedingungslosen Folgebereitschaft deutlich, als eine Verletzung der eidbedingten geradezu vorbehaltlosen Treue zu der von den Nationalsozialisten beschworenen »Volksgemeinschaft«, die vielfach als innere Rechtfertigung des Dritten Reiches gelten sollte.

Erst im Zusammenhang mit den Strafverfahren gegen NS-Gewalttäter in den fünfziger Jahren wurde zunehmend der verbrecherische Charakter des Regimes öffentlich anerkannt und konsequent im Sinne einer politisch moralischen Rechtfertigung jeglicher Auflehnung gegen Hitlers

Herrschaft gedeutet. Dies hatte entscheidende Folgen für das öffentlich verbreitete und auch gepflegte Widerstandsbild, denn die Würdigung des Widerstands hing nicht mehr von der unterstellten Übereinstimmung mit der Ordnung des Grundgesetzes als Ausdruck einer weiterhin antibolschewistisch-antitotalitär gedeuteten Verfassungsordnung ab, sondern zunehmend von der im Alltag bewiesenen Fähigkeit der Regimegegner, sich den Zumutungen des verbrecherischen Regimes zu widersetzen. Während in der rechtsextremistischen Deutung des Widerstands die angebliche Fixierung auf den Nationalstaat bezogen wurde, blieb die wachsende Bereitschaft zur Kooperation über die Grenzen politischer Lager und die Zurückdrängung konservativ-monarchistischer Motivationen weitgehend unbeachtet. Heute dient die Anerkennung angeblich nationaler Spektren und Ziele des militärischen Widerstands vor allem dazu, pluralistische, sozialistische oder kommunistische Widerstandsgruppierungen zu diffamieren. Zunehmend werden sie in die Kontinuität der DDR gerückt, womit aber lediglich die Geschichtspropaganda des SED-Regimes übernommen wird.

Unbestritten ist heute, daß der Widerstand gegen das NS-Regime vergleichsweise wirkungslos war und deshalb keinen entscheidenden Einfluß auf die deutsche Geschichte nach 1933 nehmen konnte. Die politischen Regimegegner aus KPD, SPD, Gewerkschaften und Kirchen wurden in den dreißiger Jahren weitgehend ausgeschaltet und hatten niemals die Möglichkeit, aus dem inneren Kern der Macht einen Umsturz zu wagen. Sie konnten nur durch ihre Existenz zum Aufbau eines zahlenmäßig großen Polizei- und Verfolgungsapparates beitragen und so vielleicht indirekt das Regime durch die Bindung von Kräften belasten bzw. schwächen. Die Angehörigen des bürgerlichen und militärischen Widerstands verstanden sich zunächst vielfach als Kräfte, die versuchten, Irrwege des Regimes zu korrigieren (»Denkschriften- oder Militäropposition«) – deshalb entwickelte sich ihr Widerstand nicht selten aus Formen einer partiellen Kooperation. Manche Regimegegner waren so Teil des NS-Systems und sogar mitverantwortlich für seine Stabilität – dies gilt vor allem für hohe Offiziere, die niemals versuchten, angeblich kriegsnotwendige Maßnahmen zu sabotieren. Nicht einmal der Völkermord an den Juden veranlaßte sie zum entschiedenen Handeln. Die politisch-moralische Rechtfertigung ihres Umsturzversuches leiteten sie nicht zuletzt aus ihrer Verpflichtung ab, die geopolitische Substanz des Reiches zu retten und die Voraussetzung für eine deutsche Mitwirkung an der Gestaltung einer Nachkriegsordnung zu schaffen. Sie beanspruchten so, die politische Handlungsfähigkeit des Deutschen Reiches zu sichern – als »Landesverrat« deuteten sie ihr Handeln zu keiner Zeit, sondern eher als »Hochverrat«, mit der Konsequenz, daß sie nach ihrem Scheitern die Verantwortung für ihr Tun weitgehend ohne Bedauern auf sich nahmen. Sie mußten erkennen, daß es ihnen mit ihren Mitteln nicht gelungen war, das Regime entscheidend zu schwächen. Weder gelang es dem politischen Widerstand nach 1933, eine kritische Haltung der Bevölkerung gegenüber dem Regime zu begründen oder die europäischen Mächte zu einer selbstbewußten außenpolitischen Haltung gegen Hitlers Pläne zu bewegen, noch konnte die Opposition die Planung des Krieges und die Durchführung der Kriegsoperationen behindern. Sabotage der Rüstungsproduktion oder Gefährdung der Transportverbindungen waren kein Mittel wirksamen Widerstandes. Sogar die Vorschriften des Regimes zur Unterdrückung von Informationen wurden weitgehend befolgt. Deshalb ist die im Begriffspaar »Landesverrat und Widerstand« implizit angelegte Unterstellung, der Widerstand habe Verantwortung für die militärische Niederlage und die Ausweitung der Herrschaft Stalins zu übernehmen, eine geschichtspropagandistische Legende, die vor allem dazu dienen soll, im NS-Staat ein antibolschewistisches Bollwerk zu sehen, welches das »Abendland« vor »sowjetischen Horden« zu schützen hatte.

Peter Steinbach

Literatur: Hermann Graml (Hrsg.), Widerstand im Dritten Reich. Probleme, Ereignisse, Gestalten. Frankfurt a. M. 1984; Klaus-Jürgen Müller (Hrsg.), Der deutsche Widerstand 1933–1945. Paderborn 1986; Hans Rothfels, Deutsche Opposition gegen Hitler. Eine Würdigung. Eingel. v. H. Graml, Frankfurt a. M. 1986; Jürgen Schmädeke, Peter Steinbach (Hrsg.), Der Widerstand gegen den Nationalsozialismus. Die deutsche Gesellschaft und der Widerstand gegen Hitler. München 1986.

**Langemarck**

Am 11. November 1914 berichtete die Oberste Heeresleitung: »Westlich Langemarck brachen junge Regimente unter dem Gesang ›Deutschland, Deutschland, über alles‹ gegen die erste Linie der feindlichen Stellungen vor und nahmen sie.« Selten hat eine amtliche Verlautbarung ein so großes Echo gefunden wie diese – fortan wurde, wo deutsche Soldaten zusammenkamen, der »Geist von Langemarck« beschworen. In den 20er Jahren nahmen sich die studentischen Verbindungen dieses Mythos an; es gab einen eigenen »Langemarck-Ausschuß Hochschule und Heer«. 1932 wurde in Langemarck ein »Studentenfriedhof« eingeweiht. »Schon heute ist Langemarck zum Wallfahrtsort der deutschen Jugend geworden«, schrieb 1934 der ›Völkische Beobachter‹. Die HJ organisierte alljährlich im November Langemarck-Feiern, und noch die Neonazis der Bundesrepublik haben in den 70er Jahren an den Gräbern von Langemarck Kundgebungen abgehalten.

Langemarck ist ein Ort in Flandern; was hat es – historisch betrachtet – mit diesem Ort auf sich?

Im September 1914, gleich zu Beginn des Ersten Weltkriegs, war klar, daß der Schlieffenplan gescheitert war. Ein französischer Gegenangriff drängte die deutschen Armeen zurück. Die Oberste Heeresleitung glaubte im Herbst 1914 eine Schwachstelle in den feindlichen Linien zu erkennen, wo eine Armee durchstoßen könnte, und zwar in Flandern. Hier sollten deutsche Einheiten zügig vorstoßen, die französischen Kanalhäfen besetzen und die alliierten Armeen in der Flanke umfassen. Es fehlte allerdings an gut ausgebildeten Soldaten, der Obersten Heeresleitung standen nur einige neue Armeekorps zur Verfügung. Sie bestanden zum Großteil aus nicht oder schlecht ausgebildeten Freiwilligen; die Studenten waren in der Minderzahl (wie das Deutsche Reich 1914 überhaupt außerordentlich wenige Studenten hatte).

Am 20. Oktober 1914 begann die Flandern-Schlacht. Die deutschen Truppen waren zahlenmäßig überlegen, aber schlecht ausgebildet und geführt. Ein erster Angriff auf das Dorf Langemarck scheiterte. Ströme von Blut wurden sinnlos vergossen – kein Durchbruch wurde erzielt. »Unter den Mannschaften erweckte der Sturmbefehl nicht die geringste Begeisterung«, heißt es in der Geschichte eines Reserve-Infanterie-Regiments, das in Langemarck dabei war. »Es war keine Hurrastimmung, mit der die Männer . . . in den Tod gingen.« – »Eine dunkle Menschenwoge wallt zum Feind herüber«, heißt es in einem anderen privaten Bericht: »So schnell es geht, der Lehm klebt in dicken Klumpen an den Stiefeln. Wenn man nur schneller laufen könnte. Man ›watet‹ gegen den Feind.« Unter fürchterlichen Verlusten blieb der deutsche Angriff stecken. »Sturm ausgeführt, I. Bat. erledigt bis auf den Regimentskommandeur, Adjutant und ein paar Mann«, meldete ein Oberst vom legendären Infanterie-Regiment 205.

Ob deutsche Soldaten, im November 1914, tatsächlich mit dem Deutschland-Lied auf den Lippen durch den Morast »gestürmt« sind, ist fraglich. Gefallen sind viele, erfolgreich waren sie nicht; ihr Tod war vergebens. Mit Langemarck, mit dem Mythos von Langemarck, hat man später junge Menschen dazu überredet, sich für ein sinnloses Unterfangen zu opfern, ja ihr Leben dafür hinzugeben.

Manfred Vasold

## »Lebensborn«

Der Verein »Lebensborn e. V.« wurde im Dezember 1935 vom »Reichsführer-SS« Heinrich Himmler aus rassischen und bevölkerungspolitischen Erwägungen gegründet. Die Hauptmotive waren die Förderung der »nordischen« Rasse, der Kampf gegen die Abtreibung und die Schaffung von Nachwuchs zur Stärkung der Wehrkraft. Der Verein unterstand sachlich dem »Rasse- und Siedlungs-Hauptamt«, verwaltungsmäßig ab 1938 dem »Wirtschafts- und Verwaltungs-Hauptamt« der SS. Laut Satzung vom 10. Februar 1938 hatte der Verein »den Kinderreichtum in der SS zu unterstützen, jede Mutter guten Blutes zu schützen und zu betreuen und für hilfsbedürftige Mütter und Kinder guten Blutes zu sorgen« (wobei mit »gutem Blut« Rasereinheit im nationalsozialistischen Sinne gemeint war). Aufrufe des »Reichsführers-SS« an alle SS-Führer (1936) und an die gesamte SS und Polizei (1939) zur Unterstützung des »Lebensborn e. V.« und zur Zeugung zahlreicher Nachkommenschaft (mindestens 4-Kinder-Ehe) betonten besonders die Unterstützung noch nicht verheirateter Mütter und pro-

Der Reichsführer ## und
Chef der Deutschen Polizei
im Reichsministerium des Innern

Berlin, den 28. Oktober 1939

# ##-Befehl
## für die gesamte ## und Polizei

Jeder Krieg ist ein Aderlaß des besten Blutes. Mancher Sieg der Waffen war für ein Volk zugleich eine vernichtende Niederlage seiner Lebenskraft und seines Blutes. Hierbei ist der leider notwendige Tod der besten Männer, so betrauernswert er ist, noch nicht das Schlimmste. Viel schlimmer ist das Fehlen der während des Krieges von den Lebenden und der nach dem Krieg von den Toten nicht gezeugten Kinder.

Die alte Weisheit, daß nur der ruhig sterben kann, der Söhne und Kinder hat, muß in diesem Kriege gerade für die Schutzstaffel wieder zur Wahrheit werden. Ruhig kann der sterben, der weiß, daß seine Sippe, daß all das, was seine Ahnen und er selbst gewollt und erstrebt haben, in den Kindern seine Fortsetzung findet. Das größte Geschenk für die Witwe eines Gefallenen ist immer das Kind des Mannes, den sie geliebt hat.

Über die Grenzen vielleicht sonst notwendiger bürgerlicher Gesetze und Gewohnheiten hinaus wird es auch außerhalb der Ehe für deutsche Frauen und Mädel guten Blutes eine hohe Aufgabe sein können, nicht aus Leichtsinn, sondern in tiefstem sittlichem Ernst Mütter der Kinder ins Feld ziehender Soldaten zu werden, von denen das Schicksal allein weiß, ob sie heimkehren oder für Deutschland fallen.

Auch für die Männer und Frauen, deren Platz durch den Befehl des Staates in der Heimat ist, gilt gerade in dieser Zeit die heilige Verpflichtung, wiederum Väter und Mütter von Kindern zu werden.

Niemals wollen wir vergessen, daß der Sieg des Schwertes und das vergossene Blut unserer Soldaten ohne Sinn wären, wenn nicht der Sieg des Kindes und das Besiedeln des neuen Bodens folgen würden.

Im vergangenen Krieg hat mancher Soldat aus Verantwortungsbewußtsein, um seine Frau, wenn sie wieder ein Kind mehr hatte, nicht nach seinem Tode in Sorgen und Not zurücklassen zu müssen, sich entschlossen, während des Krieges keine weiteren Kinder zu erzeugen. Diese Bedenken und Besorgnisse braucht Ihr ##-Männer nicht zu haben; sie sind durch folgende Regelung beseitigt:

1. Für alle ehelichen und unehelichen Kinder guten Blutes, deren Väter im Kriege gefallen sind, übernehmen besonders, von mir persönlich Beauftragte im Namen des Reichsführers ## die Vormundschaft. Wir stellen uns zu diesen Müttern und werden menschlich die Erziehung und materiell die Sorge für das Großwerden dieser Kinder bis zu ihrer Volljährigkeit übernehmen, so daß keine Mutter und Witwe aus Not Kümmernisse haben muß.

2. Für alle während des Krieges erzeugten Kinder ehelicher und unehelicher Art wird die Schutzstaffel während des Krieges für die werdenden Mütter und für die Kinder, wenn Not oder Bedrängnis vorhanden ist, sorgen. Nach dem Kriege wird die Schutzstaffel, wenn die Väter zurückkehren, auf begründeten Antrag des einzelnen wirtschaftlich zusätzliche Hilfe in großzügiger Form gewähren.

### ##-Männer
und Ihr Mütter dieser von Deutschland erhofften Kinder

zeigt, daß Ihr im Glauben an den Führer und im Willen zum ewigen Leben unseres Blutes und Volkes ebenso tapfer, wie Ihr für Deutschland zu kämpfen und zu sterben versteht, das Leben für Deutschland weiterzugeben willens seid!

Der Reichsführer ##

H. Himmler.

Quelle: Institut für Zeitgeschichte München

pagierten ziemlich offen die Zeugung von Kindern auch außerhalb der Ehe.

Für alle hauptamtlichen SS-Führer war die Mitgliedschaft im Verein »Lebensborn« Pflicht, die Beiträge waren im umgekehrten Verhältnis zur eigenen Kinderzahl gestaffelt.

Der »Lebensborn e. V.« unterhielt eigene Entbindungsheime (im Dezember 1939 waren es sieben, im März 1943 neun im »Großdeutschen Reich« und vier in den besetzten Gebieten), in die nach einer vorausgegangenen erbbiologischen Untersuchung durch SS-Ärzte alle Frauen und Bräute von SS- und Polizei-Angehörigen, aber auch andere Frauen, die den Auslesebedingungen der SS entsprachen und gezwungen waren, ihre Schwangerschaft geheimzuhalten, aufgenommen wurden. Um eine solche Geheimhaltung auf Wunsch zu gewährleisten, wurden in den Heimen des »Lebensborn« eigene Standesämter und eigene polizeiliche Meldeämter eingerichtet. Insgesamt wurden in den »Lebensborn«-Heimen rund 8000 Kinder geboren (davon rund 60 Prozent unehelich).

Zum weiteren Schicksal der Kinder heißt es in einem Rechenschaftsbericht aus den ersten Jahren: »›Lebensborn‹ selbst wird Vormund aller in seinen Heimen geborenen unehelichen Kinder und sorgt dafür, daß diese Kinder auch nach der Entlassung aus dem Heim in beste Pflege kommen. Können die Mütter ihre Kinder nicht mitnehmen, so verbleiben sie für das erste Lebensjahr in unseren Heimen. Kann die Mutter nicht heiraten und das Kind zu sich nehmen, so werden diese Kinder in kinderlose oder kinderarme SS-Führerfamilien zur Pflege gegeben. . .«

Nach anderen Zeugnissen sind in den späteren Kriegsjahren viele Kinder länger in den Heimen verblieben oder in eigenen Kinderheimen des »Lebensborn e. V.« aufgezogen worden. Seit 1941 übernahm der »Lebensborn e. V.« auch mehrere hundert den Eltern entzogene oder verwaiste »rassisch wertvolle« Kinder aus der Bevölkerung der besetzten Gebiete in seine Kinderheime zur zwangsweisen »Eindeutschung«. Wegen dieser Beteiligung an Kindsraub standen führende Funktionäre des »Lebensborn e. V.« in einem der Nürnberger Prozesse unter Anklage.

Was Gerüchte aus dem Dritten Reich über den »Lebensborn« und die nationalsozialistische Geburtenpolitik hinsichtlich einer »gelenkten Fortpflanzung« verbreiteten, ist nie über erste Ansätze einer Realisierung hinausgekommen, hat sich nie zu einer organisierten Menschenzüchtung verdichtet, wie das bis heute behauptet wird. Gegen Gerüchte, der »Lebensborn e. V.« unterhalte »Begattungsheime«, wurde auf Anordnung Himmlers scharf vorgegangen. Für die Zeit nach dem Kriege war aber das Ziel ernsthaft ins Auge gefaßt, eine systematische Höherzüchtung des deutschen Volkes zu erreichen, um das macht- und rassenpolitische Programm einer von der »germanischen Rasse« beherrschten Welt zu verwirklichen.

Hellmuth Auerbach

Literatur: Georg Lilienthal, Der »Lebensborn e. V.« Ein Instrument nationalsozialistischer Rassenpolitik. Stuttgart 1985.

## Leuchter-Report

Seit 1989 wird seitens der »Revisionisten« oder besser »Negationisten«, die den systematischen Judenmord während der nationalsozialistischen Herrschaft leugnen, unter verschiedener Bezeichnung international eine Schrift verbreitet, in der ein amerikanischer Ingenieur, Fred A. Leuchter, zu beweisen sucht, daß die massenhafte Vergasung von Juden in den Vernichtungslagern schon aus technischen Gründen nicht möglich gewesen sei. Leuchter ist Spezialist für Hinrichtungsanlagen mittels Gas in amerikanischen Gefängnissen. Er wurde von seinen negationistischen Auftraggebern nach Auschwitz geschickt, um an den Ruinen der Gaskammern Untersuchungen vorzunehmen. Er nahm dort ohne Genehmigung Gesteinsproben aus den Mauerresten, ließ sie in den USA analysieren und feststellen, daß sie in den meisten Fällen keine oder nur sehr geringe Spuren von Blausäure enthielten – was kein Wunder ist, denn die Ruinen sind seit über 40 Jahren Wind und Wetter ausgesetzt. Stärkere Niederschläge von Blausäure fand er nur in den Resten von Gebäuden, die als Desinfektionsräume gedient hatten. Das wurde als Beweis angesehen, daß in Auschwitz das Blausäurepräparat Zyklon B nur zum Zweck der Desinfektion und Entlausung benutzt worden sei, aber nicht zur Tötung von Menschen. Leuchter berücksichtigt aber nicht, daß Zyklon B beim Menschen schon in geringer Dosis sehr schnell tödlich wirkt, eine Laus beispielsweise aber auch bei einer weit höheren Menge erst nach zwei Stunden tot ist. In den mit Menschen vollgestopften Vergasungsräumen, die zudem kräftige Entlüftungsanlagen hatten (was Leuchter negiert), konnte sich weniger Blausäure an den Wänden niederschlagen als in den Desinfektionsräumen.

Leuchter geht bei seiner Beurteilung von den Verhältnissen in amerikanischen Gefängnissen aus, wo unter großen Vorsichtsmaßnahmen und »humanen« Kriterien in einer Gaskammer maximal zwei Personen getötet werden und normalerweise in einem Krematoriumsofen drei Verbrennungen pro Tag stattfinden. Daß die SS in Auschwitz weniger rücksichtsvoll vorging und die Kapazitäten der Krematorien und Gaskammern voll ausnützte, übersieht er. Auch seine Berechnungen über Größe und Fassungsvermögen der Gaskammern sind falsch. Leuchter versucht in seinem Bericht das nachzuweisen, was seine Geldgeber von ihm wollten. Seine »Expertise« ist aber keineswegs ein Beweis dafür, daß die systematischen massenhaften Vergasungen in den nationalsozialistischen Vernichtungslagern nicht stattgefunden haben können. Sie ist vielmehr ein pseudowissenschaftliches, ziemlich plump gemachtes NS-apologetisches Machwerk. Das gilt in noch höherem Maß für den ebenfalls verbreiteten Videofilm über Leuchters »Untersuchungen« in Auschwitz, der lediglich die Oberflächlichkeit seiner Bemühungen zeigt und die Herkunft der Gesteinsproben in vielen Fällen geradezu kaschiert.

Daß schon gut vierzig Jahre früher, im Jahre 1945, durch das Gerichtsmedizinische Institut der Universität Krakau Untersuchungen gemacht wurden, die an Gebäudeteilen wie Verschlüssen der Ventilatoren, vor allem aber in den gesammelten abgeschnittenen Haaren, an Haarspangen, Kämmen und Brillengestellen, die die Opfer noch an sich getragen hatten, sehr deutliche Spuren von Blausäure nachwiesen, wird von Leuchter und seinen Auftraggebern nicht beachtet bzw. absichtlich verschwiegen.

Hellmuth Auerbach

Literatur: Jean-Claude Pressac, Auschwitz. Technique and operation of the gas chambers. New York 1989; Werner Wegner, Keine Massenvergasungen in Auschwitz? Zur Kritik des Leuchter-Gutachtens.

In: Die Schatten der Vergangenheit. Impulse zur Historisierung des Nationalsozialismus. Hrsg. v. Uwe Backes, Eckhard Jesse, Rainer Zitelmann. Frankfurt a. M. 1990; Georges Wellers, Der »Leuchter-Bericht« über die Gaskammern von Auschwitz. In: Dachauer Hefte 7 (1991), S. 230–241.

## Lidice

Lidice ist eine tschechische Bergarbeitersiedlung bei Kladno, westlich von Prag.

Nach einem Befehl Hitlers, den der sudetendeutsche Staatssekretär beim »Reichsprotektor für Böhmen und Mähren«, Karl Hermann Frank, telefonisch an den Befehlshaber der Sicherheitspolizei und des SD in Prag weiterleitete, wurde der Ort am Abend des 9. Juni 1942 von deutscher Polizei und SD umstellt. Mit Hilfe einer Wehrmachtseinheit, die Absperrungsaufgaben übernahm, ließen die Polizei- und SD-Angehörigen zunächst die Frauen und Kinder der Ortschaft sammeln und dann abtransportieren. Dann wurden die erwachsenen Männer zusammengetrieben. Ein Exekutionskommando in der Stärke von einem Offizier, zwei Unterführern und 20 Mann wurde gebildet, das insgesamt nach eigenen Angaben 172 Männer erschoß. In der Nacht wurden noch elf Arbeiter des Bergwerks, die von der Spätschicht nach Hause kamen, zusammen mit 15 Angehörigen tschechischer Legionäre, die für England tätig waren und bereits vorher inhaftiert worden waren, erschossen. Insgesamt erhöhte sich damit die Zahl der Opfer auf 198 Personen.

Von den Frauen wurden 184 in das Konzentrationslager Ravensbrück gebracht und weitere elf in Gefängnisse. Von ihnen kehrten später noch 143 zurück. Die Kinder wurden zum größten Teil in Lager im »Wartheland« verschleppt (90) und acht zur Eindeutschung an deutsche SS-Familien abgegeben. Nach dem Kriege konnten noch 16 der Kinder wieder identifiziert werden.

Nach dem Massaker wurde der Ort Lidice vollständig zerstört. Die Aktion wurde als Vergeltung für das Attentat auf den stellvertretenden Reichsprotektor für Böhmen und Mähren, Reinhard Heydrich, ausgegeben, obwohl eine Verbindung der Attentäter zu Lidice nicht nachgewiesen werden konnte. SS-Hauptsturmführer M. Rostock, der

Leiter der Aktion, wurde nach dem Krieg in der Tschechoslowakei zum Tode verurteilt, aber später begnadigt.

Das Massaker verschärfte die Spannungen zwischen der
deutschen Besatzung und den Einheimischen im »Protek-
torat Böhmen und Mähren« dramatisch und wurde, wie
Oradour für Frankreich, in der Tschechoslowakei zum
Symbol des nationalsozialistischen Terrors. Nach dem
Kriege wurde der zerstörte Ort als Gedenkstätte eingerichtet. Lidice wurde als Neu-Lidice in der Nähe des Schauplat-
zes der Mordaktion wieder aufgebaut.

Willi Dreßen

## Marzabotto

In den Bergen der Umgebung südlich des Städtchens
Marzabotto in der Nähe von Bologna zwischen den Flüssen
Reno und Setta hatten seit dem Winter 1943/1944 die Par-
tisanen der sogenannten Brigade »Stella Rossa« (Roter
Stern) Stellung bezogen; sie beherrschten von hier aus die
Straße, die für die Verbindung der Emilia mit der Toskana
von entscheidender Bedeutung ist.

Im Sommer 1944 baute die zurückflutende deutsche Armee des damaligen Oberbefehlshabers Südwest, Generalfeldmarschall Kesselring, die Höhen südlich von Bologna
zu einer Verteidigungslinie (»Gotenlinie«) aus. Dabei wurden die deutschen Autokolonnen von den Partisanen der
»Stella Rossa« ständig angegriffen und erlitten schwere
Verluste. Auch Eisenbahnzüge wurden zur Entgleisung gebracht und die Ladungen vernichtet. Generalfeldmarschall
Kesselring befahl schärfstes Vorgehen: »Werden Soldaten
. . . aus Ortschaften beschossen, so ist die Ortschaft nieder-
zubrennen. Täter und Rädelsführer sind öffentlich aufzu-
hängen.« In dem Befehl des Kommandeurs der in dem
Raum operierenden 16. SS-Panzer-Grenadier-Division,
General Simon, heißt es: »Die Operationen sind ohne
Rücksicht auf die Zivilbevölkerung und auf beiderseitige
Verluste durchzuführen.«

Als Vergeltung für die zunehmende Partisanentätigkeit
zerstörten vor allem Einheiten der 16. SS-Panzer-Grenadier-Division im September 1944 das Städtchen Marzabotto und einige umliegende Dörfer. Die Häuser wurden mit
Flakgeschützen zusammengeschossen, Einwohner in ver-

barrikadierten Häusern verbrannt, andere auf Friedhöfe
getrieben und dort erschossen. Insgesamt kamen bei dem
Massaker nach italienischen Zeugenaussagen 1830 Zivilisten, meist Frauen, Kinder und Greise ums Leben.

Kesselring und Simon wurden nach dem Krieg von Militärgerichten zum Tode verurteilt, aber bald begnadigt und
auf freien Fuß gesetzt. Der Kommandeur der an dem Massaker beteiligten Aufklärungsabteilung der 16. SS-Panzer-
Grenadier-Division, Walter Reder, wurde 1951 in Bologna
zu lebenslanger Haft verurteilt und in die Festung Gaeta
gebracht. Gnadengesuche blieben erfolglos, da die Bewohner des Städtchens mit einer Begnadigung nicht einverstan-
den waren. Dennoch wurde Reder schließlich im Januar
1985 vorzeitig freigelassen und in Österreich durch den
Verteidigungsminister empfangen, was in Wien zu einer
Regierungskrise führte.

Willi Dreßen

## Menschenversuche im KZ

In letzter Steigerung der unbeschränkten Verfügungsge-
walt, die das nationalsozialistische Regime über Menschen
beanspruchte, wurden in den Konzentrationslagern Experimente an Menschen durchgeführt. Begründet waren die
streng geheimgehaltenen Versuche als kriegswichtig, als
bevölkerungs- oder siedlungspolitisch notwendig, und Hitler hatte im Mai 1942, nachdem Reichsführer SS Himmler
ihm Ergebnisse von Menschenversuchen in Dachau vorge-
tragen hatte, entschieden, »daß grundsätzlich, wenn es um
das Staatswohl geht, der Menschenversuch zuzulassen ist«.
Opfer der Versuche waren Häftlinge in Konzentrationslagern, vor allem Juden und Zigeuner, auch sowjetische
Kriegsgefangene. Täter waren Ärzte, die in Diensten der
SS oder ihr nahe standen, Protektor war Himmler als ober-
ster Chef des KZ-Systems, der die Versuche mit persönlichem Interesse verfolgte und als omnipotenter Dilettant
auch Anregungen gab, die von den Ärzten gern aufgenommen wurden.

Im Mai 1942 war es wegen der schlechten ärztlichen und
der mangelnden medikamentösen Versorgung bei den
kämpfenden Truppen zu einer Vertrauenskrise gekommen. Daraufhin bekam Professor Karl Gebhardt, der

```
Der Standortarzt der Waffen-ᛋᛋ          Weimar-Buchenwald, den 8.Januar 1944
      W e i m a r
B/As.: 14 h (KL) - 1.44-Sch./Wi.

      Betreff: Versuchsreihen
      Bezug  : Rundschr. 151 d. ᛋᛋ-WVH, Amtsgr. D - KL - As.: 87/1o.43
      Anlagen: -.-                                         Lg./Wy.


      An den
      Chef des Amtes D III
      O r a n i e n b u r g

              Zur Zeit werden im K.L. Buchenwald folgende Versuchs-
      reihen laufend vorgenommen:
        .)  Blutkonserven-Kontrollen an 12 Häftlingen,
            Gasbrand-Hochimmunisationsversuch an 15 Häftlingen,
            Verbrennungsversuche mit Phosphor-Kautschuk-Brandbomben-
            Masse an 3 Häftlingen
            Fleckfieber-Passagen an 1o - 14 Häftlingen.
            Die Versuche finden alle in der Fleckfieber-Versuchs-
      Station Block 46 statt. Laufende Berichte darüber gehen dem
      ᛋᛋ-Hygiene-Institut zu.
                                  Der Standortarzt der Waffen-ᛋᛋ
                                        W e i m a r

                                  ᛋᛋ-Hauptsturmführer d.R.
```

Quelle: Institut für Zeitgeschichte München

»beratende Chirurg der Waffen-SS«, die Möglichkeit zu Experimenten, die ab Juli 1942 im KZ Ravensbrück durchgeführt wurden. Um die Wirkung von Sulfonamid-Präparaten zu erproben, wurden Häftlinge künstlich infiziert (mit Gasbrand- und Tetanuserregern, verschiedenen Bakterien, Schmutz). Über die Ergebnisse berichteten die SS-Ärzte bei Fachtagungen der Wehrmacht.

Ebenfalls in Ravensbrück wurde mit Knochentransplantationen experimentiert. In Dachau gab es 1942 und 1943 Versuche, bei denen künstlich Phlegmonen erzeugt wurden, um verschiedene Medikamente im Vergleich erproben zu können; Opfer waren vor allem Geistliche. In den KZ Sachsenhausen und Natzweiler wurden während des ganzen Zweiten Weltkriegs Experimente mit Lost und Phosgen (künstliche Infektionen) vorgenommen, in der »Reichsuniversität Straßburg« betrieb Professor August Hirt eine »jüdische Skelettsammlung«, für die er im nahe gelegenen KZ Natzweiler lebende Opfer auswählte.

Nur einer fixen Idee und keinem ernstzunehmenden wissenschaftlichen Anliegen folgte der Tropenmediziner Claus Schilling, der vom Februar 1942 bis zum März 1945 im KZ Dachau eine Malaria-Versuchsstation betrieb. Er wollte ein Mittel gegen Malaria finden und infizierte auf der Suche etwa 1100 Häftlinge mit Erregern. Die Ergebnisse sollten »nach dem Endsieg« deutschen Siedlern im Osten Europas zugute kommen. Die Forschungen Schillings waren in Fachkreisen schon lange, bevor seine Menschenversuche begannen, umstritten gewesen.

Der Professor für Gynäkologie und Geburtshilfe Carl Clauberg experimentierte 1942 bis 1944 in Auschwitz (Block 10 im Stammlager, dem »Versuchsblock«) an einer Methode der Sterilisierung ohne Operation: Er ließ ätzende Substanzen in die Gebärmutter der unbetäubten Versuchspersonen (Jüdinnen und Zigeunerinnen) einspritzen, was zu größten Schmerzen und dauernden Schäden, manchmal auch zum Tod führte.

So verwerflich aus moralischer Sicht und so nutzlos und unnötig aus medizinisch-wissenschaftlicher Perspektive alle Experimente waren, so gab es doch eine Kategorie, die schon von der Absicht her alles andere noch übertraf. Der Mediziner Dr. Sigmund Rascher, ein persönlicher Protegé von Himmler, erhielt im KZ Dachau die Möglichkeit zu Unterdruck- und Unterkühlungsversuchen, die von vorneherein auf die Tötung der jeweiligen Versuchsperson abzielten. Die unter dem wissenschaftlichen Anspruch »Rettung aus großen Höhen« mit Hilfe der Luftwaffe angestellten Versuche in einer Unterdruckkammer führten bei 70 bis 80 von 200 daran beteiligten Häftlingen zum Tod, den Dr. Rascher aus Mordlust (auch zum Entsetzen der Luftwaffenärzte) absichtlich herbeiführte. Noch dubioser waren Raschers Kälteexperimente, bei denen er (um Rettungsmöglichkeiten »aus Seenot« zu studieren) ab August 1942 Menschen unterkühlte, um sie anschließend wieder zu erwärmen. An diesen Versuchen hatte Heinrich Himmler besonders lebhaftes Interesse. Trotzdem wurde Rascher wenige Tage vor der Befreiung des KZ Dachau auf Befehl Himmlers erschossen, die Spuren seines Tuns hat man verwischt.

Zwischen Dezember 1946 und Juli 1947 standen die Verbrechen der deutschen Mediziner im Ärzteprozeß in Nürnberg zur Verhandlung. Der Prozeß erwies auch, daß die Experimente wissenschaftlich wertlos gewesen sind. Trotzdem haben Ende der 80er Jahre amerikanische Mediziner, in der falschen Annahme, seine Versuche hätten der Luftfahrtmedizin genutzt oder gar der Weltraumfahrt gedient, die Forderung erhoben, Raschers Ergebnisse noch einmal auszuwerten. Das ist aber schon deshalb sinnlos, weil die Häftlingsärzte und Helfer, um das Leben ihrer Kameraden zu retten, die Messungen und Resultate so sehr manipulierten, wie sie nur konnten.

Wolfgang Benz

Literatur: Alexander Mitscherlich, Fred Mielke (Hrsg.), Medizin ohne Menschlichkeit. Dokumente der Nürnberger Ärzteprozesse. 10. Aufl. Frankfurt 1989; Wolfgang Benz, Barbara Distel (Hrsg.), Medizin im NS-Staat. Täter, Opfer, Handlanger. Dachau 1988 (Dachauer Hefte 4).

## Morgenthau-Plan

Im August 1944 veranlaßte der amerikanische Finanzminister Henry Morgenthau jr. die Ausarbeitung eines Planes zur Behandlung Deutschlands nach dessen Niederlage. Morgenthau stand unter dem Eindruck, sowohl die in den USA für die Deutschlandpolitik zuständigen Stellen als auch die maßgeblichen britischen Politiker verfolgten eine zu wenig harte Linie. In der Denkschrift, die Morgenthau Anfang September 1944 vorlegte, wurde die Zerstückelung Deutschlands propagiert. Nach umfangreichen Gebietsabtretungen sollten drei deutsche Staaten entstehen, die Wirtschaftsregionen an Rhein und Ruhr sowie die Nordseeküste internationalisiert werden. Außer der völligen Entwaffnung und Abrüstung Deutschlands und großen Reparationsleistungen (auch durch Zwangsarbeit) sollten nach dem Morgenthau-Plan die Industriebetriebe völlig demontiert, die Bergwerke stillgelegt und zerstört werden. Bei Kontrolle der ganzen Wirtschaft auf 20 Jahre würde Deutschland ein Agrarstaat sein, der keine Möglichkeit zu aggressiver Politik mehr haben würde.

Der Plan enthielt, in der jeweils radikalsten Form, alle Vorschläge und Maßnahmen, die in der Kriegszieldebatte der Alliierten bis dahin schon einmal aufgetaucht waren. Morgenthaus Vorschläge sollten die gemäßigten Deutschlandpläne des alliierten Oberkommandos unter Eisenhower, der interalliierten European Advisory Commission und der Fachressorts in Washington und London korrigieren.

Morgenthau, mit dem US-Präsidenten Roosevelt befreundet, schien Erfolg zu haben, als bei der britisch-amerikanischen Konferenz in Quebec am 15. September 1944 Premierminister Churchill und Präsident Roosevelt eine (schon abgemilderte) Version des Morgenthau-Plans paraphierten. Cordell Hull, der amerikanische Außenminister, protestierte ebenso wie sein britischer Kollege Anthony Eden aber bereits am folgenden Tag gegen den Plan, der amerikanische Kriegsminister Stimson nannte das Programm »ein Verbrechen gegen die Zivilisation«. Als der Morgenthau-Plan durch eine gezielte Indiskretion am 21. September 1944 in die Öffentlichkeit kam, war die Reaktion so negativ, daß auch Präsident Roosevelt sich distanzierte. Der Morgenthau-Plan verschwand bereits Ende September 1944 in der Versenkung, ohne von den zuständigen Gremien jemals formell diskutiert worden zu sein.

Für die spätere Besatzungs- und Deutschlandpolitik blieb der Morgenthau-Plan ohne jede Bedeutung. Aber Goebbels und Hitler hatten den »jüdischen Mordplan« zur »Versklavung Deutschlands« mit so großem Erfolg für ihre Durchhaltepropaganda benutzt, daß bei vielen der Glaube entstand, das Programm sei 1945 realisiert worden. In der rechtsextremen Publizistik spielt der Morgenthau-Plan diese Rolle bis zum heutigen Tag.

Übrigens war Morgenthau ein Anhänger agrarromantischer Ideen. Die von ihm propagierte Entindustrialisierung Deutschlands wäre unter diesem Gesichtspunkt nicht nur eine Maßnahme der Strafe und zur Verhinderung eines weiteren Weltkriegs gewesen.

Wolfgang Benz

Literatur: Henry Morgenthau, Germany is our Problem. New York 1945; John Morton Blum, Deutschland ein Ackerland? Düsseldorf 1968; H. G. Gelber, Der Morgenthau-Plan. In: Vierteljahrshefte für Zeitgeschichte 13 (1965), Seite 372-402.

## Münchner Ministerpräsidentenkonferenz 1947

Fünf Vertreter der Ostzone waren zwar in letzter Minute erschienen, um auf Einladung des bayerischen Ministerpräsidenten Hans Ehard an einer Konferenz aller Länderchefs der vier Besatzungszonen Deutschlands teilzunehmen, aber sie reisten vor Beginn der Tagung in den Morgenstunden des 6. Juni 1947 wieder ab. Man hatte sich über die Tagesordnung nicht verständigen können; Ehard bezeichnete den Auszug der Ostzonendelegation aus der Vorbesprechung als »Spaltung Deutschlands«, und die Legende war geboren.

Der bayerische Ministerpräsident hatte am 7. Mai 1947 seine Kollegen aus allen vier Zonen nach München eingeladen, um Maßnahmen zu beraten, die den Militärregierungen der Alliierten vorzuschlagen waren, »um ein weiteres Abgleiten des deutschen Volkes in ein rettungsloses wirtschaftliches und politisches Chaos zu verhindern«. Es ging um das ökonomische und soziale Elend (Wohnungsnot, Hunger, Flüchtlingsprobleme), und der Gastgeber erhoffte sich auch politische Wirkungen im Sinne einer Organisation der Zusammenarbeit der Länder, der Stärkung künftiger föderalistischer Strukturen. Die Wiederherstellung des deutschen Nationalstaats durch die Vereinigung der vier Besatzungszonen war nicht gemeint, dazu hatten die Ministerpräsidenten weder die Kompetenz noch die politische Kraft. Sie waren 1947 mehr Befehlsempfänger als Partner der alliierten Militärgouverneure, bei diesen lag die Macht und die Regierungsbefugnis über Deutschland.

Die Amerikaner und Briten hatten keine Einwände gegen den Plan der Ministerpräsidentenkonferenz erhoben, der französische Militärgouverneur aber hatte nur unter der Voraussetzung zugestimmt, daß keine politischen Themen erörtert würden: die Debatten in München müßten sich auf wirtschaftliche Angelegenheiten beschränken. Diese Beschränkung des Konferenzprogramms bedeutete aber von vornherein fast zwangsläufig die Ausgrenzung der sowjetischen Besatzungszone. Deren Vertreter hatten Ende Mai 1947 den Vorschlag gemacht, den Teilnehmerkreis der Konferenz durch Vertreter von Parteien und Gewerkschaften zu erweitern und »in den Mittelpunkt der Tagesordnung die Schaffung der wirtschaftlichen und politischen Einheit Deutschlands zu stellen«, überdies wollten sie den Tagungsort nach Berlin verlegt wissen. Dieser von der Sowjetischen Militäradministration inspirierte Wunsch entsprach aber weder den föderalistischen Intentionen des bayerischen Gastgebers noch hätten die Franzosen zugestimmt.

Die gesamtdeutsche Begegnung war also im Grunde schon gescheitert, ehe sie begann und ehe – zur Überraschung der Westdeutschen – die fünf Ministerpräsidenten aus der Ostzone am Abend des 5. Juni in München erschienen. Man setzte längst keine Erwartungen mehr in ihr Kommen und mißtraute ihnen, weil man sie ausschließlich für Handlanger der Sowjets hielt.

In stundenlangem Streit um die Tagesordnung kamen sich beide Seiten nicht näher. Das von der westlichen Seite angebotene feierliche Bekenntnis zur deutschen Einheit war der östlichen Delegation zu wenig, sie beharrte auf der sofortigen »Bildung einer deutschen Zentralverwaltung, die selbstverständlich eine Verständigung der demokratischen Parteien und Gewerkschaften zur Schaffung eines deutschen Einheitsstaates mit dezentralisierter Selbstverwaltung beinhalte«. Die Vertreter von Brandenburg, Thüringen, Sachsen-Anhalt, Mecklenburg und Sachsen verließen den Konferenztisch und reisten ab; ihre Kollegen aus den drei Westzonen verfaßten ein Pressekommuniqué, in dem sie von einem Theatercoup sprachen und den Länderchefs der Ostzone alle Schuld zuwiesen.

Rechtfertigungsversuche – auch für die intransigente und inflexible Haltung der Westseite – gab es in der Folge reichlich in beiden Lagern, sie bewiesen aber vor allem, daß die Spaltung Deutschlands längst Realität war und daß die Münchner Ministerpräsidentenkonferenz weder das Forum zur Verhinderung noch zur Herbeiführung der deutschen Einheit hätte sein können. Die Veranstaltung war lediglich ein Symbol der deutschen Teilung. Die Ministerpräsidenten der drei Westzonen behandelten am 6. und 7. Juni 1947, wie vorgesehen, in ihrer Konferenz die Themen »Ernährungsnot, Wirtschaftsnot, Flüchtlingsnot«.

Wolfgang Benz

Literatur: Ministerpräsidentenkonferenz in München 6./7. Juni 1947. In: Bundesarchiv, Institut für Zeitgeschichte (Hrsg.), Akten zur Vorgeschichte der Bundesrepublik Deutschland. 5 Bände, München 1976–1983, Band 2, Seite 511 ff.

## Mutterkult und Frauenmythos im Dritten Reich

Die NSDAP war in ihrer Selbstdarstellung und Organisation eine Männerpartei. Bereits 1921 wurde beschlossen, daß Frauen weder in der Parteiführung noch in leitenden Parteigremien tätig werden durften. Zeitweilig wurde die Eintrittsquote in die Partei für Frauen auf 5 Prozent begrenzt. Vordergründig bürgerliche und christliche Wertvorstellungen aufgreifend, wies die nationalsozialistische Führung der Frau die traditionelle Rolle der Hausfrau und Mutter zu. Jedoch, genauer betrachtet, benutzte sie die Frau wechselweise für ideologische und wirtschaftliche Zwecke. Die Familien- und Frauenpolitik des NS-Staates hatte deshalb instrumentellen Charakter; sie ordnete sich schließlich den Zwängen der Kriegswirtschaft unter.

In aller Konsequenz behauptete sich hingegen das Prinzip der Ungleichheit von Mann und Frau. Trotz aller verbalen, ideologischen Hochschätzung war die verheiratete Frau und Mutter im NS-Staat rechtlich machtlos (BGB § 1343, Ausgabe 1939). Aber ungeachtet der tatsächlichen Frauenfeindlichkeit des Regimes mußte die Frau in das totalitäre, alle Lebensbereiche des Menschen kontrollierende System integriert werden. Ein Grundpfeiler der NS-Ideologie war, neben Antisemitismus und Rassismus, die Idee der Volksgemeinschaft, für die Lebensraum zu erkämpfen sei. Die Frau sollte die Aufgabe übernehmen, diesen Kampf passiv zu unterstützen. Die ideale Frau im NS-Staat war die berufslose, verheiratete Mutter, die nicht ein privates Ehe- und Familienglück anstrebt, sondern ihre Gebärfähigkeit in den öffentlichen Dienst der »Volksgemeinschaft« stellt. Sie sollte das nach den Gesetzen »zur Verhütung erbkranken Nachwuchses« (1934), »zum Schutze des deutschen Blutes und der deutschen Ehre« (1935) und »zum Schutze der Erbgesundheit des deutschen Volkes« (1935) einwandfreie Menschenmaterial produzieren und aufziehen. Die kinderlosen, ledigen oder gar berufstätigen Frauen erschienen den biologistisch argumentierenden Ideologen unnatürlich und nutzlos. Interessiert an einem als »völkisch wertvoll« eingestuften Nachwuchs, wollte man allerdings für ledige Mütter sorgen (siehe auch »Lebensborn«). Da die Berufstätigkeit der Frau aus ökonomischen Gründen auch vor dem Krieg notwendig und nicht ersetzbar war, wurde den Frauen vorgeschrieben, sich vorzugsweise niederen und als spezifisch weiblich eingestuften Tätigkeiten zuzuwenden. Als akzeptabel galten pflegerische, soziale und landwirtschaftliche Dienste, jedoch keine leitenden, keine akademischen und naturwissenschaftlichen Berufe.

Die NS-Ideologie entwickelte letztlich kein Frauenbild, sondern ein Mutterideal, mit dem sich bereits Mädchen und, im übertragenen Sinn, alle Frauen – ledige wie kinderlose – identifizieren sollten. Das Ideal weiblicher Aufopferung, Hingabe und Fürsorge wollte der NS-Staat direkt und indirekt zur Bevölkerungsvermehrung und Kriegführung politisch nutzen. Daneben konnte es der männlichen Bevölkerung dazu dienen, die in dem nach dem Führerprinzip streng hierarchisch geordneten Staat erlebten Frustrationen und Autoritätsverluste in einer dem Mann untergebenen Familie und Häuslichkeit zu kompensieren. Um das Mutterideal durchzusetzen und der weiblichen Bevölkerung die daraus resultierenden Pflichten aufzuerlegen, wurden im Laufe der Friedens- und Kriegszeiten verschiedene Maßnahmen getroffen. Den Mädchen wurde das Ideal durch die NSDAP-gesteuerte Erziehung vermittelt. Seit 1939 bestand die Zwangsmitgliedschaft in den nach Geschlechtern getrennten Organisationen der Hitlerjugend. Die 10- bis 14jährigen Mädchen waren als »Deutsche Jungmädel« (DJU), die 14- bis 18jährigen im »Bund deutscher Mädel« (BDM) organisiert. Die Mädchen wurden dazu angehalten, viel Sport zu treiben, um einen gesunden, gebärfähigen Körper zu trainieren; sie erhielten ideologische Schulungen und praktische Kurse zur Haushaltsführung. 17- bis 21jährige nahm die Organisation »Glaube und Schönheit« auf, wobei hier die Betonung auf der sportlichen Ertüchtigung lag. Die erwachsene Frau konnte sich in der 1931 gegründeten elitären »NS-Frauenschaft« oder, auf breiterer Basis, im 1933 geschaffenen »Deutschen Frauenwerk«, dem Auffangbecken für gleichgeschaltete bürgerliche Frauenverbände, organisieren. Beide Institutionen waren politisch machtlose Propaganda-Organe, denen zwar als »Reichsfrauenführerin« ab 1934 Gertrud Scholtz-Klink vorstand, in denen jedoch alle Entscheidungen von der männlichen Parteileitung getroffen wurden.

Da die Frauenerwerbstätigkeit ideologisch nicht erwünscht war und berufstätige Frauen nur einfache Hilfsdienste leisten sollten, wurde die schulische und universitäre Ausbildung beschränkt. Die Volksschulausbildung der Mädchen konzentrierte sich darauf, die Schülerinnen auf die künftige Rolle vorzubereiten. Unterrichtet wurden auch Säuglings- und Krankenpflege, Nähen und Hauswirtschaft. Daran schloß sich die dreijährige Höhere Mädchenschule an, ebenfalls mit dem Schwerpunkt Hauswirtschaft. 1938 wurde das Mädchengymnasium abgeschafft; es blieben nur die sprachliche und die hauswirtschaftliche Oberstufe. Das wissenschaftliche Abitur war wenigen vorbehalten. Für Studentinnen gab es Zulassungsbeschränkungen; ab 1933 durften nur 10 Prozent der Studierenden Frauen sein. Ab 1939 wurden 18- bis 22jährige ledige Frauen, die weder in der Ausbildung standen noch berufstätig waren, zum 26wöchigen Arbeitsdienst in Haushalten und in der Landwirtschaft eingezogen.

Ebenfalls zur Hingabe an die »Volksgemeinschaft« sollte das ab 1939 für alle ledigen Frauen bis zu 25 Jahren eingeführte Pflichtjahr erziehen. Neben die Erziehung durch Schule und Partei, die die Mädchen und jungen Frauen veranlassen wollte, früh zu heiraten, um eine große Familie zu gründen oder anderweitig im Haushaltsbereich tätig zu werden, traten Berufsverbote. Sie betrafen vor allem Juristinnen, Ärztinnen und leitende Beamtinnen. Jedoch die weibliche Beschränkung auf das Hausfrauen- und Mutterdasein ließ sich angesichts der Erfordernisse der Rüstungsindustrie und Kriegswirtschaft nicht durchhalten. Auch die ideologisch ummäntelten, jedoch wirtschaftlich opportunen Arbeitsdienste und das Pflichtjahr entsprachen nicht dem Bedarf. Schon ab 1936 wurden Frauen für die Arbeit in der Industrie geworben. Allerdings waren diese Arbeitsplätze ohne Aufstiegsmöglichkeiten und schlechter bezahlt als die der männlichen Kollegen. Die wirtschaftliche Ausbeutung der weiblichen Arbeitskraft, dieser Widerspruch zum stereotypen Frauenideal, konnte durch die Berufung auf das Ideal »Volksgemeinschaft« kaum gelöst werden.

Zur ideologischen Verherrlichung der Mutterrolle feierte der NS-Staat ab 1933 den Muttertag und verlieh ab 1938 das Mutterkreuz in Bronze für vier Kinder, in Silber für sechs und in Gold für acht und mehr Kinder. Neben diesen fast kostenlosen propagandistischen Mitteln wurden auch materielle Anreize zur Erhöhung der Geburtenrate beschlossen. Eingeführt wurden Ehestandsdarlehen, bei denen für jedes lebendgeborene Kind 25 Prozent des Darlehens erlassen wurde, eine Steuerreform, die kinderreiche Familien entlastete, sowie einmalige Kinderbeihilfen. Statistisch gesehen hatten diese bevölkerungspolitischen Maßnahmen nicht den gewünschten Erfolg, da zwar die Zahl der Eheschließungen, nicht jedoch die Geburtenrate stieg. Im Verhältnis zu den Einwohnerzahlen blieb die Geburtenrate sogar deutlich hinter den Jahren vor 1933 zurück. Der Trend zur Kleinfamilie ließ sich auch durch die NS-Propaganda nicht beeinflussen. Ebenso ohne Einfluß blieb diese Propaganda auf kirchlich orientierte Frauen. Und auch Hitler, der verkündete, er müsse ehe- und kinderlos bleiben, um Anhängerinnen zu gewinnen, irrte. Die Analyse der Wahlergebnisse zeigt, daß es nicht Frauen waren, die Hitler an die Macht brachten. Frau und Familie waren dennoch eine wichtige Stütze des Systems, da die Angst um Familienangehörige nicht zum Ungehorsam in einer Diktatur ermuntert. Obwohl Frauen gerade in den Kriegszeiten viel leisteten und an Selbstbewußtsein gewannen, verhinderten schlechte Bildungs- und Berufschancen eine echte Emanzipation.

Christine Schrödl

Literatur: Dorothee Klinksiek, Die Frau im NS-Staat. Stuttgart 1982; Rita Thalmann, Frausein im Dritten Reich. Frankfurt a. M., Berlin 1987.

**Opfer der nationalsozialistischen Gewaltherrschaft und des Zweiten Weltkriegs**

Eine genaue Statistik der Opfer der nationalsozialistischen Gewaltherrschaft in Europa läßt sich mangels vollständiger Unterlagen ebenso wenig erstellen wie eine Gesamtbilanz der Verluste durch Kriegshandlungen und deren Folgen während der Jahre 1939 bis 1946.

1. Hinsichtlich der Opfer der NS-Herrschaft gilt auch heute noch, was Reinhard Henkys 1964 schrieb: »Eine annähernd genaue, von allen Fachleuten akzeptierte Statistik der Todesopfer nationalsozialistischer Verbrechen gibt es nicht. Die Gründe dafür liegen in dem unvorstellbaren Ausmaß dieser Taten, in der strikten Geheimhaltungspoli-

tik des Staates, der Vernichtung der meisten einschlägigen Akten, der Verquickung von Ausrottungsaktionen mit Kriegshandlungen und in der Unvollkommenheit der demographischen Unterlagen, die aus den osteuropäischen Staaten, vor allem aus Sowjetrußland zur Verfügung stehen.«

Nach den derzeitigen Ermittlungen sind dem nationalsozialistischen Regime in Europa durch verbrecherische Maßnahmen (also ohne Einbeziehung der Kriegshandlungen) insgesamt mindestens 13 Millionen Menschen zum Opfer gefallen. Diese Gesamtzahl setzt sich im einzelnen zusammen aus:
- etwa 6 Millionen Juden,
- etwa 3,3 Millionen sowjetischen Kriegsgefangenen (die man mehr oder weniger absichtlich umkommen ließ),
- etwa 2,5 Millionen christlichen Polen,
- mindestens 100000 Zwangsarbeitern aus der Sowjetunion,
- mindestens 500000 in deutschen Arbeitslagern und Konzentrationslagern umgekommenen Jugoslawen,
- mindestens 100000 tschechoslowakischen Zivilisten,
- mindestens 84000 ums Leben gekommenen nichtjüdischen Deportierten aus den nord- und westeuropäischen Staaten (einschließlich Italien),
- etwa 219600 Zigeunern verschiedener Nationalität,
- etwa 100000 vorwiegend deutschen Geisteskranken und Behinderten (sogenannten Euthanasie-Opfern),
- etwa 130000 nichtjüdischen Personen deutscher Staatsangehörigkeit, die aus politischen oder religiösen Motiven aktiven oder passiven Widerstand gegen das Regime leisteten.

2. Die Zahl der während und infolge des Krieges ums Leben gekommenen Militärpersonen nichtdeutscher Nationalität wird auf 17,2 Millionen geschätzt, die der Zivilpersonen nichtdeutscher Herkunft auf mehr als 15,8 Millionen. (In diesen Zahlen sind die oben genannten nichtdeutschen Opfer der NS-Gewaltherrschaft inbegriffen).

3. Auf deutscher Seite werden die Toten und Vermißten der Wehrmacht und der paramilitärischen Verbände (Waffen-SS, Organisation Todt, Reichsarbeitsdienst, Polizeieinheiten, Volkssturm und anderer) mit etwa 4,2Millionen angegeben, die Zahl der zivilen Luftkriegstoten mit über 500000.

Die Vertreibungsverluste unter der deutschen Zivilbevölkerung aus den Ostgebieten innerhalb des ehemaligen Deutschen Reiches (in den Grenzen von 1937) betrugen etwa 1,39 Millionen, aus den deutschen Siedlungsgebieten im Ausland 886300, insgesamt also etwa 2,27 Millionen Menschen.

Auch die deutschen Statistiken differieren beträchtlich: Ein Mitarbeiter des Militärgeschichtlichen Forschungsamtes, Major Overmans, stellt in einer 1989 veröffentlichten Studie mit Recht fest, es gebe keine zuverlässigen Zahlen über die deutschen Verluste im Zusammenhang mit dem Zweiten Weltkrieg. Als Gründe nennt er die kriegsbedingten Beeinträchtigungen des Meldewesens, Gebiets- und Bevölkerungsverschiebungen, Verlust von Akten während und nach dem Krieg. Darüber hinaus müsse man die Nachkriegssituation berücksichtigen: »Die Organisationen, die sich mit den Verlusten befaßten, hatten das Ziel, individuelle Schicksale zu klären. Sie gingen daher pragmatisch vor, exakte Definitionen und statistische Erhebungen waren weniger relevant, weil sie zur Schicksalsklärung nichts beitrugen.« Diese Feststellung gilt wohl für alle Staaten und Nationen.

Hellmuth Auerbach

Literatur: Reinhard Henkys, Die nationalsozialistischen Gewaltverbrechen. Geschichte und Gericht. Stuttgart 1964; Ernst-Günther Schenck, Das menschliche Elend im 20. Jahrhundert. Eine Pathographie der Kriegs-, Hunger- und politischen Katastrophen Europas. Herford 1965; Rüdiger Overmans, Die Toten des Zweiten Weltkriegs in Deutschland. Bilanz der Forschung unter besonderer Berücksichtigung der Wehrmachts- und Vertreibungsverluste. In: Der Zweite Weltkrieg. Analysen, Grundzüge, Forschungsbilanz. Im Auftrag des Militärgeschichtlichen Forschungsamtes hrsg. von Wolfgang Michalka. München 1989, Seite 858–873.

**Oradour-sur-Glane**
Eine französische Ortschaft, 22 km nordwestlich von Limoges im Limousin. Am 10. Juni 1944 besetzte die 3. Kompanie des I. Bataillons des Regimentes »Der Führer« der 2. SS-Panzer-Division »Das Reich«, die kurz zuvor mit dem Massaker von Tulle (Dept. Corrèze) Angst und Schrecken verbreitet hatte, gegen 14 Uhr die Ortschaft, die bis zu

diesem Zeitpunkt vom Kriege kaum berührt worden war.
Der Ort wurde umstellt, und die Einwohner wurden, angeblich zur Feststellung ihrer Personalien, zusammengetrieben. Dann trennte man die Männer von den Frauen
und Kindern. Die Männer wurden in ein paar Scheunen
gebracht und dort gegen 16 Uhr erschossen. Anschließend
wurden die Türen verschlossen und die Scheunen niederge-
brannt. Andere SS-Angehörige schlossen die etwa 500
Frauen und Kinder in der Kirche ein, zündeten das Gebäude an und schossen auf jeden, der zu fliehen versuchte.
Dann zogen die SS-Soldaten plündernd durch Oradour,
brannten alle Häuser nieder und verließen den Ort gegen
Abend.

Insgesamt 642 Menschen, von denen nur noch 52 identifiziert werden konnten, verbrannten oder wurden erschossen. Nur 36 konnten entkommen. Von offizieller
deutscher Seite wurde das Massaker als Präventivmaßnah-
me gegen angebliche Waffenlager in der Ortschaft und als
Vergeltung für schwere Partisanenangriffe auf die an die
Invasionsfront marschierende Division dargestellt.

Durch den schnellen Vormarsch der Alliierten und die
Verwicklung der Einheit in schwere Kämpfe in der Normandie war eine kriegsgerichtliche Verfolgung der Schuldigen zunächst nicht möglich. Später wurde sie von Hitler
verhindert. Nach dem Krieg wurden nur einige der Verantwortlichen festgenommen und abgeurteilt: Der Chef des
Verbindungsstabes in Limoges, General von Borodowsky,
wurde von der französischen 1. Armee gefangengenom-
men, unternahm einen Fluchtversuch und wurde dabei erschossen. Der Kommandeur der Division, der SS-Brigade-
general Heinz Lammerding, lebte nach dem Krieg unter
dem falschen Namen Braun in Düsseldorf. Er wurde von
den Engländern nicht an die französischen Behörden ausgeliefert. 1951 wurde er von dem französischen Militärge-
richt Bordeaux in Abwesenheit zum Tode verurteilt. Weitere 21 ehemalige Angehörige der SS-Einheit wurden nach
einer eigens erlassenen Lex Oradour, die bereits die Zugehörigkeit zu einer an Kriegsverbrechen beteiligten Einheit
unter Strafe stellte, vor dem Militärtribunal in Bordeaux
angeklagt. Da es sich bei den meisten um Elsässer handelte, die nicht freiwillig zur Waffen-SS gekommen waren,
stand das Gericht vor erheblichen Problemen. Es wurden

schließlich zwei Angeklagte zum Tode verurteilt, die anderen erhielten Freiheitsstrafen, und einer wurde freigesprochen. Kurz danach verkündete die französische Nationalversammlung eine Amnestie für die französischen Verurteilten. Der Bürgermeister von Oradour schickte, empört über die Milde der Urteile, das Kreuz der Ehrenlegion zurück. Ein letztes Nachspiel gab es 1983 in Ost-Berlin, wo ein Zugführer der 3. Kompanie zu lebenslanger Haft verurteilt wurde.

Die Ruinen von Oradour-sur-Glane blieben nach dem Krieg als Mahnmal stehen, und der Ort wurde an anderer Stelle in der Nähe neu aufgebaut.

Willi Dreßen

**Protokolle der Weisen von Zion**
Antisemitisches Falsifikat, als dessen Urheber Pjotr Račkovskij, Agent der zaristischen Ochrana, gilt. Als Grundlage diente die 1865 in Brüssel erschienene, gegen Napoleon III. gerichtete Streitschrift ›Dialogue aux enfers entre Machiavel et Montesquieu‹ von Maurice Joly und der Schauerroman ›Biarritz‹ (1868) von Sir John Ratcliffe (Pseudonym des Hermann Goedsche). Es handelt sich um fiktive Gespräche auf einer fiktiven jüdischen Geheimkonferenz und deren angeblichen Beschluß, die jüdische Weltherrschaft »unter einem König aus dem Hause Zion« durch Gewalt, Betrug und List zu erringen. Zunächst wohl als Manuskript verbreitet, erschienen sie 1903 erstmals gedruckt in der St. Petersburger Zeitung ›Snamja‹ und 1905 in dem mystisch-religiösen Buch ›Das Große im Kleinen‹ von Sergej Nilus. Sie knüpfen an ältere Weltverschwörungsmythen an, die teilweise bis ins Mittelalter zurückreichen und die Juden als Sendboten des Satans und Gefolgsleute des Antichrist darstellen. Die erste deutsche Übersetzung besorgte 1919 Gottfried zur Beek (Pseudonym des Ludwig Müller). Allein zwischen 1920 und 1938 brachte sie es auf 22 Auflagen.

In London tauchten die Protokolle erstmals 1920 als Übersetzung aus dem Russischen in der konservativen ›Morning Post‹ auf, obwohl der Herausgeber ihre Echtheit bezweifelte; die einzige, angeblich in der Bibliothek des Britischen Museums vorhandene Urschrift war unauffindbar. Mitte 1921 erhielt die Londoner ›Times‹ von ihrem Korrespondenten in Konstantinopel ein Original des Joly-Buchs und entlarvte die Protokolle als Plagiat und Fälschung. Dies bestätigten unter anderen Schweizer Gerichte 1935 und 1937.

Die Protokolle wurden in alle Weltsprachen und viele weitere Sprachen übersetzt und gewannen immense politische Bedeutung. In westlichen Ländern, nicht zuletzt in den USA, wurden sie mit einem Appell zum »Kreuzzug gegen den Weltkommunismus« verbunden. In Deutschland gehörten sie zu den Grundlagen der NS-Ideologie und zu den Quellen unzähliger antisemitischer Broschüren und Hetzartikel. Hitler war von ihnen stark beeindruckt, Rosenberg schrieb einen Kommentar zu ihnen, Julius Streicher propagierte sie in seiner antisemitischen Zeitung ›Der Stürmer‹. Schließlich wurden die Protokolle eines der Motive für Hitlers Kriegserklärung an die »jüdisch-imperialistischen Mächte« und zum Wegbereiter der Vernichtung der europäischen Judenheit.

Nach dem Zweiten Weltkrieg erlebten die Protokolle eine weite Verbreitung in den arabischen Staaten – von Kuweit über Saudi-Arabien, den Irak, Syrien und Jordanien, den Libanon, Ägypten, Libyen bis nach Algerien. Sie wurden von arabischen Wissenschaftlern neu übersetzt, die »dritte Säule« des jüdischen Glaubens neben der Bibel und dem Talmud genannt. Mit offizieller Unterstützung erreichten sie riesige, auch fremdsprachige Auflagen, unter anderem für den Export nach Schwarzafrika, wo Israelis als Entwicklungshelfer arbeiteten. Sie kamen ins Europäische Parlament in Straßburg, nach Malaysia wie nach Neuseeland und in lateinamerikanische Länder. Sie zirkulierten in England und den USA in nationalistischen wie arabischen Kreisen und waren unter verschiedenen Titeln, durch immer weitere Ausschmückungen sogar in zweibändigen, aber auch billigen Ausgaben, und in verschiedenen Versionen bekannt. Ein arabischer Bearbeiter berief sich auf einen Bericht, demzufolge die »zionistische Geheimversammlung« 1954 in Budapest stattfand. Ein anderer schrieb 1967, die »jüdische Geheimkonferenz« sei der 1897 in Basel zusammengetretene Erste Zionistenkongreß gewesen, der von zaristischen Spionen auseinandergetrieben wurde, welche die von den flüchtenden Juden zurückgelassenen Papiere gesammelt hätten – die Protokolle. In Zeiten der arabisch-israelischen Kriege diente diese notorische Fälschung den Arabern besonders als »Beweis« für den Beginn des offenen jüdischen Kampfes um die Weltherrschaft.

Ruth Körner

Literatur: Norman Cohn, Die Protokolle der Weisen von Zion. Der Mythos von der jüdischen Weltverschwörung. Köln, Berlin 1969.

**Rassenhygiene**
Den Begriff Rassenhygiene prägte der Rassenkundler Alfred Ploetz 1895. Unter Berufung auf Darwin und seine Schule postulierte Ploetz den Kampf ums Dasein als einzige Möglichkeit einer Verbesserung der zivilisierten Rassen. Als praktische Maßnahmen zur Erreichung dieses Zieles sah er unter anderem die frühe und vollständige staatliche »Ausjätung« sowie die Verhinderung der Fortpflanzung »Minderwertiger« und die Bekämpfung der »Keimgifte« (Tuberkulose, Syphilis und Alkoholismus) vor. Um für seine Ziele zu werben, gründete Ploetz 1904 die Zeitschrift ›Archiv für Rassen- und Gesellschaftsbiologie‹ und 1905 die ›Deutsche Gesellschaft für Rassenhygiene‹.

Sein Schüler Fritz Lenz, Herausgeber und Redakteur des Archivs und Mitverfasser des 1921 erschienenen Standardwerkes ›Grundriß der menschlichen Erblichkeitslehre und Rassenhygiene‹, wurde 1923 in München Inhaber der ersten Professur für Rassenhygiene und 1933 Professor für Eugenik (Erbgesundheitslehre) in Berlin. Im selben Jahr erschien seine Schrift ›Die Rasse als Wertprinzip‹, die neben den Schriften der Rassentheoretiker Arthur Graf Gobineau und Houston Stewart Chamberlain, mit ihrer Verherrlichung der germanischen Rasse, großen Einfluß auf die Rassenideologie und die Weltanschauung Hitlers und der Nationalsozialisten hatte.

Die Nationalsozialisten forderten neben der Verhinderung der Fortpflanzungsmöglichkeit für Erbkranke und »Minderwertige« vor allem das Verbot der Vermischung von Ariern und Juden, die als Parasitenrasse deklariert wurden. Mit der Machtübernahme 1933 setzte die »rassenhygienische Erneuerung des deutschen Volkes« ein. Das

Gesundheitswesen wurde gesetzlich vereinheitlicht, und Beratungsstellen für Erb- und Rassenpflege wurden eingerichtet, deren leitende Ärzte zentral geschult wurden. Ein »Reichsausschuß für Volksgesundheit« versorgte Schulen, Partei und staatliche Stellen mit entsprechendem Unterrichtsmaterial. Zudem wurden in jedem Gau neben den Gesundheitsämtern noch rassenpolitische Ämter der NSDAP eingerichtet. Ihre Leiter waren in der Regel die Dozenten für Rassenhygiene an den Universitäten der betreffenden Gaue. Im Biologieunterricht der Gymnasien spielte die Rassenhygiene eine wichtige Rolle, und im Staatsexamen für Mediziner wurde sie Hauptfach. Auf diese Weise wurden Partei, Staat und Wissenschaft immer enger miteinander verbunden.

Zur weiteren Verwirklichung rassenhygienischer Ziele wurde von Reichsinnenminister Frick 1933 ein »Sachverständigenbeirat für Bevölkerungs- und Rassenpolitik« ins Leben gerufen, der als Beratungsgremium bei der Gesetzesausarbeitung für folgende Gesetze tätig wurde: Gesetz zur Verhütung erbkranken Nachwuchses (1933), Gesetz gegen gefährliche Gewohnheitsverbrecher (1933), Erbhofgesetz (1933), Gesetz zur Förderung der Eheschließungen (1933), Einkommensteuergesetz (1934), Gesetz zum Schutz der Erbgesundheit des deutschen Volkes (1935) und Nürnberger Gesetze (1935). Von den Nürnberger Gesetzen brachte vor allen Dingen das »Gesetz zum Schutz des deutschen Blutes und der deutschen Ehre«, durch das Eheschließungen und »der außereheliche Verkehr zwischen Juden und Staatsangehörigen deutschen oder artverwandten Blutes« (»Rassenschande«) mit Strafandrohung belegt wurden, rassenhygienische Gedanken zum Ausdruck. Die Rassenhygiene spielte bei der »Euthanasie«-Aktion und der sogenannten Endlösung der Judenfrage eine große Rolle.

Willi Dreßen

**Rassenschande**

war ein Straftatbestand, der in dem »Gesetz zum Schutze des deutschen Blutes und der deutschen Ehre«, einem der drei sogenannten Nürnberger Gesetze, die im September 1935 erlassen wurden, festgelegt war. In diesem Gesetz, offiziell als »Blutschutzgesetz« bezeichnet, wurden Eheschließungen und der »außereheliche Verkehr zwischen Juden und Staatsangehörigen deutschen oder artverwandten Blutes« verboten und mit Zuchthaus oder Gefängnisstrafen bedroht. Verboten war ferner für Juden die Beschäftigung von weiblichen nichtjüdischen Angestellten unter 45 Jahren in ihren Haushalten und das Hissen der Reichsflagge.

Sonderregelungen gab es für jüdische »Mischlinge«: Mischling 2. Grades (Vierteljude) war nach den gesetzlichen Bestimmungen jeder, der nur einen jüdischen Großelternteil hatte, jüdischer Mischling 1. Grades (Halbjude) jede Person mit zwei jüdischen Großeltern. Personen mit drei jüdischen Großelternteilen waren den »Volljuden« rechtlich gleichgestellt. In Deutschland durften nur ausnahmsweise Mischlinge 1. Grades mit Genehmigung des Reichsinnenministers »Arier« heiraten.

Im nationalsozialistischen Sprachgebrauch wurde das Wort »Blutschande«, ursprünglich die Bezeichnung für Inzest, als Synonym für Rassenschande benutzt. Daneben wurde auch das Wort »Blutsünde« für Rassenschande gebraucht. Bestraft wurden nach dem Blutschutzgesetz nur Männer (Juden und Nichtjuden), weil nach offizieller Kommentarmeinung der Mann beim Geschlechtsverkehr der bestimmende Teil war. Dennoch wurden nicht selten auch Rassenschandeverfahren gegen Frauen durchgeführt.

Die Rassenschandeurteile fielen im allgemeinen recht hart aus. Viele Gerichte erkannten gegen Juden grundsätzlich auf Zuchthausstrafen, obwohl das nach einem Reichsgerichtsurteil vom 30. September 1938 »keinen Halt im Gesetz« fand. Der Begriff »außerehelicher Verkehr« wurde von manchen Gerichten (Hamburg) auf Küsse und Umarmungen ausgeweitet. Bei Nichtjuden wurden häufig die »Verführungskünste und die Geschlechtsgier« der Jüdinnen strafmildernd berücksichtigt.

Obwohl das Blutschutzgesetz keine Todesstrafe vorsah, wurde im Kriege bei Rassenschande in Verbindung mit der »Verordnung gegen Volksschädlinge« vom 5. September 1939 in Fällen der Ausnutzung der Kriegsumstände, wie Verdunkelung etc., sogar auf Todesstrafe erkannt.

Durch »Ausführungsverordnungen« wurden die Bestimmungen des Blutschutzgesetzes auch auf Zigeuner und Neger erweitert. Für Polen und Ostarbeiter war der Geschlechtsverkehr mit deutschen Frauen ebenfalls verboten und als Rassenschande mit der Todesstrafe bedroht. Die Hinrichtungen wurden in diesen Fällen durch Erhängen vollzogen, wobei zur Abschreckung meist die Insassen der Fremdarbeiterlager zuschauen mußten. In Ausnahmefällen wurden Fremdarbeiter nach entsprechenden Gutachten des Rasse- und Siedlungshauptamtes der SS (RuSHA) nicht hingerichtet, sondern »eingedeutscht«.

Frauen, die mit Juden oder Ostarbeitern etc. Geschlechtsverkehr hatten, wurden nicht selten als Rassenschänderinnen durch die Straßen der Städte geführt oder sogar in Konzentrationslager eingewiesen.

Eine besondere Regelung galt für SS- und Polizeiangehörige, denen Himmler mit Befehl vom 9. April 1939 »jede geschlechtliche Vereinigung mit Frauen einer andersrassigen Bevölkerung« verboten hatte. Ein weiterer Erlaß Himmlers vom 30. Juni 1942 bezog sich auf Polinnen. Obwohl auf die Verletzung des Verbotes gerichtliche Bestrafung stand, wurden diese Befehle offenbar nicht befolgt. Im ukrainischen Bezirk Kiew wurden sie nach Ansicht des dortigen SS- und Polizeigerichtsvorsitzenden von 50 Prozent sämtlicher SS- und Polizeiangehörigen übertreten. Diese Verstöße wurden jedoch weitgehend stillschweigend geduldet und nicht durch die SS- und Polizeigerichte geahndet.

Willi Dreßen

Literatur: Lothar Gruchmann, »Blutschutzgesetz« und Justiz. In: Vierteljahrshefte für Zeitgeschichte 31 (1983), Seite 418–442; Hans Robinsohn, Justiz als politische Verfolgung. Die Rechtsprechung in »Rassenschandefällen« beim Landgericht Hamburg 1936–1943. Stuttgart 1977.

## Rechtfertigung des NS-Staates

Alle Anstrengungen, den historischen Nationalsozialismus zu rehabilitieren, um damit modernisierte Varianten dieser Ideologie gesellschaftsfähig zu machen, stoßen auf das Hindernis seiner moralischen Kompromittierung durch den von ihm ausgelösten Weltkrieg und die in seinem Zeichen verübten Verbrechen. Aus diesem Grund werden die Ergebnisse der wissenschaftlichen Geschichtsschreibung mit großer Hartnäckigkeit und erheblichem materiellem Aufwand angefochten, um eine den Nationalsozialismus freisprechende Meinung zu verankern. Diese meist über »graues Schrifttum« verbreitete Entlastungspropaganda stützt sich auf Abhandlungen einer Gruppe von überwiegend nicht wissenschaftlich ausgebildeten Historikern, die in apologetisch-revisionistischer Absicht gegen die Forschungsergebnisse der Fachwissenschaft Position beziehen.

Zu den immer wieder abgehandelten Themen dieser Tendenzgeschichtsschreibung zählen: Kriegsschuldfrage, Leugnung und Verharmlosung der dem NS-Regime vorgeworfenen Verbrechen gegen Menschlichkeit, Völkerrecht und Kriegsrecht, Verherrlichung der Deutschen Wehrmacht und Kritik der europäischen Nachkriegsordnung. Im allgemeinen konzentriert sich die historische Betrachtung auf Politik- und Kriegsgeschichte; es dominiert der ereignisgeschichtliche Zugang. Als Triebkräfte der historischen Prozesse werden fast ausschließlich einzelne Personen – Hitler, Churchill, Roosevelt, Stalin usw. – angegeben, denen entsprechend dem ideologisch bestimmten Freund-Feind-Schema jeweils ausschließlich gute oder böse Absichten unterstellt werden. Was sich aus diesen personalisierenden Erklärungen nicht begründen läßt, wird häufig mit nebulosen Verschwörungstheorien abgestützt, nach denen das nationalsozialistische Deutschland Ziel und Opfer von Weltverschwörungen der Juden, Kommunisten, Freimaurer usw. gewesen sei.

Charakteristisch für die apologetische Geschichtsschreibung sind Darstellungen, in denen die Geschichte wie ein »Steinbruch« ausgebeutet wird, um mit aus dem Zusammenhang gerissenen Einzelfakten, oft unter Mißachtung des chronologischen Ablaufs, ein dem Propagandaziel entsprechendes Geschichtsbild zu montieren. Dabei werden entscheidende Fakten und Zusammenhänge ignoriert, falsche Kausalzusammenhänge konstruiert, Ursache und Wirkung vertauscht, um den Nationalsozialismus von seiner historischen Schuld zu entlasten. Das Produkt dieser Manipulationen sind Geschichtsklitterungen, Zerrbilder der historischen Wahrheit. Eine verfeinerte Methode besteht darin, den Interpretationen der wissenschaftlichen Geschichtsschreibung in weiten Passagen zu folgen, um dann bei den entscheidenden Fragen die apologetisch-revisionistische Version einzubauen.

Es dominieren affektgeladene Darstellungsformen und eine geringe Bereitschaft zu rationaler Analyse sowie das häufige Ansprechen von Vorurteilen und die Aktivierung von Ressentiments. Eine beliebte Argumentationsform rechtfertigender Geschichtsschreibung ist das »Aufrechnen« von allen möglichen Untaten der Weltgeschichte, um die nationalsozialistischen Verbrechen zu relativieren. Durch den Hinweis auf fremde Schuld soll die eigene geringer erscheinen, um möglichst alle Nationen auf das moralische Niveau des Nationalsozialismus herabzuziehen. Bewußt wird dabei der Unterschied zwischen (fraglos unentschuldbaren) Exzessen und grausamen Geschehnissen im Zuge von Kriegshandlungen und der aus rassistischen Motiven angeordneten und planmäßig durchgeführten Verfolgung und Vernichtung von wehrlosen Minderheiten verwischt.

Die Verteidiger des Nationalsozialismus legen wenig Wert auf die Überprüfbarkeit ihrer eigenen Aussagen, können sie doch mit einer gläubigen Lesergemeinde rechnen, die alles bereitwillig annimmt, was die vorgefaßte Meinung stützt. Entsprechend gering ist die Bereitschaft zur Beachtung der Grundregeln wissenschaftlicher Arbeit und Redlichkeit. Besonders charakteristisch ist der skrupellose Umgang mit Fachliteratur und Quellen, wenn es gilt, die apologetischen Interpretationen abzustützen. Zu den häufigsten Tricks und Manipulationsmethoden, um Wissenschaftlichkeit vorzutäuschen, zählen:

- Ignorieren beziehungsweise Abwerten aller gegen die eigene Geschichtsversion sprechenden Quellen,
- dafür Herausstreichen und Überzeichnen von scheinbaren oder tatsächlichen Unklarheiten und Widersprüchlichkeiten in Details – seien sie nun von der Geschichtswissenschaft bereits erkannt und aufgeklärt oder nicht –, um daraufhin die gesamte wissenschaftliche Beweisführung pauschal als unglaubwürdig abzuqualifizieren.
- Verzerrende Deutung von Quellen durch Ausblendung zentraler Aussagen, die gegen die apologetische Interpretation sprechen würden;
- Vortäuschen von Wissenschaftlichkeit durch Zitierweisen, die jedoch eine Überprüfung der aufgestellten Be-

hauptungen nicht zulassen. Besonders häufig ist ein gegenseitiges »Sich-im-Kreis-Zitieren« der einschlägig bekannten Autoren;
- Verfälschendes Zitieren durch sinnentstellende und sinnverkehrende Auslassungen, Umstellungen oder Einfügungen, so daß der ursprünglich vom Autor beabsichtigte Sinn der zitierten Aussage verzerrt oder gar ins Gegenteil verkehrt wird;
- »Unterschlüpfen« unter die Autorität und das Prestige berühmter Persönlichkeiten oder Institutionen (UNO, Rotes Kreuz, Gerichte) durch Zitierung von willkürlich aus dem Sinnzusammenhang gerissenen Teilaussagen oder der Unterschiebung von Aussagen zur Bestätigung der eigenen Glaubwürdigkeit.

Zentrales Agitationsfeld revisionistischer Geschichtsschreibung sind nach wie vor die Massenmordaktionen des NS-Regimes gegen ethnische Minderheiten und andere ausgegrenzte Bevölkerungsgruppen. Besonders bei den Versuchen, die Massenvernichtung der Juden zu bestreiten, lassen sich mehrere Argumentationslinien feststellen:
- generelle Leugnung der Judenvernichtung;
- Leugnung der fabrikmäßigen Massentötung in Gaskammern, aber Zugeben von Tod durch Hunger und Seuchen;
- Zugeben der Massenverbrechen, aber Anzweifeln der Höhe der Zahl der Opfer;
- Zugeben der Verbrechen, aber Darstellung als Übergriffe von Untergebenen, von denen Hitler nichts gewußt haben soll;
- Darstellung der Verbrechen als Folge von Kriegshandlungen, an denen die Juden selbst schuld gewesen seien, da sie Deutschland angeblich den Krieg erklärt hätten.

Diesen einander widersprechenden Entlastungsargumentationen sind die Erkenntnisse der wissenschaftlichen Historiographie entgegenzuhalten. Danach sind die Massenverbrechen des Nationalsozialismus in vielfältiger Weise zu belegen, obwohl noch in den letzten Kriegsphasen angesichts des sich abzeichnenden Sieges der Alliierten versucht worden ist, systematisch sämtliche Zeugen der Massenmorde zu beseitigen, und alle Spuren zu tilgen. Historiker, aber auch Gerichte stützen sich auf folgende Beweise:

- Dokumente und Akten nationalsozialistischer Dienststellen und Ämter;
- Photographien und Filmaufnahmen nationalsozialistischer Dienststellen;
- Photographien von einzelnen Angehörigen der SS und der Wehrmacht, die trotz strengstem Verbot aufgenommen und häufig auch bei Kriegsgefangenen gefunden wurden;
- Photographien und Filme, welche von den Alliierten bei der Befreiung der Konzentrations- und Vernichtungslager aufgenommen wurden;
- Aussagen von Opfern, welche die Verfolgung überlebten;
- Aussagen von Zeugen aus der nicht beteiligten Zivilbevölkerung, der Wehrmacht und anderen Personengruppen;
- Aussagen von Tätern, die oft nach ihrer rechtskräftigen Verurteilung, als es keinen Grund mehr zum Leugnen gab, ihre Taten zugaben oder ihr Wissen um die Massenverbrechen des Nationalsozialismus preisgaben. Hier ist besonders darauf zu verweisen, daß bei Gerichtsverfahren von den Beschuldigten fast nie die Tatsache dieser Verbrechen abgestritten wurde, sondern immer nur ihre persönliche Beteiligung. Auch der häufig als Entlastungsgrund strapazierte »Befehlsnotstand« stellt eine Verteidigungsstrategie dar, die die Tatsache dieser Verbrechen nicht in Abrede stellt.

Die aufwendigsten Beweissicherungsverfahren wurden von den Alliierten in den Nürnberger Prozessen und von Justizbehörden vor allem in der Bundesrepublik Deutschland durchgeführt. Die apologetische Geschichtsschreibung kommt an diesen Beweisen nicht vorbei. Um sie zu entkräften, muß sie pauschal alle belastenden Zeugenaussagen für erlogen, Geständnisse für erfoltert, Dokumente, Photographien und Filmaufnahmen für gefälscht oder manipuliert erklären.

Die breite Öffentlichkeit steht dieser unverhohlenen Spekulation mit Informationsdefiziten, mit ihrer Fülle von absurden Thesen, unbewiesenen Behauptungen, Verdrehungen, Verfälschungen, zynischen Zahlenspielereien und dem immer wieder angewendeten argumentativen Verwirrspiel oft hilflos gegenüber. Obwohl die Methode, immer

neue Behauptungen aufzustellen und von der Fachwissenschaft den Gegenbeweis zu verlangen, von keinem Wissenschaftszweig akzeptiert werden kann, muß sich die Geschichtswissenschaft immer wieder mit den Propagandaeinfällen der NS-Apologeten auseinandersetzen, stößt doch
diese pseudowissenschaftliche Literatur immer noch auf
beträchtliches Interesse.

Gustav Spann

## »Reichskristallnacht«

Als am 7. November 1938 der 17jährige polnische Jude
Herschel Grynszpan den Legationssekretär Ernst vom
Rath in der deutschen Botschaft in Paris mit mehreren Revolverschüssen niederstreckte und so schwer verletzte, daß
mit seinem Ableben gerechnet werden mußte, nahmen die
Nationalsozialisten dies zum willkommenen Anlaß, einen
schon lange vorbereiteten vernichtenden Schlag gegen das
verhaßte Judentum in die Wege zu leiten. Sofort nach der
Tat wurde die gleichgeschaltete deutsche Presse bis ins Detail angewiesen, wie sie das Attentat als »Anschlag des
Weltjudentums« groß herausstellen sollte.

Ernst vom Rath erlag am 9. November seinen Verletzungen. Zum Zeitpunkt seines Todes feierten gerade die »Alten Kämpfer« in München mit Hitler die Erinnerung an
den traditionellen Marsch zur Feldherrnhalle im Jahr 1923.
Hitler erfuhr vom Tod des Pariser Botschaftsmitgliedes,
sprach längere Zeit mit Goebbels und verließ dann die Versammlung. Goebbels teilte den Anwesenden mit, vom
Rath sei der Kugel des »jüdischen Mordbuben« erlegen. In
einer antisemitischen Haßtirade forderte er Vergeltung
und Rache. Die Rede wurde, wie beabsichtigt, als indirekte Aufforderung zum Handeln verstanden, die Partei- und
SA-Funktionäre wiesen ihre Gruppierungen in den ihnen
unterstehenden Bereichen an, den Pogrom in die Wege zu
leiten. Wohlvorbereitet durch bereits zuvor erstellte Listen
von jüdischen Einrichtungen und Geschäften und angeheizt durch die Pressekampagnen der vorangegangenen
Tage brachen nun in der Nacht zum 10. November die NS-
Banden über die jüdischen Kultuseinrichtungen und Geschäfte herein, Juden wurden mißhandelt, ermordet und zu
Tausenden in Konzentrationslager eingeliefert. Synagogen

wurden in Brand gesteckt, Versuche, die Brände zu löschen, von den Brandstiftern verhindert. In der Presse hieß es dann anderntags: »Des Volkes Zorn nahm Vergeltung an den jüdischen Ladengeschäften, denen größtenteils sämtliche Fenster eingeschlagen wurden« (daher »Reichskristallnacht«).

Von »des Volkes Zorn« konnte allerdings keine Rede sein. Die meisten Bürger verfolgten die Geschehnisse passiv, manche entrüstet, und einige halfen auch vom Pogrom Betroffenen. Absurd erschien schon damals vielen die Behauptung einer »Verschwörung des Weltjudentums«: Ein 17jähriger Junge schien denn doch nicht das geeignete Werkzeug für eine Weltverschwörung. Grynszpan wollte, wie er bei den Verhören den französischen Behörden gegenüber immer wieder betonte, die Deportation seiner Familie aus Deutschland zurück nach Polen rächen, von der er kurz vor der Tat durch einen Brief erfahren hatte. Er hatte zu diesem Zweck spontan einen Revolver erworben und nicht etwa – was ja ein viel größeres Aufsehen erregt hätte – den deutschen Botschafter in Paris erschossen, sondern einen unbedeutenden Legationssekretär, zu dem er bei seiner Vorsprache in der Botschaft zufällig geführt worden war.

Gleich nach dem Attentat tauchte bei Gegnern der Nationalsozialisten die Vermutung auf, Grynszpan sei von den Nazis für den Mordanschlag gedungen worden, um so einen Vorwand für die vorbereiteten Pogromaktionen zu haben. Für diese Theorie sprach in den Augen ihrer Vertreter das Propagandagetöse, mit dem die NS-Presse auf das Attentat reagiert hatte und nach dem Tod vom Raths die Präzision, mit der schlagartig gegen Juden und ihren Besitz vorgegangen worden war. Die äußerst gründlichen Ermittlungen der französischen Polizei ergaben aber keinerlei Hinweis darauf, daß Grynszpan ein Werkzeug der Nazis hätte gewesen sein können.

Das Gerücht, beim Anschlag auf vom Rath habe es sich um eine Tat im Homosexuellenmilieu gehandelt, wurde entweder von den Verteidigern oder Grynszpan selbst in die Welt gesetzt, um dessen Kopf zu retten. Die Nationalsozialisten wollten in einem Schauprozeß der Weltöffentlichkeit beweisen, daß Grynszpan als »Werkzeug des Weltjudentums« gehandelt habe. Die Anklage sollte auf Hoch-

verrat lauten und darauf stand die Todesstrafe. Wäre nun
in dem Sensationsprozeß vor Vertretern der Weltpresse
behauptet worden, der von den Nazis zum guten deutschen
Nationalsozialisten hochstilisierte vom Rath sei lediglich
Opfer einer Tat im Homosexuellenmilieu geworden, hätte
dies den wohlvorbereiteten Prozeß gegen »das Weltjudentum« zu einer riesigen Blamage für das Naziregime werden
lassen. Grynszpan, wegen einer angeblichen Hochverrats-
affäre später gesetzwidrig vom besiegten Frankreich an die
deutschen Behörden ausgeliefert, hätte außerdem wegen
eines »gewöhnlichen« Mordes in Deutschland kaum zum
Tode verurteilt werden können. Und so fand denn nie ein
Prozeß statt.

Herschel Grynszpan soll als »Sondergefangener« den
Krieg im Konzentrationslager Sachsenhausen überlebt haben, seine Spur verliert sich in den Wirren der letzten
Kriegsmonate. Für die deutschen Juden war der Weg vor-
gezeichnet von den Exzessen der »Reichskristallnacht« zur
physischen Vernichtung.

Wolfram Selig

Literatur: Wolfgang Benz (Hrsg.), Die Juden in Deutschland 1933 bis
1945. Leben unter nationalsozialistischer Herrschaft. München 1988;
Hermann Graml, Reichskristallnacht. Antisemitismus und Judenverfolgung im Dritten Reich. München 1988; Walter H. Pehle (Hrsg.),
Der Judenpogrom 1938. Von der »Reichskristallnacht« zum Völkermord. Frankfurt a. M. 1988.

## Reichstagsbrand

Am Abend des 27. Februar 1933 ging das Reichstagsge-
bäude in Berlin in Flammen auf. Der 24jährige Holländer
Marinus van der Lubbe, ein Anhänger syndikalistischer
Ideen, wurde kurze Zeit nach Ausbruch des Brandes noch
innerhalb des Gebäudes verhaftet. Die NSDAP-Führung
nahm diesen Vorfall zum Anlaß, ihre diktatorische Herrschaft mit der Verkündung der Notverordnung »zum
Schutz von Volk und Staat« am folgenden Tag weiter zu
festigen. Als die wahren Nutznießer des Reichstagsbrandes
gerieten die Nationalsozialisten sogleich in den Verdacht,
in die Brandstiftung – als Täter oder zumindest als Draht-
zieher – selbst verwickelt zu sein. Die Frage »Cui bono?«
verhinderte auch nach dem Ende des Dritten Reiches lange

Zeit eine unvoreingenommene wissenschaftliche Beschäftigung mit Tat und Urheberschaft.

Bei den polizeilichen Vernehmungen legte van der Lubbe ein volles Geständnis ab; drei frühere, versuchte Brandstiftungen an öffentlichen Gebäuden Berlins gab er ebenfalls zu. Als Motiv nannte er politische Gründe: Mit seiner Tat habe er die Arbeiter zum Kampf für die Freiheit aufrütteln wollen. Ausdrücklich beharrte er darauf, die Brände allein, ohne Helfer oder Hintermänner gelegt zu haben. Die Polizei zog van der Lubbes Alleintäterschaft zunächst auch nicht in Zweifel. Hitler, Göring und Goebbels waren jedoch entschlossen, die Aktion des Holländers als das Signal zu einem wohlvorbereiteten kommunistischen Umsturzversuch hinzustellen. Die Brandlegung verschaffte der NSDAP somit nicht nur ein hochwillkommenes Wahlkampfthema für die Reichstagswahlen am 5. März, sondern lieferte zugleich den Vorwand für Verhaftungen zahlreicher KPD-Funktionäre sowie für ein generelles Verbot der kommunistischen Presse. Die »Reichstagsbrandverordnung« vom 28. Februar 1933 setzte, noch vor dem Ermächtigungsgesetz vom 24. März 1933, die Grundrechte außer Kraft und schuf die Voraussetzungen für die Gleichschaltung der Länder und die Unterdrückung politischer Gegner. Mit der sogenannten Lex van der Lubbe vom 29. März wurde, rückwirkend zum 31. Januar 1933, die Todesstrafe für »aufrührerische Brandstiftung« eingeführt. Dies bedeutete einen Bruch des Rechtsgrundsatzes »nulla poena sine lege«.

Der Prozeß gegen van der Lubbe, den KPD-Fraktionsvorsitzenden Ernst Torgler und drei bulgarische Kommunisten vor dem Reichsgericht in Leipzig endete im Dezember 1933 für alle vier Mitangeklagten mit einem Freispruch mangels Beweisen. Dennoch wurde in der Begründung des Todesurteils für van der Lubbe die Fiktion der kommunistischen Beteiligung weiter aufrechterhalten. Schon zuvor hatte jedoch die KPD den Spieß umgedreht und mit einigem Erfolg versucht, mit Hilfe von »Braunbüchern« ihre Behauptung von der Täterschaft der Nationalsozialisten zu untermauern. Daß der am 10. Januar 1934 hingerichtete Holländer als Einzeltäter gehandelt haben könnte, schloß die kommunistische Version – in diesem Punkt mit der nationalsozialistischen identisch – kategorisch aus.

Als der Amateurhistoriker Fritz Tobias diese Sicht Anfang der sechziger Jahre grundsätzlich in Frage stellte und überzeugende Belege für die These von der Alleintäterschaft vorlegte, löste er damit eine bis heute andauernde Kontroverse aus. Einige seiner Kritiker schreckten selbst vor Fälschungen nicht zurück, um diese These zu widerlegen. Die bisher vorliegenden Forschungsergebnisse lassen jedoch kaum einen anderen Schluß zu als den, daß Marinus van der Lubbe mit an Sicherheit grenzender Wahrscheinlichkeit als Einzeltäter handelte.

Werner Bührer

Literatur: Uwe Backes u. a., Reichstagsbrand – Aufklärung einer historischen Legende. München 1986; Ulrich von Hehl, Die Kontroverse um den Reichstagsbrand. In: Vierteljahrshefte für Zeitgeschichte 36 (1988), Seite 259–280.

## Röhmputsch

Am 13. Juli 1934 suchte Hitler die Ermordung Ernst Röhms, hoher SA-Führer und zahlreicher politischer Gegner des Nationalsozialismus in einer Rede vor dem Reichstag zu rechtfertigen: Röhm habe in seinem Umkreis Korruption, Homosexualität und Ausschweifungen zugelassen und ermuntert, Röhm und die SA hätten der Revolution um der Revolution willen gehuldigt, ihre Meuterei sei gebrochen worden: »Ich habe Befehl gegeben, die Hauptschuldigen an diesem Verrat zu erschießen.« Hitler hatte für die Mordaktionen am 30. Juni und 1. Juli gleich drei Begründungen: Korruption, die der SA nicht mehr als den anderen NS-Organisationen vorgeworfen werden konnte, Homosexualität – diese Veranlagung Röhms und vieler Männer seiner Umgebung war seit Jahren bekannt und hatte bis dahin nicht gestört – und schließlich Meuterei, das heißt, Hitler unterstellte einen direkt bevorstehenden Putsch, den er in Staatsnotwehr mit Gewalt habe ersticken müssen. Der Vorwurf der Korruption und der homosexuellen Veranlagung hätte wohl die sofortige Erschießung hoher SA-Führer, vor allem aber auch vieler politischer Gegner aus den unterschiedlichsten Lagern, kaum rechtfertigen können, und anerkannt worden waren vom Reichstag am 2. Juli als Rechtfertigung für die Morde auch »nur« die

»zur Niederschlagung hoch- und landesverräterischer Angriffe ... vollzogenen Maßnahmen«.

Hatte Hitler wirklich nur einen Putsch der SA im Keime erstickt, wie er der Welt einzureden versuchte?

Die SA, seit 1931 von Röhm reorganisiert und planmäßig verstärkt, hatte nach der Ernennung Hitlers zum Reichskanzler – oft mit brachialer Gewalt – wesentlich dafür gesorgt, daß in allen Bereichen die Gleichschaltung durchgesetzt werden konnte: Die Parteien waren aufgelöst, die Gewerkschaften beseitigt, alle Posten vom Bürgermeister bis zum Ministerpräsidenten, alle wichtigen Verwaltungsstellen waren in den Händen von Nationalsozialisten oder von Leuten, die sich rechtzeitig auf deren Seite geschlagen hatten. Und nun stellte sich heraus, daß die SA-Männer, die eigentlichen Kämpfer der »nationalen Revolution«, gegenüber den Leuten der Politischen Organisation (PO), den Parteikarrieristen, den kürzeren gezogen hatten. Die Anhänger der NS-Bewegung, die sich – oft arbeitslos – aus materieller Not und in der Hoffnung, durch die Partei einen Posten zu finden, der SA angeschlossen hatten, die in den Straßenkämpfen und Saalschlachten den Kopf hingehalten hatten, sahen sich um den »verdienten Lohn« gebracht. Verbittert stellte Röhm fest: »Während die politischen Leiter die höchsten Staatsstellen erklimmen..., hat die SA das Gefühl, nach erkämpftem Sieg zur Seite gedrückt und benachteiligt zu werden.« Die SA wollte zur Korrektur des bislang Erreichten eine »zweite Revolution«, die in der Schaffung eines SA-Staates enden sollte.

Hitler, zunächst einer Weiterführung der Revolution nicht abgeneigt, sah sich durch die politischen Gegebenheiten gezwungen, die Revolution »in das ruhige Bett der Evolution« überzuleiten. Die wirtschaftliche Lage erforderte eine Beendigung der permanenten Revolution, die Ambitionen Röhms, SA und Reichswehr zu einem Milizheer zu verschmelzen, drohten Hitler, das Wohlwollen der Militärs zu entziehen, auf das er vor allem im Hinblick auf die Nachfolge in der Reichspräsidentschaft angewiesen war. Letztendlich wurde der zögernde Hitler durch die Marburger Rede des Vizekanzlers von Papen am 17. Juni 1934, in der sich dieser gegen das Gerede von der zweiten Revolution verwahrte und vor einem Vertrauensschwund des Volkes gegenüber der Regierung warnte, zum Handeln gezwungen. Im sogenannten Röhmputsch suchte Hitler mit einem Schlag die »bürgerliche Reaktion« einzuschüchtern und seine innerparteilichen Gegner zu eliminieren. Einmal zum Losschlagen entschlossen, wurde der Putsch gegen Röhm planmäßig vorbereitet: Nachrichten über einen angeblich bevorstehenden Putsch wurden verbreitet, ebenso Gerüchte über große Waffenkäufe der SA. Das ohnehin gespannte Verhältnis zwischen SA und Reichswehr wurde systematisch noch weiter verschlechtert und so die Reichswehr dazu bewogen, beim Schlag gegen die SA-Führung Hilfestellung zu leisten durch die Bereitstellung von Transportraum, Waffen, Munition und Unterkünften.

Röhm und die SA-Führung wurden von dem Schlag Hitlers völlig unvorbereitet getroffen. Sicher waren sie gewillt, sich ihren Teil am Sieg der NSDAP, wenn nötig mit Gewalt, zu holen, aber ein Putsch ihrerseits war im Sommer 1934 nicht aktuell, sonst hätte Röhm wohl kaum den Großteil der SA im Juni/Juli in Urlaub geschickt.

Die Festnahme der SA-Führung verlief einfach und reibungslos, hatte doch Hitler selbst für den 30. Juni eine SA-Führertagung anberaumt. Die in Bad Wiessee befehlsgemäß Versammelten ließen sich von den durch Hitler persönlich angeführten Häschern widerstandslos festnehmen. Widerstand wäre wohl auch zwecklos gewesen, hatte doch der »Putschist« Röhm seine Stabswache in München gelassen. Die erst am Morgen des 30. Juni in München eintreffenden ahnungslosen SA-Führer wurden direkt am Hauptbahnhof festgenommen und zusammen mit den in Wiessee Verhafteten ins Gefängnis Stadelheim eingeliefert. Von den rund 200 dort als »Staatsgefangene der Reichsregierung« Einsitzenden wurden noch am Abend des 30. Juni sechs auf direkten Befehl Hitlers erschossen. Röhm selbst wurde, nachdem er sich geweigert hatte, sich selbst zu erschießen, in seiner Zelle mit Revolverschüssen niedergestreckt. Weitere SA-Führer wurden in Berlin, Dachau und anderen Städten umgebracht.

Über die Liquidierung der SA-Führung hinaus nahmen die Nationalsozialisten den vorgeblichen Putsch Röhms zum Anlaß, sich im ganzen Reich politischer Gegner zu entledigen oder auch »nur« blutige Rache zu nehmen: Konservative, wie der Mitverfasser von Papens Marburger Rede, Edgar Jung, wurden ebenso ermordet wie ehemalige

Parteigänger, z. B. Gregor Strasser; Gustav von Kahr, der 1923 den Hitlerputsch scheitern ließ, gehörte ebenso zu den Mordopfern wie der profilierte Katholik und kämpferische Hitlergegner Fritz Michael Gerlich. Eine amtliche, nicht vollständige Liste nennt 83 Tote.

Hitler hatte in einem barbarischen Akt fünf Probleme auf einen Schlag gelöst: Er hatte die SA als politische Kraft ausgeschaltet, die Ansprüche der Reichswehr befriedigt, zur Beruhigung der über Willkür und sichtbaren Terror der SA empörten Bevölkerung beigetragen, konservative Gegnerschaft im Ansatz zerschlagen und den endgültigen Abschluß der Machtergreifung, die Nachfolge in der Reichspräsidentschaft, geregelt. Gleichzeitig hatte der 30. Juni 1934 aber auch in grausamer Deutlichkeit enthüllt, wozu Hitler und seine Spießgesellen fähig waren.

Wolfram Selig

Literatur: Peter Longerich, Die braunen Bataillone. Geschichte der SA. München 1989.

## Rote Gefahr

Bereits in der Weimarer Republik, vor allem aber durch Goebbels' Propaganda zur Zeit der Herrschaft des Nationalsozialismus, wurden weite Kreise der deutschen Bevölkerung antikommunistisch geprägt. Nach dem Zweiten Weltkrieg kam es dennoch zu einem kurzen Aufleben sozialistischer Strömungen. In Übereinstimmung mit den Beschlüssen der Potsdamer Konferenz von 1945 gab es bis in die CDU hinein Forderungen nach Entmachtung der Konzernherren und einer Entflechtung des deutschen Großkapitals.

Die wenigen überlebenden Kommunisten genossen als ausgewiesene Antifaschisten besonders in den Betrieben einiges Ansehen. Auch an den ersten Nachkriegsregierungen der westzonalen Länder waren sie beteiligt.

Bereits 1946 aber begann der »Kalte Krieg«; die in der Anti-Hitler-Koalition der Alliierten mühsam unterdrückten Interessengegensätze wurden unüberbrückbar. Vor allem die USA setzten nun auf eine restaurative, antisowjetische Haltung. Die Reparationspolitik der UdSSR und die Zwangsvereinigung von SPD und KPD zur SED in der sowjetischen Besatzungszone schürten den Antikommunismus. In der Folge veränderte sich in der Bundesrepublik die Politik der CDU hin zur »sozialen Marktwirtschaft«, die SPD wurde von einer Arbeiter- zur Volkspartei, und die KPD verlor jeden Einfluß. Bei den Bundestagswahlen 1949 erhielt sie 5,7 Prozent, 1953 2,2 Prozent der Stimmen. Dennoch wurde die KPD 1956 verboten, ihre Mitglieder wurden verfolgt. Obwohl es auch nach der Gründung der DKP 1969 und dem Entstehen kommunistischer Splitterparteien in den 70er Jahren bei der Bedeutungslosigkeit kommunistischer Organisationen blieb, verfügte die sozialliberale Koalition 1972 Berufsverbote für »Extremisten« im öffentlichen Dienst, die sogar in der DKP organisierte Briefträger und Lokführer trafen.

Sabine Berloge

## ›Der Ruf‹ und die Gründung der »Gruppe 47«

Am 15. August 1946 erschien die erste Nummer der Zeitschrift ›Der Ruf‹, mit dem Untertitel ›Unabhängige Blätter der jungen Generation‹. Als Herausgeber zeichnete für die ersten drei Hefte Alfred Andersch allein, ab Heft 4 gemeinsam mit Hans Werner Richter. Verleger und Lizenzträger waren Curt Vinz und Berthold Spangenberg. Vinz, Richter und Andersch kannten einander aus der amerikanischen Kriegsgefangenschaft und hatten dort bereits im Auftrag der Amerikaner eine Zeitschrift gleichen Namens für die deutschen Kriegsgefangenen entwickelt und herausgegeben.

Auch in Deutschland richtete sich ›Der Ruf‹ an die ehemaligen deutschen Soldaten, besonders an die Gruppe der 18- bis 35jährigen, bei denen am ehesten auf ein Interesse an der tiefgreifenden politischen Umgestaltung Deutschlands zu rechnen war. Die zweimal monatlich erscheinende Zeitschrift, die eine Auflage von über 100 000 erreichte, profilierte sich politisch einerseits mit dem Votum für einen »sozialistischen Humanismus«. Plädiert wurde damit für eine Aufhebung der Gegensätze zwischen westlicher und östlicher Ideologie, für eine Beerbung jeweils der besten Traditionen, die ein neu sich definierendes Europa – und darin auch die politische Ausrichtung eines »neuen Deutschland« – prägen sollten.

Scharf und polemisch setzten sich Andersch und Richter andererseits von der Kollektivschuld-These ab und bekämpften dementsprechend die Besetzung Deutschlands sowie die alliierten Programme der »Re-education«. Neben einer emphatisch sozialistischen gab es demnach zugleich eine durchaus nationalistisch zu nennende Ausrichtung der Zeitschrift, deren Verbalradikalismus provokativ wirkte und wirken sollte.

Die Auswirkungen bekamen die Herausgeber denn auch bald zu spüren – in der amerikanisch inspirierten Presse, besonders der ›Neuen Zeitung‹ in München, wurde ›Der Ruf‹ wegen seiner fortgesetzten Angriffe auf die Politik der Alliierten in Deutschland mehrfach kritisiert (darunter auch, unter Pseudonym, vom Nachfolger Anderschs und Richters als Herausgeber, Erich Kuby). In dieser öffentlichen Kritik mag dann der Nährboden für die im folgenden immer wieder kolportierte Auffassung gelegen haben, im April 1947 sei ›Der Ruf‹ nach nur 16 Nummern von den Amerikanern verboten worden – weil er »zu links« gewesen sei.

Dieser weithin verbreiteten Meinung stehen indes die Fakten gegenüber: Keineswegs nämlich bezog sich die Kritik auf die eher diffusen Sozialismus-Vorstellungen von Andersch und Richter, vielmehr richtete sie sich gegen deren Nationalismus, auf dessen Basis sie gegen die Alliierten Front machten. Weiterhin gab es Auseinandersetzungen mit den Verlegern, mit Vinz, ganz besonders aber mit Spangenberg, der bereits Anfang April 1947 Erich Kuby als neuen Herausgeber der Zeitschrift gewonnen hatte. Die Verleger hatten den Eindruck, bei Andersch und Richter mit ihren Auffassungen kein Gehör mehr zu finden, diese setzten sich gegen den Druck des Verlags mit einer Kündigung zum 1. April 1947 zur Wehr. Diesen Kündigungen brauchte Vinz somit nur noch stattzugeben, um sich der ungeliebten Herausgeber zu entledigen. Woraus erhellt, daß es eines regelrechten Verbots der Zeitschrift durch die Alliierten gar nicht bedurfte.

Andersch und Richter planten danach zunächst eine neue Zeitschrift, die ›Der Skorpion‹ heißen sollte, stießen aber wiederum auf zahlreiche Hindernisse, so daß sie diesen Plan – eine Nullnummer existierte bereits – aufgaben. Statt dessen entstand im September 1947 die Literaturvereinigung »Gruppe 47«, die alsbald prägenden Einfluß auf die Literaturentwicklung in der Bundesrepublik erlangte; politische Standpunkte und Tendenzen durften hier programmatisch nicht Bestandteil der Debatten sein. Der ›Ruf‹ hingegen wurde, nach zwei weiteren Herausgeberwechseln, im März 1949 eingestellt.

Frauke Meyer-Gosau

Literatur: Jérôme Vaillant, Der Ruf. Unabhängige Blätter der jungen Generation (1945–1949). München 1978; Erich Kuby, Aus schöner Zeit. Vom Carepaket zur Nachrüstung. Der kurze deutsche Urlaub. Hamburg 1984.

## Seife aus Judenfett

Während des Nürnberger Hauptkriegsverbrecherprozesses 1945/46 behauptete der russische Anklagevertreter unter Vorlage einiger Zeugenaussagen und eines angeblich echten Rezeptes zur Herstellung von Seife aus (menschlichen) Fettresten, im Anatomischen Institut der Medizinischen Akademie in Danzig sei aus Leichen von Konzentrationslagerhäftlingen Seife hergestellt worden. Den Aussagen ist allerdings zu entnehmen, daß es sich um die Leichen von Hingerichteten aus dem Gefängnis handelte, die damals regelmäßig zu Lehrzwecken in der Anatomie benutzt wurden. Der Alliierte Gerichtshof ist weder bei den Verhandlungen noch im Urteil auf die russische Behauptung zurückgekommen.

Nachforschungen des Instituts für Zeitgeschichte im Jahre 1960 ergaben, daß die russischen Behauptungen unbegründet waren. Ein von der Staatsanwaltschaft Flensburg gegen den speziell beschuldigten Professor eingeleitetes Ermittlungsverfahren wurde im Sommer 1948 eingestellt, da alle Anschuldigungen widerlegt werden konnten.

Von fachmedizinischer Seite wurde darauf hingewiesen, daß der Anfall von Seife bei der Herstellung von Knochenpräparaten, beim Vorgang der sogenannten Mazeration, unvermeidbar sei und in anatomischen Instituten zwangsläufig erfolge. Möglicherweise war diese chemische Tatsache Anlaß für die Behauptung des russischen Anklägers.

Die auf den während des Krieges ausgegebenen Stücken der Einheitsseife eingeprägten Buchstaben RIF oder RJF bedeuteten nicht, wie manchmal behauptet wurde, »Reines Judenfett«, sondern standen für »Reichsstelle für Industrielle Fette und Waschmittel«.

Hellmuth Auerbach

Literatur: Der Prozeß gegen die Hauptkriegsverbrecher vor dem Internationalen Militärgerichtshof. Nürnberg 1947, Band VII (besonders Seite 656 ff.).

## Selbstmordwelle (nach 1929)

Während der Weltwirtschaftskrise sei die Zahl der Selbstmorde in Deutschland »gespenstisch« angestiegen; eine »beispiellose Selbstmordwelle« habe das Land ergriffen; Freitod sei hierzulande weitaus häufiger verübt worden als anderswo, er habe »mit Abstand Weltrekord« erreicht, behaupten angesehene deutsche Historiker in Standardwerken zur Geschichte der Weimarer Republik. Richtig ist dagegen folgendes: In der zweiten Hälfte des 19. Jahrhunderts stiegen – unter dem Eindruck von Industrialisierung und Urbanisierung – Geisteskrankheiten und Freitodfälle steil an. 1910 nahmen sich im Deutschen Reich – immer auf 1 Million Einwohner bezogen – 214 Menschen das Leben; es waren stets häufiger Männer, Städter, Protestanten, ältere Personen.

Wirtschaftliche Nöte hatten darauf wenig Einfluß: Nichts habe das deutsche Volk »so erbittert, so haßwütig, so hitlerreif gemacht wie die Inflation«, schrieb Stefan Zweig, aber die deutsche Selbstmordquote betrug auch 1923 wieder 214. Im Jahrfünft 1924–1928 stieg sie auf 248 – allerdings war die Bevölkerung seit 1910 auch deutlich älter und stärker verstädtert geworden. Fast alle Selbstmörder waren über 15 Jahre alt – dieser Bevölkerungsanteil machte 1910 nur 65,9, aber 1933 75,9 Prozent aus; die Großstädter hatten von 21,3 (1910) auf 30,4 Prozent (1933) zugenommen –, schon aus diesem Grund wird man mit einer Zunahme der Selbstmordquote rechnen müssen.

Im Jahrfünft 1929–1933 war sie noch etwas höher, nämlich 281. Weitaus höher lag sie in den Nachfolgestaaten der k.u.k. Monarchie: in Ungarn schon 1926 über 300, nach 1928 zwischen 300 und 350; in Österreich stand sie 1929 bei 360, später überstieg sie 400 bei weitem. In Deutschland blieb sie nach 1933 auf dem hohen Niveau von 1929–1932; die wirklich »gespenstische« Selbstmordwelle – sie ist bislang relativ unerforscht – kam erst bei Kriegsende, 1945.

Manfred Vasold

## »Sonderbehandlung«

Die Exekutivorgane der nationalsozialistischen Gewaltherrschaft, die SS und die ihr immer mehr untergeordnete Polizei (seit 17. Juni 1936 war der Reichsführer SS, Heinrich Himmler, zugleich Chef der Deutschen Polizei), hielten es bis zuletzt für angebracht, die Durchsetzung ihrer nur ideologisch, aber nicht moralisch und juristisch begründbaren Maßnahmen zur Ausmerzung angeblicher »Volksschädlinge« und »Volksfeinde« nicht nur vor den Gegnern, sondern auch gegenüber dem eigenen Volk geheimzuhalten und zu vertuschen. Man benutzte deshalb Tarnbezeichnungen und verschlüsselte Begriffe.

So wurde z. B. die Aktion der Tötung der Insassen deutscher Heil- und Pflegeanstalten (ab Oktober 1939) mit der Bezeichnung »Aktion T 4« getarnt (nach dem Sitz der Zentrale in Berlin, Tiergartenstraße 4). Ihre Durchführung lag u. a. in den Händen einer »Gemeinnützigen Krankentransport GmbH«. Bei der Benachrichtigung der Angehörigen über den gewaltsam herbeigeführten Tod gab man fingierte Todesursachen an. Eine gesonderte »Euthanasie«-Aktion in den Konzentrationslagern, denen auch viele einfach als »unerwünscht« eingestufte Häftlinge zum Opfer fielen, lief zwischen Ende 1941 und 1943 unter dem Kennwort »Sonderbehandlung 14 f 13«.

Der Gebrauch des Wortes »Sonderbehandlung« als Umschreibung von Tötung, meistens durch Exekution, ist im Bereich der Geheimen Staatspolizei (Gestapo), der Sicherheitspolizei und des SD (Sicherheitsdienst des Reichsführers SS) schon im September 1939 in mehreren Erlassen eingeführt worden. In einem Protokoll der Gestapo vom 26. September 1939 heißt es z. B.: »In der heutigen Referentenbesprechung legte Abteilungsleiter II [des Geheimen Staatspolizeiamts] nochmals die Richtlinien dar, nach denen die sogenannten Kriegsdelikte zu bearbeiten sind: a)

Sonderbehandlung, Exekution. . .«. Ein ehemaliger Sturm-
bannführer der SS und Kriminalrat im Reichssicherheitshauptamt (RSHA) der SS sagte nach dem Kriege dazu aus:
»Ich kann nicht mehr genau sagen, ob der Deckname ›Sonderbehandlung‹ für Exekution auf Grund eines Erlasses
eingeführt wurde und weiß auch nicht mehr, wo und wann
mir zum ersten Mal dies Code-Wort bekannt wurde. Wenn
ich mich recht erinnere, las ich es zum ersten Mal in den
Berichten, die von den Einsatzgruppen hereinkamen. Diese Berichte enthielten auf den letzten Seiten oftmals kurze
Zusammenfassungen über die Zahl der in den Einsatzge-
bieten erschossenen Personen. Jedenfalls war von da an
das Code-Wort ›Sonderbehandlung‹ für Exekution im
Reichssicherheitshauptamt allgemein bekannt.«

Mit »Sonderbehandlung« wurde nicht nur die Erschießung von Juden bezeichnet, sondern auch deren Ermordung durch Motorabgase (Kohlenmonoxyd) in speziellen
Lastwagen, die verschämt »S-Wagen« genannt wurden.
Am 15. Juni 1942 ging ein Telegramm des Befehlshabers
der Sicherheitspolizei und des SD im Reichskommissariat
Ostland folgenden Inhalts an das RSHA:

»Beim Kommandeur der Sipo und des SD Weißruthenien trifft wöchentlich ein Judentransport ein, der einer
Sonderbehandlung zu unterziehen ist.

Die 3 dort vorhandenen S-Wagen reichen für diesen
Zweck nicht aus. Ich bitte um Zuweisung eines weiteren
S-Wagen (5-Tonner). Gleichzeitig wird gebeten, für die
vorhandenen 3 S-Wagen (2 Daimond, 1 Saurer) noch 20
Abgasschläuche mitzusenden, da die vorhandenen bereits
undicht sind.«

Auch in Fällen der Aburteilung (d. h. Exekution) slawi-
scher Arbeiter, die mit deutschen Frauen und Mädchen
Geschlechtsverkehr hatten (was schon deshalb verboten
war, weil es gegen die rassistischen Gesetze verstieß), wurde der Begriff »Sonderbehandlung« verwendet.

Der Begriff »Sonderbehandlung« wurde allmählich so
bekannt, daß seine Tarnfunktion obsolet wurde. Himmler verbot deshalb, ihn im Zusammenhang mit der Vernichtung der Juden zu benutzen und schrieb andere
Tarnbezeichnungen vor. Als der Inspekteur für Statistik
beim Reichsführer SS im März 1943 einen Bericht über
die »Endlösung der Judenfrage« einreichte, in dem von

»Sonderbehandlung« die Rede war, ließ Himmler ihm mitteilen:

»Der Reichsführer SS hat Ihren statistischen Bericht über ›Die Endlösung der europäischen Judenfrage‹ erhalten. Er wünscht, daß an keiner Stelle von ›Sonderbehandlung der Juden‹ gesprochen wird. Auf Seite 9, Punkt 4, muß es folgendermaßen heißen: Transportierung von Juden aus den Ostprovinzen nach dem russischen Osten:

Es wurden durchgeschleust
durch die Lager im Generalgouvernement...
durch die Lager im Warthegau. .
Eine andere Formulierung darf nicht genommen werden.«

Nicht nur die Deportation der Juden aus den unter nationalsozialistischer Gewalt stehenden Staaten Europas, sondern auch ihre Ermordung wurde mit »Aussiedlung« und »Umsiedlung« umschrieben: Ziemlich durchsichtig hinsichtlich des wahren Schicksals der Juden ist beispielsweise ein Kommandobefehl des Kommandeurs der Sicherheitspolizei und des SD in Weißruthenien vom 5. 2. 1943:

»Am 8. und 9. Februar 1943 wird in der Stadt Sluzk von dem hiesigen Kommando die Umsiedlung der dortigen Juden vorgenommen. An der Aktion nehmen die unten namentlich angeführten Angehörigen des Kommandos sowie rund 110 Angehörige der lettischen Freiwilligen-Kompanie teil...

Auf dem Umsiedlungsgelände befinden sich 2 Gruben. An jeder Grube arbeitet je eine Gruppe von 10 Führern und Männern, die sich alle 2 Stunden ablösen...

Als Patronenausgeber auf dem Umsiedlungsgelände sind zuständig...«.

Jeder halbwegs Informierte wußte, wie solch eine »Umsiedlung« durch die Einsatzkommandos der SS vor sich ging: Die Juden eines Ortes mußten sich versammeln oder wurden zusammengetrieben. Häufig mußten sie selbst die Gruben schaufeln, an deren Rand sie dann aufgestellt und erschossen wurden.

Hellmuth Auerbach

Literatur: Hellmuth Auerbach, Der Begriff »Sonderbehandlung« im Sprachgebrauch der SS (1960). In: Gutachten des Instituts für Zeitgeschichte, Bd. II. Stuttgart 1966, S. 182–189; Joseph Wulf, Aus dem

Lexikon der Mörder. »Sonderbehandlung« und verwandte Worte in nationalsozialistischen Dokumenten. Gütersloh 1963; Nationalsozialistische Massentötungen durch Giftgas. Eine Dokumentation. Hrsg. v. Eugen Kogon, Hermann Langbein u. Adalbert Rückerl. Frankfurt a. M. 1986.

## Überfall auf den Sender Gleiwitz

In einem Überfall auf den Sender Gleiwitz am Abend des 31. August 1939 sahen und sehen viele Menschen den Auslöser des Zweiten Weltkrieges. Was geschah damals wirklich?

Kurz vor den 20-Uhr-Nachrichten überfiel der SS-Standartenführer Alfred Naujocks mit sechs in Zivil gekleideten SS-Leuten den Sender von Gleiwitz, einer nur wenige Kilometer von der deutsch-polnischen Grenze im damaligen Oberschlesien entfernt gelegenen deutschen Großstadt.

Die Männer drangen durch den Maschinensaal in das Gebäude ein, dessen Sicherheitsbeamte sich in den Garten zum Sendeturm zurückgezogen hatten. Sie fesselten das Personal und brachten es in einen Kellerraum. Dann versuchten die angeblich polnischen Insurgenten mit Hilfe einzelner Betriebsangehöriger auf Sendung zu schalten. Ein dem Kommando zugeteilter Dolmetscher verlas in die aus Breslau übernommenen Nachrichten hinein den kurzen Aufruf eines »polnischen Aufständischenverbandes«, in dem mitgeteilt wurde, daß der Sender besetzt und die Stunde der Freiheit nahe sei. Abstimmungsverfahren und Willkür in der Grenzziehung hatten nach dem Ersten Weltkriege zu erheblichen Spannungen unter den Volkstumsgruppen geführt. Sie hatten sich auf die jeweiligen Minderheiten übertragen und machten eine solche Aktion glaubhaft.

Nach einigen Schüssen verschwanden die Täter, während der Dolmetscher den Techniker des Senders in den Keller zum übrigen Personal brachte. Dann folgte auch er den anderen. Auf dem Weg durch den Maschinensaal traf er auf einen Beamten der Sicherheitspolizei, der sofort schoß und dann das Sendepersonal befreite. Die Betriebsangehörigen wie auch die Beamten des 4. Polizeireviers, die auf die Durchsage hin zum Sender gefahren waren, sahen den Toten im Maschinenraum liegen.

Naujocks behauptete nach dem Kriege, der Leiter der Geheimen Staatspolizei, Heinrich Müller, habe einen toten KZ-Häftling am Eingang des Senders hinterlegt. Allerdings scheint diese Aussage ebenso zu stimmen wie die des Senderpersonals. Ein Kriminalbeamter vom Erkennungsdienst fotografierte nämlich, nachdem die ersten Aufnahmen vom Abend vorher mißlungen waren, am folgenden Tage zwei Tote im Senderaum.

Obwohl die Durchsage nur im Raume Gleiwitz gehört werden konnte, erwies sich dieser Vorfall, dem die politische Brisanz einer Grenzverletzung fehlte, als besonders spektakulär. Er diente der Goebbelsschen Propaganda gegenüber der eigenen Bevölkerung als Alibi für den deutschen Angriff auf Polen und wurde so zum Kriterium für die Schuldfrage an diesem Kriege.

Jürgen Runzheimer

Literatur: Jürgen Runzheimer, Der Überfall auf den Sender Gleiwitz im Jahre 1939. In: Vierteljahrshefte für Zeitgeschichte 10 (1962), Seite 408–426

## Umerziehung

Wenige Begriffe aus der Nachkriegszeit sind ähnlich negativ belastet wie die Umschreibung dessen, was die Alliierten mit der »reorientation« beziehungsweise »reeducation« beabsichtigten, nämlich die Hinführung und Anleitung der Deutschen zur Demokratie. Es ging einmal darum, den Deutschen wieder den Anschluß an das internationale Kulturleben, von dem sie seit 1933 abgeschnitten waren, zu ermöglichen und die von den Nationalsozialisten erzwungene Provinzialität des geistigen Lebens zu überwinden. Kulturoffiziere der Militärregierungen in allen vier Besatzungszonen brachten die Theater wieder in Gang, kümmerten sich um Aufführungsrechte für Stücke, die seit 1933 nicht mehr oder die in Deutschland noch nie gespielt worden waren, besorgten Übersetzungen ausländischer Literatur. Die Bibliotheken und Filmvorführungen etwa der Amerika-Häuser und der englischen »Brücken« öffneten wieder Tore zur Welt. Zum Angebot der Amerikaner gehörten ferner die Austauschprogramme für Schüler, Studenten und Lehrer, die Förderung von Schülermitverwaltung und Schülerzeitungen, die Abhaltung von Bürgerforen zur öffentlichen Diskussion.

Ein anderer Aspekt der Umerziehungspolitik betraf die Veränderung traditioneller oder während der NS-Herrschaft entstandener undemokratischer Strukturen in Deutschland. Am nachhaltigsten gelang dies in den Westzonen auf dem Gebiet der Massenkommunikation: Die Lizenzierung der Zeitungen diente nicht nur deren Überwachung, sondern vor allem der Einübung von demokratischem Journalismus durch politische Pluralität in Verlag und Redaktion, Trennung von Nachricht und Meinung, objektive Berichterstattung anstelle des Verlautbarungs- und Propagandajournalismus der NS-Zeit. Neben den erfolgreichen Lizenzblättern (›Süddeutsche Zeitung‹, ›Frankfurter Rundschau‹, ›Die Zeit‹ u. a) unterhielten die Besatzungsmächte eigene Organe, die als Vorbilder wirkten; legendär wurde die amerikanische ›Neue Zeitung‹ in München, die für eine ganze Generation deutscher Redakteure und Autoren zur Hohen Schule des Journalismus wurde.

Von nachhaltigem Einfluß war auch die Rundfunkpolitik der Alliierten. Das System der staatsunabhängigen öffentlich-rechtlichen Rundfunkanstalten in der Bundesrepublik wurde nach britischem Vorbild (BBC) eingeführt, es bedurfte langer Überzeugungsarbeit (»Umerziehung«), die deutschen Politiker von ihren Vorstellungen eines staatlichen Rundfunks abzubringen.

Weniger erfolgreich waren die Alliierten bei ihren Versuchen zur Schul- und Hochschulreform, hier blieb es, ebenso wie im öffentlichen Dienst bei den traditionellen Strukturen. Einige der alliierten Anregungen zur Verbreiterung und Demokratisierung des Bildungsangebots wurden durchgesetzt (Schulgeldfreiheit, Erweiterung der Schulpflicht und der Lehrpläne durch gemeinschaftskundliche Fächer), andere wurden erst im Zug der Bildungsreform in den 70er Jahren (Gesamtschule) wieder verfolgt.

Hindernisse für die Umerziehung bildeten nicht nur die mangelnde Bereitschaft auf deutscher Seite, den guten Rat französischer, britischer und amerikanischer Experten anzunehmen (aus Trotz oder im Gefühl der eigenen kulturellen Überlegenheit), sondern auch die Uneinigkeit der vier Besatzungsmächte. Sie hatten zwar gemeinsam beschlossen, eine »endgültige Umgestaltung des politischen Lebens

auf demokratischer Grundlage« herbeizuführen, um »die
friedliche Mitarbeit Deutschlands am internationalen Leben« vorzubereiten, in der Praxis wurde die alliierte Politik, auch die der »Umerziehung«, von der Entnazifizierung
bis zum Aufbau neuer Institutionen in den vier Besatzungszonen ganz unterschiedlich vollzogen. Entsprechend den
divergierenden Demokratievorstellungen entwickelten sich
dann die Ostzone und die drei Westzonen auch kulturell
auseinander.

Vom Scheitern der »Umerziehung« zu sprechen wäre
aber ebenso falsch wie überheblich angesichts der dauer-
haften Erfolge der Demokratisierungspolitik, die sich in
Institutionen der Bundesrepublik (Presse, Rundfunk, Bildungswesen) bis heute zeigen.

Wolfgang Benz

Literatur: Wolfgang Benz, Potsdam 1945. Besatzungsherrschaft und
Neuaufbau im Vier-Zonen-Deutschland. München 1986; Karl-Ernst
Bungenstab, Umerziehung zur Demokratie? Re-education-Politik im
Bildungswesen der US-Zone 1945–1949. Düsseldorf 1970.

## Unternehmen Barbarossa

Am 22. Juni 1941 überschritten 153 Divisionen der Wehrmacht des nationalsozialistischen Deutschland – daneben
Einheiten der Armeen verbündeter Staaten wie Finnland,
Rumänien und Ungarn – die Grenzen der Sowjetunion.
Seit dem Zweiten Weltkrieg galt dieses unter dem Decknamen »Barbarossa« vorbereitete Unternehmen in der Zeitgeschichtsforschung unumstritten als das klassische Beispiel eines Angriffskriegs. Kontrovers wurde lediglich eine
sekundäre Frage diskutiert: Hatte der »Führer« des Dritten Reiches, Adolf Hitler, bei seinem Entschluß zum Angriff vor allem dem in seiner Ideologie steckenden Ziel
dienen wollen, nämlich dem seit »Mein Kampf« beharrlich
propagierten Ziel, für die deutsche Nation und für ein
deutsches Weltreich »Lebensraum im Osten« zu erobern?
Oder war jenes Motiv stärker, das sich für ihn aus der
Situation nach den siegreichen Feldzügen in Ost-, Nord-
und Westeuropa ergab, als er feststellen mußte, daß das
noch immer unbesiegte Großbritannien nicht daran dachte,
die deutsche Herrschaft über den europäischen Kontinent

anzuerkennen, und er daraus die Folgerung ableitete, der britischen Regierung durch die Niederwerfung Rußlands die Hoffnung auf den letzten »Festlandsdegen« nehmen zu müssen?

Neuerdings ist jedoch die Behauptung aufgetaucht, Hitler sei mit seinem Angriff einem Präventivkrieg Stalins gerade noch zuvorgekommen, und manche gehen inzwischen so weit, Hitlers Angriff nicht nur der Sache nach, sondern sogar nach der Intention des »Führers« als Präventivschlag hinzustellen. Zuletzt ist damit »Viktor Suworow« hervorgetreten; hinter diesem Pseudonym verbirgt sich vorgeblich ein sowjetischer Offizier – oder auch eine Gruppe von Offizieren, der (oder die) bis Anfang der achtziger Jahre, bis zum Wechsel in den Westen, für den militärischen Geheimdienst der UdSSR gearbeitet haben soll. In seinem Buch ›Der Eisbrecher. Hitler in Stalins Kalkül‹ weiß »Suworow« selbst den Termin für Stalins Überfall zu nennen: den 6. Juli 1941. Daß Rezensenten den ›Eisbrecher‹ in der deutschen Presse ernsthaft und beeindruckt würdigten, hat freilich allein mit dem weitverbreiteten Bedürfnis nach apologetischer Literatur zu tun und nicht das geringste mit der Qualität der Schrift. Bei genauerem Zusehen stellt sich nämlich heraus, daß »Suworow« keine plausiblen Argumente und erst recht keine dokumentarischen Beweise für seine Thesen vorzulegen vermag. In den Kesselschlachten des Jahres 1941 haben ja die deutschen Truppen, obwohl ihnen die Stäbe von Armeen und Armeegruppen in die Hände fielen, nicht ein einziges Schriftstück erbeutet, das auf Stalinsche Präventivkriegspläne gedeutet hätte, und dieser Mangel ist noch heute gegeben. »Suworow« arbeitet allein damit, daß er die Dislozierung der Roten Armee im Frühjahr 1941 willkürlich zum Aufmarsch für einen sowjetischen Präventivschlag erklärt, und die paar Zitate aus Memoiren sowjetischer Militärs, mit denen er diesen Akt der Willkür stützen zu können scheint, erweisen sich bei Prüfung als dreiste Verfälschungen der Originaltexte. Die politische Absicht derartiger Pamphlete, nämlich die Warnung vor einer grundsätzlichen Aggressivität sowjetischer Außenpolitik, ist offenkundig.

In Wahrheit haben Hitler und die Führungszirkel des Dritten Reiches noch während des Feldzugs in Frankreich den Gedanken eines baldigen Angriffs auf Rußland gefaßt, wie Generalstabschef Franz Halder in seinem Tagebuch festgehalten hat. Der »Führer« und seine nationalsozialistischen Gefolgsleute dachten dabei, solange sie noch mit britischem Einlenken nach der Eroberung Westeuropas rechnen zu dürfen glaubten, an den vom rassistischen NS-Imperialismus geforderten Krieg um »Lebensraum«, während etwa die Militärs den Zug ins Baltikum und in die Ukraine deshalb plötzlich verlockend fanden, weil in ihnen, als sie den Triumph im Westen vor Augen hatten, der ererbte deutschnationale Imperialismus wieder auflebte.

Schon am 21. Juli 1940 befahl Hitler, den Angriff auf die Sowjetunion vorzubereiten, wobei ihm als Termin der Herbst 1940 vorschwebte. Nachdem ihn seine militärischen Berater davon überzeugt hatten, daß der Aufmarsch erheblich mehr Zeit beanspruchen werde, daß außerdem zusätzliche Kräfte erforderlich seien, gab Hitler am 31. Juli den Befehl, die Planung auf einen Angriffsbeginn im Frühjahr 1941 auszurichten und das Heer auf eine Stärke von 180 Divisionen zu bringen. Am 18. Dezember 1940 kam mit der Weisung Nummer 21 die definitive Festlegung des »Unternehmens Barbarossa«. Als Termin wurde nun der 15. Mai 1941 festgesetzt, der dann wegen der vermeintlichen Notwendigkeit, Jugoslawien zu unterwerfen und dem verbündeten Italien in Griechenland beizustehen, um einige Wochen überzogen werden mußte. Das ideologische Motiv war bei Hitler nach wie vor gegeben, inzwischen allerdings mehr und mehr von dem Argument überlagert, daß er Großbritannien den potentiellen Allianzpartner UdSSR nehmen müsse. Von erkennbarem oder auch nur vermutetem sowjetischen Verhalten war beides unabhängig. Hitler hat nicht einen Augenblick lang geglaubt, die Sowjetunion – innerlich labil und auf eine Armee angewiesen, der die Kraft zur Offensive gegen einen modernen Gegner fehlte, weil sie mit qualitativ unzulänglichen Waffen ausgerüstet war und durch die Stalinschen Säuberungen der Jahre 1937–1939 einen hohen Prozentsatz ihres Offizierskorps verloren hatte – sei zu einem Angriff auf das Deutsche Reich fähig, zumal nach dessen militärischen Erfolgen in Polen, Norwegen, Westeuropa und zuletzt noch auf dem Balkan.

Stalin war der gleichen Meinung, doch hat er sich bis zum Frühjahr 1941 eingeredet, Hitler werde nicht so töricht

sein, das immerhin in der Defensive starke Rußland anzugreifen, solange Großbritannien noch unbesiegt stand.
Londoner Warnungen vor den deutschen Angriffsabsich-
ten verstand er geraume Zeit als Versuche, zur Entlastung
Großbritanniens die Sowjetunion zu kriegerischen Aktionen gegen Deutschland zu verleiten. Erst im April und Mai
1941, als der deutsche Aufmarsch ein Ausmaß angenommen hatte, das nicht länger als Fundierung politischer Pres-
sionsmanöver zu interpretieren war, begannen unsystema-
tische Reaktionen, zu denen auch ein Transfer von Truppen aus den östlichen Teilen der Union in die westlichen
Gebiete gehörte, und erst ab Mitte Juni, nachdem Churchill auf Grund entschlüsselter deutscher Funksprüche Stalin ein genaues Bild des deutschen Aufmarsches und der
deutschen Planung zu geben vermocht hatte, ordnete Stalin
grundlegende Defensivmaßnahmen an, die wegen der jetzt
unvermeidlichen Hektik freilich mehr Schaden als Nutzen
stifteten und zu den schweren sowjetischen Niederlagen in
den ersten Wochen des Krieges erheblich beitrugen.

Hermann Graml

Literatur: Militärgeschichtliches Forschungsamt (Hrsg.), Das Deut-
sche Reich und der Zweite Weltkrieg. Band 4: Der Angriff auf die
Sowjetunion. Bearbeitet von Horst Boog u. a. Stuttgart 1983; Gabriel
Gorodetsky, Stalin und Hitlers Angriff auf die Sowjetunion. Eine
Auseinandersetzung mit der Legende vom deutschen Präventivschlag.
In: Vierteljahrshefte für Zeitgeschichte 37 (1989), Seite 645–672.

## Vergangenheitsbewältigung

Gemeint ist nicht irgendeine Vergangenheit, sondern die
Zeit des Nationalsozialismus und der politische Umgang
mit dessen katastrophalen Folgen durch die Deutschen in
der Nachkriegszeit. Obgleich dieser Begriff, von Bundes-
präsident Theodor Heuss häufig verwendet, in den allgemeinen Sprachgebrauch eingegangen ist, zeichnet er sich
durch eine seltsame Unschärfe aus, die sich als Reflex auf
eine traumatische Erfahrung deuten läßt. »Bewältigen«
läßt sich jene Vergangenheit natürlich nicht im Sinne einer
abschließenden Auflistung und Bewertung jener Geschehnisse oder gar ihrer nachträglichen Korrektur mit dem Ziel,
dann einen Schlußstrich zu ziehen. Mit der Vergangenheit
konnte man sich nur auseinandersetzen, sie aufarbeiten, an

sie erinnern und aus ihr die notwendigen Konsequenzen für den staatlich-gesellschaftlichen Neuanfang ziehen.

Die Bereitschaft, eine so verstandene Vergangenheitsbewältigung zur politisch-moralischen Grundlage für die staatliche Neuordnung Deutschlands zu machen, war in der Nachkriegsbevölkerung ebenso verbreitet, wie das Verlangen nach Vergessen und Verdrängen von individueller Schuld und kollektivem Fehlverhalten sowie trotzigen, freilich nur hinter vorgehaltener Hand artikulierten Rechtfertigungsversuchen. Die in der Bevölkerung verbreitete Reaktion auf den verbrecherischen Charakter der NS-Diktatur, den man allzu lange nicht wahrnehmen wollte, beziehungsweise den man jetzt erst wirklich erkannte, war eine wilde Entschlossenheit zum Neuanfang. Man wollte aus den Fehlern der Vergangenheit lernen, ohne mit ihnen detailliert konfrontiert zu werden. Im Westen Deutschlands kam es zu einer revolutionären politischen Säuberung unter anderem auch deshalb nicht, weil die Besatzungsmächte den rechtsstaatlich-bürokratischen Weg der Entnazifizierung breiter Bevölkerungsschichten und der Aburteilung von NS-Funktionären und -Handlangern vor Gericht einschlugen. In der sowjetischen Besatzungszone stand die gesellschaftliche und ökonomische Umwälzung im Vordergrund der Auseinandersetzung mit der jüngsten Vergangenheit.

Für die auf den Trümmern der NS-Diktatur errichtete Bonner Demokratie stellten sich die letztlich zufriedenstellend nicht lösbaren Aufgaben,

– den Opfern des Nationalsozialismus Gerechtigkeit widerfahren zu lassen, ohne die Millionen »neuer« Demokraten, die noch Jahre zuvor in irgendeiner Form »mitgemacht« hatten, auszugrenzen,

– die Träger des Unrechtsstaates anzuklagen und dennoch strikt zwischen moralischer, politischer und strafrechtlicher Schuld zu differenzieren,

– die staatlichen Institutionen im Rahmen einer neuen demokratischen Verfassung aufzubauen und zur Wirkung zu bringen, ohne auf das Personal des Vorgängerregimes in der Breite verzichten zu können,

– die Verantwortung für die Verbrechen des »Dritten Reiches« zu übernehmen und zugleich den Vorwurf einer Kollektivschuld zurückzuweisen,

– den Blick der Menschen nach vorne, in eine bessere Zukunft zu lenken und dennoch die Erinnerung an den von
Deutschen begangenen Völkermord wachzuhalten,
dies alles in einer weltpolitischen Großwetterlage (Kalter
Krieg), in der die westlichen Siegermächte die Bundesrepublik zu ihrem Bündnispartner machten, und viele Deutsche dies als eine Generalamnestie verstanden. In dieser
Gemengelage von Vergeltungsbedürfnis, Sühnebereit-
schaft, Gesinnungswandel und Opportunismus, von
schlechtem Gewissen und Zukunftshoffnung, konnte keine
eindeutige Abrechnung mit der Vergangenheit, ihrem
Geist und ihren Repräsentanten gelingen, obgleich ein
breiter Konsens in der unbedingten öffentlichen Verurteilung der NS-Vergangenheit bestand. Jene schonende Ab-
straktion des öffentlichen Urteils erlaubte die Integration
all derer, die für rechtsradikale Verführung anfällig sein
mochten, und ermöglichte auch eine höchst fragwürdige
Kontinuität im Bereich des öffentlichen Dienstes. Dieses
Verfahren war doppelbödig, kritikwürdig und am Ende
doch erfolgreich im Sinne der gesellschaftlichen Stabilisierung des neugeschaffenen demokratischen Staates. Der
Preis dafür war hoch. Die unzweideutige öffentliche Verurteilung des NS-Regimes und die in vielen Fällen praktizierte Nachsicht gegenüber der braunen Vergangenheit
von Politikern, Bürokraten, Richtern und Journalisten
führte zu einem Glaubwürdigkeitsverlust der jungen Republik.

Ist deshalb die Vergangenheitsbewältigung in der Bundesrepublik als gescheitert anzusehen? In einem doppelten
Sinn wird diese Behauptung bis zum heutigen Tag immer
wieder aufgestellt. An die Stelle einer nüchternen Bilanzie-
rung der Versäumnisse und Erfolge treten politisch moti-
vierte Vorurteile, die zur Legendenbildung führen. Einerseits ist von der bereitwilligen Kapitulation der westdeutschen Gesellschaft vor ihrer NS-Vergangenheit die Rede,
andererseits erfreut sich die These von einer im Übermaß
praktizierten Beschäftigung der Deutschen mit den zwölf
Jahren NS-Herrschaft einer nicht geringen Zustimmung.
Doch die Wirklichkeit ist komplexer, als beide Legenden
glauben machen. Der halbherzigen personellen Vergangenheitsbewältigung in den fünfziger Jahren steht die Wie-
dergutmachungsgesetzgebung gegenüber, deren Leistung

sich insgesamt auf rund 100 Milliarden DM beziffern wird.
Dem im Deutschen Bundestag anfänglich immer wieder
grassierenden »Gnadenfieber« stehen die leidenschaftli-
chen Verjährungsdebatten der Jahre 1965, 1969 und 1979
über die Verfolgung von NS-Verbrechen gegenüber, sowie
die in den sechziger und siebziger Jahren intensiv betriebe-
ne justizielle Strafverfolgung, die seit der Einrichtung der
Zentralen Stelle der Landesjustizverwaltungen zur Aufklärung nationalsozialistischer Verbrechen in Ludwigsburg im
Jahre 1958 möglich wurde. Rund 100000 Ermittlungen
wurden in die Wege geleitet, die zu rund 6500 rechtskräftigen Verurteilungen führten. Daß viele Verfahren zu spät
kamen und viele Urteile wegen der zeitlich bedingten Be-
weisschwierigkeiten als zu milde erscheinen mußten, kann
nicht darüber hinwegtäuschen, daß auf diesem Weg eine
systematische Aufklärung der nationalsozialistischen Verbrechen gelang, die jedem Versuch einer zukünftigen Ge-
schichtsklitterung einen Riegel vorschiebt.

Nicht zuletzt haben sich die Zeitgeschichtsforschung und
die staatlich geförderte politische Bildung jahrzehntelang
mit der Durchleuchtung und Aufarbeitung von Politik und
Struktur der NS-Diktatur befaßt, haben die Medien in den
siebziger und achtziger Jahren Aufklärungsarbeit geleistet.
Eine pauschale Abqualifizierung aller dieser Bemühungen
als unzureichend und zu spät oder als übertrieben und
selbstquälerisch geht an den objektiven Bedingungen vorbei, unter denen in der Bundesrepublik Vergangenheitsbewältigung stattfand, und sie übersieht, daß diese zum moralischen Fundament der Bonner Demokratie wurde. Auch
ist der erfolgreiche Aufbau eines demokratischen Verfas-
sungsstaates in Westdeutschland in der deutschen Geschichte keine Selbstverständlichkeit, eine Form tätiger
Vergangenheitsbewältigung, die manche Versäumnisse zu
relativieren vermag.

Jürgen Weber

Literatur: Eckhard Jesse, »Vergangenheitsbewältigung« in der Bundesrepublik Deutschland. In: Der Staat 4 (1987), Seite 539–565;
Peter Graf Kielmansegg, Lange Schatten. Vom Umgang der Deutschen mit der nationalsozialistischen Vergangenheit. Berlin 1989; Peter Steinbach, Nationalsozialistische Gewaltverbrechen. Die Diskussion in der deutschen Öffentlichkeit nach 1945. Berlin 1981; Jürgen

Weber, Peter Steinbach (Hrsg.), Vergangenheitsbewältigung durch
Strafverfahren? NS-Prozesse in der Bundesrepublik Deutschland.
München 1984.


## Vergasung

Die systematische Ermordung von Menschen durch Giftgas
wurde während der nationalsozialistischen Herrschaft erstmals ab Januar 1940 im Bereich der »Euthanasie« (siehe
dort) eingeführt und ab Herbst 1941 bei den Judenvernich-
tungsaktionen der Einsatzgruppen der Sicherheitspolizei
und des SD in den eroberten Ostgebieten mittels mobiler
Gaswagen in weit größerem Umfang fortgeführt. Verwendet wurde anfangs Kohlenmonoxyd (CO), das entweder
durch Motoren erzeugt (diese Methode war in Belzec er-
probt worden) oder wie schon bei der Euthanasie von der
chemischen Industrie in Stahlflaschen bezogen wurde, später Zyklon B in kristalliner Form.

Die Gaswagen waren umgerüstete LKW mit geschlosse-
nem Aufbau, in den während der Fahrt die Auspuffgase
geleitet wurden. Verschiedene Typen wurden verwendet,
vor allem Wagen vom Typ Diamond mit 25 bis 30 Personen Fassungsvermögen und Saurer, in die 50 bis 60 Menschen gepfercht wurden.

Anfang Dezember 1941 ging man im Lager Kulmhof
dazu über, fest stationierte Gaswagen für die Tötung von
Juden zu verwenden, und ab Anfang 1942 wurden in verschiedenen Lagern ortsfeste Gaskammern errichtet beziehungsweise bestehende Gebäude für diesen Zweck umgebaut.

Bei der Einrichtung solcher Gaskammern und den darin
durchgeführten Vergasungen muß unterschieden werden
zwischen den Massenvergasungen von Juden in den zu diesem Zweck errichteten Vernichtungslagern (die alle außerhalb des Gebietes des alten Deutschen Reiches lagen) und
Tötungen durch Gas in kleinerem Umfang in einzelnen
(nicht allen) schon bestehenden Konzentrationslagern
(auch auf dem alten Reichsgebiet). Es existierten folgende
*Vernichtungslager*:

Kulmhof, polnisch Chelmno (im damaligen Gau Wartheland), wo zwischen Dezember 1941 und Herbst 1942 und
nochmals von Mai bis August 1944 Vergasungen mittels

Kohlenmonoxyd aus Motorabgasen stattfanden. Insgesamt sind hierbei mehr als 150000 Juden sowie etwa 5000 Zigeuner getötet worden.

Belzec (im Distrikt Lublin des damaligen Generalgouvernements): Hier wurden von März bis Dezember 1942 in anfangs drei, später sechs großen Gaskammern mittels Kohlenmonoxyd insgesamt an die 600000 Juden getötet.

Sobibor (Distrikt Lublin, Generalgouvernement) erhielt im April 1942 drei, im September 1942 sechs Gaskammern und war bis Oktober 1943 »in Betrieb«. In diesem Zeitraum sind dort mindestens 200000 Juden durch Kohlenmonoxyd ermordet worden.

Treblinka (Distrikt Warschau, Generalgouvernement) hatte seit Ende Juli 1942 drei Gaskammern und bekam Anfang September 1942 zusätzlich noch zehn größere Gaskammern. Bis zur Auflösung des Lagers im November 1943 wurden hier insgesamt über 700000 Juden durch Kohlenmonoxyd umgebracht.

Majdanek (Distrikt Lublin, Generalgouvernement): Das seit September 1941 bestehende Konzentrationslager wurde zum Vernichtungslager, als dort zwischen April 1942 und November 1943 Massenerschießungen stattfanden, denen über 24000 Juden zum Opfer fielen. Im Oktober 1942 wurden zwei, später drei weitere Gaskammern errichtet. Die Tötungen darin erfolgten anfangs mit Kohlenmonoxyd, bald verwendete man aber Zyklon B (ein hochgiftiges Schädlingsbekämpfungsmittel aus Blausäure/Cyanwasserstoff). Bis zur Auflösung des Lagers im März 1944 sind etwa 50000 Juden vergast worden.

Auschwitz-Birkenau (im ehemals polnischen, 1939 dem Reich eingegliederten ostoberschlesischen Gebiet, südöstlich Kattowitz): Dem seit Mai 1940 bestehenden Konzentrationslager Auschwitz wurde das 1941 errichtete Vernichtungslager Birkenau bei Auschwitz angegliedert. Ab Januar 1942 sind dort in fünf Gaskammern, ab Ende Juni 1943 in vier weiteren großen Vergasungsräumen Vergasungen mit Zyklon B vorgenommen worden. Bis Ende November 1944 wurden in Auschwitz-Birkenau etwa eine Million Juden durch Gas ermordet, außerdem mindestens 4000 Zigeuner.

In folgenden *Konzentrationslagern* sind außerdem in Verbindung mit den der Leichen-Verbrennung dienenden

Krematorien Gaskammern errichtet und in Betrieb genommen worden:

Mauthausen (Oberösterreich): Ab Herbst 1941 existierte eine Gaskammer, die mit Zyklon B betrieben wurde. Außerdem erfolgten Vergasungen mit Kohlenmonoxyd durch Gaswagen, die zwischen Mauthausen und dessen Nebenlager Gusen fuhren. Weitere Häftlinge wurden in die Euthanasie-Anstalt Hartheim verbracht und dort vergast. Insgesamt sind mehr als 4000 Menschen durch Gas getötet worden.

Neuengamme (südöstlich von Hamburg): Hier wurden ab Herbst 1942 Vergasungen mit Zyklon B in einem dafür hergerichteten »Bunker« vorgenommen, circa 450 Opfer.

Sachsenhausen (Provinz Brandenburg, nördlich von Berlin) erhielt Mitte März 1943 eine Gaskammer, die mit Zyklon B betrieben wurde. Den Vergasungsaktionen fielen hier wahrscheinlich mehrere Tausend Menschen zum Opfer, eine genauere Zahl ist nicht ermittelbar.

Natzweiler (bei Struthof, Elsaß): Hier bestand von August 1943 bis August 1944 eine Gaskammer, in der zwischen 120 und 200 Personen durch Zyklon B getötet wurden, damit ihre Skelette für das Anatomische Institut der Universität Straßburg präpariert werden konnten. Dieses Institut leitete damals der SS-Hauptsturmführer Professor Dr. August Hirt.

Stutthof (östlich von Danzig) hatte ab Juni 1944 eine Gaskammer, in der mehr als 1000 Menschen mit Zyklon B umgebracht wurden.

Ravensbrück (Brandenburg, nördlich Berlin): Hier wurde noch im Januar 1945 eine Gaskammer eingerichtet; die Zahl der darin durch Zyklon B getöteten Menschen betrug mindestens 2300.

Bei den im Vorstehenden angegebenen Zahlen über die in den Gaskammern der einzelnen Lager getöteten Menschen handelt es sich in allen Fällen nur um Annäherungswerte. Sie beziehen sich auch nur auf die durch Vergasungsaktionen Umgekommenen. Bezüglich der Zahl der insgesamt umgebrachten Juden siehe das Stichwort »Judenvernichtung«.

Hellmuth Auerbach

Literatur: Ino Arndt, Wolfgang Scheffler, Organisierter Massenmord an Juden in nationalsozialistischen Vernichtungslagern. Ein Beitrag zur Richtigstellung apologetischer Literatur. In: Vierteljahrshefte für Zeitgeschichte 24 (1976), Seite 105-135; Adalbert Rückerl (Hrsg.), Nationalsozialistische Vernichtungslager im Spiegel deutscher Strafprozesse. Belzec, Sobibor, Treblinka, Chelmno. München 1977; Eugen Kogon, Hermann Langbein, Adalbert Rückerl u. a. (Hrsg.), Nationalsozialistische Massentötungen durch Giftgas. Eine Dokumentation. Frankfurt a. M. 1986.

## Volksempfänger

Der propagandistische Einsatz und das Bestreben der Machthaber, das gesamte Rundfunkprogramm in den Dienst des Nationalsozialismus zu stellen, ist untrennbar verbunden mit der Herstellung und dem Vertrieb des sogenannten Volksempfängers, einem technisch einfachen und billigen Radiogerät.

Der Volksempfänger (VE 301) trägt als Typenbezeichnung das Datum der Machtergreifung (301 = 30. 1.) im Jahre 1933. Auf Veranlassung des Reichspropagandaministeriums wurde das Gerät in Gemeinschaftsproduktion der 28 deutschen Funkfirmen seit dem 25. Mai 1933 hergestellt und in einer ersten Auflage von 100 000 Stück zu einem Preis von 76 RM verkauft (ab 1937 zu 59 RM). Die üblichen Preise für Radiogeräte lagen damals bei 200 bis 400 RM. Der Kauf eines Radios wurde damit auch für Bezieher niedriger Einkommen erschwinglich, zumal auch in günstigen Raten gezahlt werden konnte. Die Industrie kam durch die hohen Absatzzahlen, trotz geringer Gewinnspannen, auf ihre Kosten. Ende 1933 wurde bereits die 500 000-Stück-Serie in Auftrag gegeben, nach zwei Jahren waren 1,3 Millionen Geräte verkauft. Zusätzlich wurde im Jahre 1938 auf der Funkausstellung noch eine technisch einfachere Variante des Volksempfängers vorgestellt, der Deutsche Kleinempfänger (DKE), der zu einem Preis von 35 RM vertrieben wurde.

Der Volksempfänger konnte nur auf Mittel- und Langwelle empfangen. Damit war der Hörerkreis – auch ein bewußtes Ziel der NS-Propaganda – vom Hören ausländischer Sender, die überwiegend über Kurzwelle zu erreichen waren, so gut wie ausgeschlossen.

»Ganz Deutschland hört den Führer mit dem Volksempfänger« ist auf einem Plakat von 1934 zu lesen. Trotz der beachtlichen Verkaufszahlen des Volksempfängers in den Anfangsjahren entspricht diese Aussage eher dem Wunschdenken der nationalsozialistischen Führung als der Realität. Die Rundfunkempfangsdichte betrug im Jahre 1934 33,3 Prozent aller Haushaltungen und im Jahre 1937 46,9 Prozent. Im internationalen Vergleich lag das Deutsche Reich 1937 weit hinter den USA mit 78,3 oder Großbritannien mit 66,1 Prozent. Erst 1941 waren 65 Prozent aller Haushalte mit Radiogeräten ausgestattet, davon waren nur ein Drittel Volksempfänger.

Die begrenzte Anzahl von individuellen Empfangsgeräten wurde ergänzt durch das Gemeinschaftsempfangsgerät »Deutsche Arbeitsfront Empfänger 1011«, das für Betriebe und Fabriken für den befohlenen Gemeinschaftsempfang in Auftrag gegeben wurde. Auch hier steht die Typenbezeichnung 1011 für ein Datum, für den 10. 11. 33. An diesem Tag fand der erste »totale« Gemeinschaftsempfang anläßlich der Übertragung einer Rede Adolf Hitlers aus der Maschinenhalle der Siemenswerke statt. Der verordnete Gemeinschaftsempfang war ein Mittel der optimalen, kontrollierten Erfassung aller Hörer, aber auch ein Instrument, um kollektives Bewußtsein und gegenseitige Kontrolle bei Gruppen einzuüben; zum Beispiel wurden spezielle Programme für die Hitlerjugend auf das gemeinschaftliche Hören abgestellt.

Die Programmgestaltung im Rundfunk war ausschließlich an den Interessen der Machthaber orientiert. Diese erkannten aber sehr schnell, daß Kultur und vor allem Unterhaltung (wenn auch nach den Vorstellungen der Nazis »gereinigt«) für die Zuhörer attraktiver waren als ermüdende politische Propagandareden und daß man den Rundfunk sehr geschickt als indirektes Propagandainstrument nutzen konnte. Durch ansprechende Unterhaltungsprogramme versuchte man auch die breite Hörermasse davon abzuhalten, ausländische Sender einzuschalten.

Joseph Goebbels brachte die Unterhaltungsfunktion des Rundfunks in einer Rede zur Eröffnung der Rundfunkausstellung im Jahre 1936 gekonnt auf den Punkt: »Das Programm des Rundfunks muß so gestaltet werden, daß es den verwöhnten Geschmack noch interessiert und dem anspruchslosen noch gefällig und verständlich erscheint. Dabei soll besonderer Bedacht gerade auf die Entspannung und Unterhaltung gelegt werden, weil die weitaus überwiegende Mehrzahl aller Rundfunkteilnehmer meistens sehr hart und unerbittlich angefaßt wird, in einem nerven- und kräfteverzehrenden Tageskampf steht und Anspruch darauf hat, in den wenigen Ruhe- und Mußestunden auch wirkliche Entspannung und Erholung zu finden. Demgegenüber fallen die wenigen, die nur von Kant und Hegel ernährt werden wollen, kaum ins Gewicht.«

Auch wenn das Hören ausländischer Sender als unerwünscht galt, wurde das Abhören von Programmen aus dem Ausland erst mit dem Ausbruch des Zweiten Weltkriegs am 1. September 1939 verboten und als »ein Verbrechen gegen die nationale Sicherheit unseres Volkes« mit schweren Zuchthausstrafen geahndet. Das deutsche Rundfunkprogramm wurde schon im Jahre 1938 in die propagandistische Vorbereitung des Zweiten Weltkriegs eingespannt.

»Der Führer spricht«, der Führer macht es möglich, daß »sein« ganzes Volk ihn mit dem Volksempfänger hören kann – ein klassischer Mythos des Dritten Reiches entpuppt sich als Propagandainstrument zur Durchsetzung nationalsozialistischer Interessen.

Hannemor Keidel

## Volkstum und Volksgemeinschaft

Die vom Bürgertum schmerzlich erfahrene und verzögerte Entwicklung zum deutschen Nationalstaat im 19. Jahrhundert verführte zur Suche nach einer Einheit jenseits von staatlichen und politischen Strukturen und Verhältnissen. Die Fragen nach nationaler Herkunft, völkischer Identität und angeborenen Wesensmerkmalen ließen einen Volksbegriff entstehen, der seit seinem Aufkommen um 1800, trotz der ursprünglichen Besetzung mit aufklärerischen, humanistischen und fortschrittlichen Idealen, einer fortschreitenden Mystifizierung unterlag, die im Nationalsozialismus einen Höhepunkt erreichte. Der Begriff Volk samt seinen Komposita wurde im nationalsozialistischen Wortschatz so wahllos und verschwenderisch gebraucht, daß er sich jeder rationalen und objektivierbaren Definition entziehen konnte. Fast zur reinen Worthülse degradiert, wurde er aber wieder frei für die ideologische Vereinnahmung.

»Volkstum« und »Volksgemeinschaft« konnten damit zentrale Funktionen bei der Errichtung und Stabilisierung des nationalsozialistischen Herrschaftssystems erfüllen: Durch Vorgabe zugkräftiger Identifikationsmöglichkeiten nach innen und durch den Entwurf von auf dubiose völkisch-biologistische Kriterien gegründeten Feindbildern nach außen wurde die Bevölkerung zusammengeschweißt. Volkstum war nach Maßgabe der Nationalsozialisten die Manifestation von deutsch sein, deutsch denken und deutsch handeln und umfaßte daher weit mehr als die empirisch untersuchbaren Produkte kultureller Tätigkeiten wie Brauch, Tanz, Lied, Dichtung und Kunsthandwerk. Mit der Festlegung des Ursprungs des deutschen Volkes in der idealisierten Lebenswelt der »alten Germanen« standen die Nationalsozialisten in einer langen Tradition. Sie beriefen sich darauf, daß die germanische Lebenswelt noch frei von den angeblich zersetzenden Einflüssen romanischen, christlichen, semitischen und aufklärerischen Ideenguts gewesen sei, und daß der germanische Charakter durch Heroismus, Disziplin, Tugend, Einfachheit, Einsatz- und Opferbereitschaft bis zum Tode gekennzeichnet sei. Der Mythos von der Überlegenheit dieses nordischen Bauern- und Kriegervolkes, des letzten Sprosses der arischen Herrenvölker, wurde von den Nationalsozialisten, die mit ihren Rufen nach Regeneration und Vollendung des Deutschtums in der Gegenwart auf erstaunliche Identifikationsbereitschaft stießen, machtpolitisch eingesetzt.

In der Blut-und-Boden-Ideologie, mit der die tatsächlichen sozialen und wirtschaftlichen Mißstände auf dem Lande ignoriert wurden, manifestierte sich die agrarromantische Vorstellung vom bodenverwurzelten, gesunden Bauern, der zum Urbild quasi naturhafter Verwurzeltheit der Deutschen im Germanentum erhoben wurde. Die imaginierte Kontinuität mißachtete allerdings, daß das deutsche Volk weder der Sache noch dem Namen nach etwas unveränderlich Naturgegebenes war, sondern durch die fortschreitende Assimilation fremdstämmiger Menschen, entstehende gesellschaftliche Mobilität und später durch die Industrialisierung ein Produkt historischer Prozesse war. Die Teilhabe an der irrationalen, deutsch-germanischen Volksseele war somit nurmehr durch die Subjektivität des Empfindens nachvollziehbar.

Hier konnte auch die Austreibung des angeblich undeutschen Geistes aus Kunst, Kultur, Wissenschaft, Justiz und Politik ansetzen. Volkstümlichkeit, die oft nichts anderes als leichte Konsumierbarkeit bedeutete, wurde zum Wertmaßstab bei der Beurteilung von Literatur, Musik und bildender Kunst. Das »gesunde Volksempfinden«, auch heute noch gerne herbeizitiert, sollte entscheiden, was gut und wertvoll war; so konnte alles Ästhetisierende, Avantgardistische, Kritische oder auch Anspruchsvolle aufgrund von Engstirnigkeit, kleinbürgerlicher Rechtschaffenheit und Intoleranz verbannt werden.

Besonders fatal wirkte sich die Änderung des Strafgesetzbuches (28. Juni 1935) aus, mit der Verstöße gegen das gesunde Volksempfinden auch strafrechtlich geahndet werden konnten. Das nicht in Rechtskategorien zu fassende »Empfinden« entpuppte sich in letzter Instanz allerdings als der unantastbare Wille des »Führers«.

Mit dem Begriff »Volksgemeinschaft« beschworen die Nationalsozialisten die neue staatliche Verfaßtheit: Sie war dem deutschen Volk angeblich wesensgemäß, weil sie dem fiktiven germanischen Ständestaat nachgebildet war. Die gesellschaftliche Position, so wurde versprochen, sollte nicht mehr von Bildung, Vermögen, Besitz oder Nicht-Besitz von Produktionsmitteln abgeleitet werden, sondern auf einer postulierten natürlichen Ungleichheit der Menschen beruhen. Die bestehenden Klassengegensätze der kapitalistischen Industriegesellschaft wurden per definitionem einfach für nicht mehr existent erklärt, soziale Widersprüche verschleiert. Im Namen der mythisch überhöhten Einheit des Volkes erfolgte die Gleichschaltung des politischen und gesellschaftlichen Lebens, die Zerschlagung der Arbeiterorganisationen. Das Führer-Gefolgschafts-Prinzip löste den demokratischen Pluralismus- und Gleichheitsgedanken ab. Völkisches Gedeihen erhielt Vorrang vor individuellem Glücksanspruch, die Rechte des Einzelnen gewannen nur über den Umweg durch den Dienst an der Gemeinschaft Geltung: »Gemeinnutz geht vor Eigennutz!«

Das Unbehagen am Zustand der Gesellschaft im Kaiserreich und besonders an der politischen und wirtschaftlichen Instabilität der Weimarer Republik, die Erfahrung der Entfremdung und Atomisierung in der modernen Industriegesellschaft ließen die Volksgemeinschaft als das nun wiedergewonnene Paradies von Geborgenheit und Sicherheit erscheinen. Willig akzeptierte man die permanente Kontrolle bis in den Privatbereich hinein, übte blinden Gehorsam und willenlose Treue dem Führer gegenüber. Schlagworte wie »Du bist nichts, dein Volk ist alles!« beschworen die Eingliederung in eine opferbereite Leistungsgemeinschaft, die die Aufrüstung zum Krieg widerspruchslos mittrug. Diese Ziele standen zum Beispiel sowohl hinter dem Erziehungsprogramm der Hitlerjugend, der Verklärung der deutschen Frau als Garantin für die Aufzucht erbgesunder, arischer Kinder wie auch hinter den Sammelaktionen des Winterhilfswerks, deren »Eintopfsonntage« zudem propagandistisch die Gleichsetzung von Direktoren und Arbeitern in der von der Deutschen Arbeitsfront herbeigeredeten harmonischen Betriebsgemeinschaft demonstrierten.

Um die Volksgemeinschaftsideologie wirksam im Bewußtsein zu verankern, mußte permanent der Beweis ihrer Existenz angetreten werden. Ein Mittel dazu waren die von den Nationalsozialisten durchgeführten Massenveranstaltungen, zu denen die Fest-, Gedenk- und Feiertage genügend Anlaß gaben. Die Volksgemeinschaft wurde unüberseh- und -hörbar inszeniert: Fackelzüge, Aufmärsche, Reden schmolzen die Menge zu einem gefügigen Block zusammen und bewirkten Rauschzustände, in denen jegliches kritische Denken ausgeschaltet war. Da die Volksgemeinschaft aller rationalen und realen Grundlagen entbehrte, entwickelte sie so den sakralen Charakter einer Kult- und Weihegemeinschaft, die sich im Krieg mühelos in eine eingeschworene Kampfgemeinschaft wandelte.

Wer zu dieser Gefühlswelt keine Beziehung herstellen konnte, keine Identifikationsansätze fand, war folglich kein deutscher Volksgenosse und wurde als Volksschädling zum Schutz der Volksgemeinschaft verfolgt. Die konstruierten Feindbilder basierten unter anderem auf unhaltbaren rassebiologischen Kriterien. Für Andersartige und Abweichler verloschen jegliche Rechtsgarantien, sie wurden mißhandelt, ermordet oder, wie die größte Gruppe der Gemeinschaftsfremden, systematisch vernichtet.

Das Andauern der kompromißlosen Zustimmung zur Volksgemeinschaft der Nationalsozialisten war dennoch weitgehend davon abhängig, inwiefern die Versprechungen

eingehalten, tatsächliche oder suggerierte Erfolge vorge-
zeigt und die Befriedigung der alltäglichen Bedürfnisse geleistet werden konnten. Die militärischen Mißerfolge
machten deutlich, daß die »Schicksalsgemeinschaft des
deutschen Volkes« nur durch nationale Erfolge hatte zu-
sammengehalten werden können.

Astrid Voß

Literatur: Wolfgang Emmerich, Zur Kritik der Volkstumsideologie.
Frankfurt a.M. 1972; Jost Hermand, Der alte Traum vom neuen
Reich. Völkische Utopien und Nationalsozialismus. Frankfurt a.M.
1988; Detlev Peukert, Volksgenossen und Gemeinschaftsfremde. Anpassung und Aufbegehren unter dem Nationalsozialismus. Köln 1982.

## Waffen-SS

Die 1933 aus ausgesuchten Leuten der SS (»Schutzstaffel«)
gebildete »Leibstandarte Adolf Hitler«, eine bewaffnete
Mannschaft, die dem neuen Führer und Reichskanzler unterstellt und auf ihn persönlich vereidigt war, wurde erstmals im Sommer 1934 bei der Ermordung Röhms und der
Ausschaltung der SA (»Sturmabteilung«) eingesetzt. In der
Folgezeit wurde die bewaffnete SS ausgebaut zur »SS-Ver-
fügungstruppe« (VT); die von der SA eingerichteten Konzentrationslager wurden, soweit sie bestehen blieben, von
der SS übernommen. Die SS-Wachmannschaften der Konzentrationslager erhielten 1936 die Bezeichnung »SS-To-
tenkopfverbände« (TV). SS-Verfügungstruppen und SS-
Totenkopfverbände bildeten zusammen die bewaffneten
Verbände der SS, die von Anfang an an Hitlers Krieg teilnahmen und ab Ende 1939 »Waffen-SS« genannt wurden.
Wie schon vorher VT und TV war die Waffen-SS eine
Truppe, die unter dem Kommando des Reichsführers-SS
und Chefs der Deutschen Polizei, Heinrich Himmler, der
unmittelbaren Führergewalt unterstand und einen Teil der
Führerexekutive jenseits von Partei und Staat bildete. Hitler selbst sah vor, die Waffen-SS nach dem erfolgreichen
Krieg als eine Art Staatspolizei in den eroberten Gebieten
einzusetzen. Auch die Konzentrationslager bildeten bis
zum Ende einen Teil der Waffen-SS, und es erfolgte laufend ein Personalaustausch zwischen den Wachmannschaf-

Der Standortarzt der Waffen-ᚻ                    Weimar-Buchenwald, den 27.Januar 1945
            W e i m a r


            Für die bei der Bergung der Leichen des Auschwitzer Transportes
        vom 26.Januar 1945 eingesetzten Unterführer
                    ᚻ-Hauptscharführer   W i l h e l m ,
                    ᚻ-Oberscharführer   W a r n s t ä d t   und
                    ᚻ-Unterscharführer   S t ö p p e
        wird die Auslieferung einer Sonderration Spirituosen
        ärztlich befürwortet.
                                    Der Standortarzt der Waffen-ᚻ Weimar

                                    ᚻ-Hauptsturmführer d.R.

Quelle: Institut für Zeitgeschichte München

Der Standortarzt der Waffen-ᚻ                    Weimar-Buchenwald, den 25.Mai 1944
            W e i m a r
    D/As.: 14 f /5.44 - Sch./Bl.

            Betreff: Entfernung von Zahngold bei Häftlingen.
            Bezug : Befehl RF-ᚻ v.23.9.40, dort.Geh.Tg.B.Nr.941/42 v.23.12.42,
                    D I 1 As.: 14 e /9/Ok.U.

            An das
            ᚻ-Wirtschafts-Verwaltungshauptamt
            Amtsgruppe D - Konzentrationslager
            O r a n i e n b u r g

            Laut obigem Befehl wurde im Laufe des Monats Mai 1944 von verstor-
            benen Häftlingen in 50 Fällen
                    241,45  g Edelmetall (Gold)
            entnommen. Diese Menge wurde dem hiesigen Verwaltungsführer gegen
            Quittung abgeliefert. Ein entsprechender Vermerk in den jeweiligen
            Häftlingsakten ist erfolgt.
                                    Der Standortarzt der Waffen-ᚻ Weimar.

            Nfl. an:
            Chef des Amtes D III, Oranienburg,              ᚻ-Hauptsturmführer d.R.
            Lagerkommandant K.L. Buchenwald und
            Verwaltungsführer K.L. Buchenwald.

Quelle: Institut für Zeitgeschichte München

ten der Konzentrationslager und den Kampfverbänden der Waffen-SS.

Es ist falsch, die Waffen-SS als einen Teil der deutschen Wehrmacht zu bezeichnen, wie dies oft geschieht. Sie wurde zwar wie andere paramilitärische Verbände (Reichsarbeitsdienst, »Organisation Todt«) gemeinsam mit und teilweise auch unter dem Kommando der Wehrmacht im Kriege eingesetzt, hatte aber verfassungsorganisatorisch mit dieser nichts zu tun. »Die Wehrmacht war ein Organ der Staatsgewalt, die Waffen-SS ein Organ der Führergewalt«

(Hans Buchheim). Von der Wehrmacht wurde die Waffen-SS anfangs nur widerwillig geduldet. Seit 17. Oktober 1939 hatte sie eine eigene Gerichtsbarkeit.

Wesentliches Merkmal der Waffen-SS war nicht so sehr die Schulung im nationalsozialistischen Geiste als vielmehr die Herausbildung einer besonderen Mentalität: Kampf um des Kampfes willen, Gehorsam ohne Überlegung, Härte als Abhärtung, aber auch Verhärtung gegenüber mitmenschlichen Regungen, Verachtung aller »Minderwertigen«, Kameradschaft und Kameraderie, übersteigerter Heroismus. Die Waffen-SS verkörperte die nationalsozialistische Vorstellung vom »politischen Soldaten«. Ein General der Wehrmacht hat einmal treffend gesagt, die Angehörigen der Waffen-SS seien keine Soldaten, sondern »Kämpfer«.

Die Waffen-SS galt mit Recht in den ersten Kriegsjahren als eine nationalsozialistische Elite-Truppe; im Zuge ihres Ausbaues wurden aber ab Ende 1942 die ursprünglich strengen »rassischen« und körperlichen Ausleseprinzipien aufgegeben. Die 1939 28000 Mann starke Truppe erreichte bis 1945 einen Umfang von etwa 900000 Mann, von denen mehr als die Hälfte keine »Reichsdeutschen« waren. Unter der Parole des Kampfes gegen den Bolschewismus hatte man zahlreiche Freiwillige in den besetzten Ländern Europas angeworben, unter den Volksdeutschen und den als deutschstämmig angesehenen Bewohnern annektierter Gebiete (Elsaß, Lothringen, Luxemburg, Krain) aber auch mehr oder weniger zwangsweise Rekrutierungen für die Waffen-SS vorgenommen. Es gab nicht nur »germanische« Legionen der Waffen-SS, sondern auch ost- und südosteuropäische und mohammedanische Einheiten, deren Kampfkraft und Einsatzfreudigkeit allerdings sehr unterschiedlich waren.

Schon die »Leibstandarte« als Kerntruppe der Waffen-SS hatte jedes der militärischen Abenteuer Hitlers mitgemacht: die Remilitarisierung des Rheinlandes, die Besetzung Österreichs, des Sudentenlandes und der Tschechoslowakei, die Invasion Polens, den Feldzug im Westen, den Balkanfeldzug und den Überfall auf die Sowjetunion. Einheiten der Waffen-SS wurden fast an allen Fronten eingesetzt, besonders wenn die Lage kritisch wurde. Sie kämpften fanatisch und verbissen, errangen bedeutende Siege, hatten aber auch besonders hohe Verluste. Zumindest in der zweiten Kriegshälfte war die Ausrüstung der Panzer- und Panzergrenadierdivisionen der Waffen-SS oft besser als die der Wehrmacht und ihr Einsatz entsprechend effektiv.

Als Wachpersonal in den Konzentrations- und Vernichtungslagern, in Zusammenarbeit mit den Einsatzgruppen der Sicherheitspolizei und des Sicherheitsdienstes (SD) der SS bei den als »Partisanenbekämpfung« ausgegebenen Judenerschießungen in Polen und in der Sowjetunion, aber auch bei dem Massaker unter britischen Soldaten in Le Paradis 1940, bei der Niedermetzelung französischer Zivilisten in Oradour 1944 (siehe dort) und bei der Ermordung amerikanischer Kriegsgefangener bei Malmédy im Dezember 1944 haben sich Angehörige der Waffen-SS in besonders eklatanter und unehrenhafter Weise schuldig gemacht. Diese und andere Greueltaten hatten zur Folge, daß der Internationale Militärgerichtshof in Nürnberg 1946 außer der Allgemeinen SS ausdrücklich auch die Waffen-SS nicht nur wegen allgemeiner Kriegsverbrechen, sondern auch wegen Verbrechen gegen die Menschlichkeit zur »verbrecherischen Organisation« erklärte.

Hellmuth Auerbach

Literatur: Hans Buchheim, Die SS – das Herrschaftsinstrument, Befehl und Gehorsam. In: Anatomie des SS-Staates. Band 1, München 1984; George H. Stein, Geschichte der Waffen-SS. Düsseldorf 1967; Bernd Wegner, Hitlers Politische Soldaten. Die Waffen-SS 1933–1945. Paderborn 1982.

## Währungsreform

Der 20. Juni 1948 ist für die deutsche Nachkriegsgeschichte eines der wichtigsten Daten. An diesem Tag trat in den drei westlichen Besatzungszonen die Währungsreform in Kraft. Die Zeit des Schwarzmarkts, der Zigarettenwährung, der Tausch- und Naturalwirtschaft ging zu Ende, an die Stelle der wertlosen Reichsmark trat die DM. Der Neubeginn machte scheinbar alle gleich, pro Kopf wurden 60 DM ausgegeben, davon 40 sofort, der Rest im August; tatsächlich wurden (wie man nach Abschluß der ganzen Transaktion feststellte) die Besitzer von Geldvermögen im

Verhältnis 100 RM zu 6,5 DM enteignet, die Sachwertbesitzer kamen glimpflicher davon. Erst später wurden durch den »Lastenausgleich« die Eigentümer von Immobilien und anderen beständigen Werten zugunsten der Benachteiligten – Heimatvertriebene und Flüchtlinge, Ausgebombte und andere Kriegssachgeschädigte – zur Kasse gebeten.

Der Tag der Währungsumstellung war geheimgehalten worden, auch vor den westdeutschen Politikern. Die Reform wurde von den Besatzungsmächten geplant und durchgeführt, der Anteil deutscher Fachleute war äußerst bescheiden. Im April 1948 hatten die Alliierten eine deutsche Expertengruppe, die sich mit Währungsproblemen beschäftigte, in Klausur genommen (»Konklave von Rothwesten«). Von der Umwelt völlig isoliert, durften sie den amerikanischen, britischen und französischen Finanzfachleuten zuarbeiten, das heißt Formulierungshilfe bei Gesetzestexten, Verordnungen usw. leisten und die Texte von Fragebogen und Formularen übersetzen. Die deutschen Experten, die mit der Illusion gekommen waren, sie könnten die Dinge mitgestalten, hielten die Pläne der Alliierten in manchem für falsch und ließen sich schließlich feierlich bestätigen, daß die Verantwortung für die Grundsätze und Methoden der Währungsreform ganz auf alliierter Seite liege. Als sich dann der Erfolg der Maßnahmen zeigte, wollten die Deutschen auch ihren Anteil daran haben, oder sie reklamierten gar den ganzen Erfolg für sich.

Am 20. Juni 1948 wurde durch Offenbarungseid Hitlers Kriegsfinanzierung, die den Bankrott des Deutschen Reiches zur Folge hatte, liquidiert. Durch inflationäre Geldvermehrung war seit 1936 die Aufrüstung bezahlt worden, Lohn- und Preisstopps, Bewirtschaftung und Rationierung verschleierten bis Kriegsende die Folgen dieser Finanzpolitik. Beim Zusammenbruch der Hitlerherrschaft betrug die verbriefte Schuldenlast des Deutschen Reiches mindestens 380 Milliarden Reichsmark, nicht gerechnet viele weitere Milliarden sonstiger Forderungen.

Den 300 Milliarden RM, die im Umlauf waren, stand kaum ein Warenangebot gegenüber, die Geschäfte in Industrie, Handel und Gewerbe erfolgten zum großen Teil in Form von Kompensationen, das staatliche Bewirtschaftungssystem des Dritten Reiches, das von den Besatzungsmächten beibehalten war, zerbröckelte am Schwarzen

Markt. Wirksame Hilfe zum Wiederaufbau, wie sie der amerikanische Marshall-Plan den Europäern anbot, erforderte als Voraussetzung die Sanierung der Währung.

Das Problem wurde unter den Alliierten, im Kontrollrat in Berlin und auf Außenministerebene debattiert, aber eine Einigung zwischen den drei Westmächten und der Sowjetunion über eine gemeinsame Währungsreform für alle vier Besatzungszonen war nicht möglich. Im Herbst 1947 hatte in den USA der Druck der neuen Banknoten begonnen, im März 1948 war die »Bank deutscher Länder« als erste trizonale Einrichtung gegründet worden, denn im März 1948 beschlossen die Westmächte definitiv, die Ostzone nicht einzubeziehen. Für die sowjetische Besatzungszone war die Währungsreform auch nicht dringlich, denn dort waren gleich nach der Besetzung die Banken geschlossen und Guthaben stillgelegt worden, das Problem der Überliquidität existierte nicht, und am Marshall-Plan durften die Territorien des sowjetischen Machtbereichs nicht teilnehmen. Die Wärungsreform in den drei Westzonen wurde damit aber zu einer ganz entscheidenden Station der Teilung Deutschlands, die demonstrativen Ausdruck fand in der Blockade Berlins durch die sowjetischen Besatzungsbehörden (24. Juni 1948 bis 12. Mai 1949).

Als die Anfangsschwierigkeiten überwunden waren, begannen sich Legenden um Verdienst und Urheberschaft an der Währungsreform zu ranken. Ludwig Erhard, damals Direktor für Wirtschaft der amerikanisch-britischen Bizone und ab 1949 Wirtschaftsminister der Bundesrepublik, wird auch als Erfinder der Währungsreform gefeiert, tatsächlich hatte er nichts damit zu tun. Seine Meriten bestehen darin – und die beiden Komplexe wurden dann immer wieder vermischt –, daß er unmittelbar nach dem Währungsschnitt begann, die Preis- und Rationierungsvorschriften zu lockern oder aufzuheben und damit die Weichen zur Rückkehr zur Marktwirtschaft stellte. Unter großem Protest, auch aus den Reihen der CDU und CSU, steuerte Erhard den neuen Kurs, bei dem zunächst Löhne und Preise weit auseinanderdrifteten. Der Unmut über die neue Wirtschaftsordnung erreichte im November 1948 den Höhepunkt, als die Gewerkschaften der britischen und amerikanischen Zone zum Generalstreik aufriefen. Viereinhalb Millionen Arbeiter demonstrierten gegen die Marktwirtschaft. Wenig später, als sich im Herbst 1949 auch die französische Besatzungszone mit der Bizone zur Bundesrepublik zusammenschloß, war Ludwig Erhard als Vater der sozialen Marktwirtschaft bereits die Wahllokomotive der bürgerlichen Parteien.

Wolfgang Benz

Literatur: Eckhard Wandel, Die Entstehung der Bank deutscher Länder und die deutsche Währungsreform 1948. Frankfurt a.M. 1980; Gerold Ambrosius, Die Durchsetzung der sozialen Marktwirtschaft in Westdeutschland 1945–1949. Stuttgart 1977; Heinz Friedrich (Hrsg.), Mein Kopfgeld. Die Währungsreform – Rückblicke nach vier Jahrzehnten. München 1988.

## Wannsee-Konferenz

Am 20. Januar 1942 fand auf Einladung und unter dem Vorsitz des Chefs des Reichssicherheitshauptamtes (RSHA), SS-Obergruppenführer Reinhard Heydrich, eine Besprechung statt, an der Staatssekretäre aus Reichsministerien (Justiz, Innen, Außen, für die besetzten Ostgebiete) und ihnen gleichzustellende Oberste Reichsbehörden (Reichskanzlei, Parteikanzlei, Beauftragter für den Vierjahresplan) sowie SS-Führer im Generals- und Offiziersrang teilnahmen. Tagungsort war eine Villa in der Straße Am Großen Wannsee am Stadtrand von Berlin. Nachdem im hinterlassenen Schriftgut des Auswärtigen Amtes von Fahndern der USA im Jahre 1947 die von Adolf Eichmann angefertigte Niederschrift (»Besprechungsprotokoll«) aufgefunden worden war, erhielt das Ereignis den Namen »Wannsee Konferenz«. Das Wissen über den Verlauf und die Ergebnisse der Beratung stammt vor allem von diesem Dokument; es stützt sich ferner auf Aussagen, die Teilnehmer während Vernehmungen und Verhören machten, zuletzt auf jene Eichmanns in Jerusalem.

Heydrich verfolgte mit der Beratung mehrere Ziele: Er wollte erstens den geladenen (nicht zum SS-Bereich gehörenden) Teilnehmern einprägen, daß die »Endlösung der Judenfrage« – das war die gebräuchlichste verhüllende Bezeichnung für den Plan und die Praxis der Vernichtung der Juden Europas – ausschließlich seiner Kompetenz und Entscheidung unterlag; Heydrich wollte zweitens den Teilneh-

mern durch direkte und authentische Unterrichtung be-
kanntgeben, daß die im Zugriffsbereich des Regimes befindlichen Juden und alle Juden, die noch in ihn geraten
würden, ohne Ausnahme getötet werden sollten, wodurch
ein höherer Grad von Mitwisserschaft und Mitverschwö-
rung geschaffen wurde. Drittens wollte Heydrich weitere
Voraussetzungen für den reibungslosen Fortgang der
»Endlösungs-« Praxis schaffen, denn das Massenmorden
befand sich – so ungeheuerlich die bereits begangenen Verbrechen waren – noch in einem frühen Stadium, und die
angestrebten höchsten Vernichtungsraten bei gleichzeitig
geringstem Aufwand waren nur zu erreichen, wenn – wie
im Protokoll verbrämt formuliert wurde – die »Parallelisie-
rung der Linienführung« durchgesetzt wurde. Heydrich beabsichtigte viertens die in verschiedenen Obersten Reichsbehörden existierenden Entwürfe und Vorstellungen für
die Behandlung der »Mischlinge« und der »in Mischehen
lebenden Juden« zu einem Vorschlag zusammenzuführen,
der Hitler zur endgültigen Entscheidung unterbreitet werden sollte. Die Teilnehmer, die in allen »grundsätzlichen
Fragen« übereinstimmten, einigten sich zu diesem vierten
Punkt darauf, die Grenze der »Nürnberger Gesetze« von
1935 auszuweiten, weitere Personen mit jüdischen Eltern-
teilen oder Vorfahren in die »Endlösung« einzubeziehen
und andere zur Sterilisation zu zwingen.

Die »Wannsee-Konferenz« fand zu einem Zeitpunkt
statt, als die Massaker an den Juden im Osten Europas
bereits ins Werk gesetzt und schon Hunderttausende ermordet worden waren. Unmittelbar nach dem 22. Juni
1941, dem Tag des Überfalls auf die Sowjetunion, hatten
die Einsatzgruppen der Sicherheitspolizei und des Sicherheitsdienstes (SD) auf dem eben eroberten sowjetischen
Territorium begonnen, Juden in der Nähe ihrer Wohnorte
mit Infanteriewaffen (Pistolen, Gewehren, Maschinenwaf-
fen) zu ermorden. Im Dezember 1941 trat ein Spezialkom-
mando der SS in Kulmhof (polnisch: Chelmno) im Reichs-
gau Wartheland in Aktion, das Juden aus der Umgebung
und aus dem Ghetto Lódz in eigens dafür konstruierten
Lastkraftwagen erstickte, indem die Motorabgase in die
mit den Opfern vollgepferchten Aufbauten geleitet wurden. Auch in Serbien, in der Nähe von Belgrad, waren
Juden massenweise systematisch niedergeschossen worden.

Die Entscheidung über den Beginn der »Endlösung« war mithin lange vor der »Wannsee-Konferenz« gefallen.

Warum vermochte sich dennoch zählebig die Version zu behaupten, jene Konferenz sei der Ausgangspunkt des Verbrechens gewesen und die am Wannsee Versammelten hätten es beschlossen? Die falsche Lesart, die keinerlei apologetisches oder persönliches Rechtfertigungs- und Entlastungsinteresse befriedigt, bedient offenbar eine gängige Geschichtsvorstellung, welche die geschichtlich beispiellose, barbarische Entscheidung an einen Ort, an benennbare Personen und auch an Tag und Stunde knüpfen will. Diesem Bedürfnis können die Historiker keine Alternative bieten, weshalb sie der falschen Vorstellung vom geschichtlichen Platz der Konferenz bislang nur mit Teilerfolg entgegengetreten sind. Das sich auf wissenschaftliche Forschungen gründende Bild von der Entstehung des massenmörderischen Entschlusses ist unschärfer, fußt aber auf einer weitläufigen und akribischen Rekonstruktion der im Naziregime üblichen und es charakterisierenden Herrschaftspraktiken und -mechanismen. Die Mehrheit der Geschichtsforscher stimmt heute darin überein, daß die Entscheidung, die europäische Judenheit auszulöschen, während der direkten Vorbereitungen auf den Krieg gegen die UdSSR fiel und daß sie von Hitler, Hermann Göring und Heinrich Himmler ausging. An diese Entscheidung schlossen sich augenblicklich Befehle, Ermächtigungen und Instruktionen und die Formierung der Einheiten an, die das Massenmorden begannen.

Kurt Pätzold

Literatur: Kurt Pätzold und Erika Schwarz, Tagesordnung: Judenmord. Die Wannsee-Konferenz am 20. Januar 1942. Eine Dokumentation zur Organisation der »Endlösung«. Berlin 1992; Eberhard Jäkkel und Jürgen Rohwer (Hrsg.), Der Mord an den Juden im Zweiten Weltkrieg. Entschlußbildung und Verwirklichung. Stuttgart 1985.


## »Weltjudentum« und »jüdische Weltverschwörung«

Die jahrhundertelange religiöse und soziale Ausgrenzung im christlichen Kulturkreis, die mit Unterdrückung und Verfolgung verbundene Einengung ihres Lebensbereiches haben die Juden – wie auch andere Kulturgemeinschaften in ähnlicher Situation – dazu gebracht, alte Traditionen, religiöse Bindungen und kulturelle Eigenarten in besonderem Maße zu pflegen und den Zusammenhalt untereinander zu wahren. Die Andersartigkeit der jüdischen Geisteswelt ließ sie als fremd und geheimnisvoll erscheinen. Seit alters her wurden die Juden von der christlichen Kirche mit dem Antichrist, dem Teufel, in Verbindung gebracht und ihnen unheimliche, verderbliche Kräfte zugeschrieben. Der Selbsterhaltungstrieb der in der Diaspora lebenden jüdischen Gemeinden verstärkte ihr Bestreben, untereinander in enger Verbindung zu bleiben. Man bekam dadurch den (falschen) Eindruck, alle Juden auf der Welt bildeten eine große Gemeinschaft, und es entstand die Vorstellung von einem zusammenhängenden, zentral geleiteten »Weltjudentum«. Nachdem die Juden in der Konsequenz der Aufklärung und Revolution in West- und Mitteleuropa die Bürgerrechte erhalten hatten, entstand als Reaktion auf diese Emanzipation ein moderner, nicht auf religiösen, sondern rassistischen Vorstellungen basierender Antisemitismus, der sich sehr bald die fixe Idee zu eigen machte, die Juden strebten die Weltherrschaft an. Insbesondere deutsche antisemitische Autoren verstiegen sich zu Horrorgeschichten vom »Sieg des Judentums über das Germanentum« (Wilhelm Marr 1879) und schrieben vom »Verzweiflungskampf der arischen Völker mit dem Judentum« (Hermann Ahlwardt 1890).

Großen Auftrieb erhielten diese pseudowissenschaftlichen Wahnvorstellungen, als zu Anfang des 20. Jahrhunderts eine Schrift mit dem Titel ›Die Protokolle der Weisen von Zion‹ (siehe dort) auftauchte, mit der eine jüdische »Weltverschwörung« bewiesen werden sollte. Nachdem 1919 die erste deutsche Übersetzung der ›Protokolle‹ erschienen war, fanden sie in deutschen antisemitischen Kreisen rasch weite Verbreitung und enthusiastischen Glauben.

Dieser Mythos von einer jüdischen Weltverschwörung war jedoch nichts anderes als eine moderne, durch soziale Ängste und Ressentiments genährte Fassung der alten dämonologischen Vorstellungen vom Judentum. Ihm zufolge gab es eine geheime jüdische Regierung, die ein weltweites Netz getarnter Agenturen und Organisationen unterhielt, mit deren Hilfe sie politische Parteien und Regierungen, die Presse und die öffentliche Meinung, die Banken und das Wirtschaftsleben lenkte. Sie verfolgte einen uralten Plan, über die ganze Welt eine jüdische Herrschaft zu errichten.

Solche Vorstellungen können bei Unkenntnis, Ablehnung und Haß fremdartig erscheinender Kulturgemeinschaften entstehen, besonders, wenn diese in einer Diaspora leben. Ganz ähnlich verhielt es sich mit der in protestantischen Kreisen entstandenen und verbreiteten Idee einer jesuitischen Weltverschwörung. Mathilde Ludendorff verband beides in der Propagierung einer jüdisch-freimaurerisch-jesuitischen Weltverschwörung.

Die Wahnidee einer jüdischen Weltverschwörung mit dem Ziel der Errichtung einer jüdischen oder vielfach auch »jüdisch-bolschewistischen« Weltherrschaft war eines der Hauptargumente des nationalsozialistischen Antisemitismus und wird in rechtsextremistischen Kreisen vielfach heute noch vertreten. Obwohl die Fälschung der ›Protokolle der Weisen von Zion‹ längst erwiesen war, haben Hitler, sein Ideologe Alfred Rosenberg und zahlreiche andere NS-Größen ihren Inhalt weiterverbreitet und die Behauptung propagiert, die Juden hätten systematisch an der Vernichtung Deutschlands und an der Aufrichtung ihrer Weltherrschaft gearbeitet – deshalb müsse man sie bekämpfen und vernichten. Die nationalsozialistischen Zeitungen, allen voran der ›Völkische Beobachter‹ und der ›Stürmer‹, brachten tagtäglich Berichte von angeblichen »Machenschaften Alljudas«.

Im Zeitalter des Nationalismus waren nichtstaatliche internationale Organisationen Verdächtigungen ausgesetzt. Das galt in besonderem Maße für jüdische Organisationen, die sich – die Staaten übergreifend – im Laufe des 19. Jahrhunderts bildeten. Sie mußten vielfach als Beweismittel für die These von der »Weltverschwörung« herhalten. So etwa die 1843 in den USA gegründete Vereinigung Bnai Brith (oder Bne Briss = Bundesbrüder), eine Art Orden rein humanitären Charakters, dessen »Logen« bezeichnete Bünde mit Freimaurerlogen nichts gemeinsam hatten, aber häufig als solche angesehen wurden. Bnai Brith hatte in Deutschland um 1932 etwa 13 000 Mitglieder, 1970 gehörten ihm weltweit ca. 500 000 Personen an. Noch mehr verdächtigt wurde die Alliance Israélite Universelle, ein 1860 in Paris gegründeter internationaler Hilfsverein, der die rechtliche Stellung und das kulturelle Niveau der Juden in den einzelnen Staaten heben und den Antisemitismus bekämpfen wollte. Die Alliance unterhielt zahlreiche jüdische Schulen. In Deutschland entstand 1893 der Centralverein deutscher Staatsbürger jüdischen Glaubens, der die staatsbürgerliche und gesellschaftliche Gleichstellung der Juden verfocht und eine betont deutsche Gesinnung zeigte. Ihm gehörten 1927 über 70 000 Personen an, 1936 nur noch 40 000. Sowohl die Alliance wie der Centralverein vertraten die Auffassung, die Juden bildeten eine Religionsgemeinschaft innerhalb der Nationen, in denen sie leben, seien aber keine eigene Nation. Demgegenüber betrachtet der Zionismus die Juden als ein Volk, das ein eigenes Territorium beansprucht. Die Zionistische Weltorganisation, die 1897 gegründet wurde, hatte 1933 640 000 Mitglieder, 1939 über eine Million (also nur etwas mehr als 6 Prozent aller Juden) und 1946 mehr als zwei Millionen – sicherlich eine Auswirkung der Verfolgungen in Europa. Die Gesamtzahl der Juden auf der Erde betrug 1938 16,34 Millionen (= 0,8 Prozent der Gesamtbevölkerung), 1954 waren es nur noch 11,68 Millionen, 1964 13,2 Millionen (= 0,41 Prozent). In Europa lebten 1933 10,3 Millionen Menschen jüdischen Glaubens (2 Prozent der Gesamtbevölkerung), 1966 nur noch 3,78 Millionen (0,7 Prozent). In Deutschland waren es 1933 etwa 500 000 (0,78 Prozent), 1939 215 000 (0,31 Prozent), 1989 noch 27 700 (0,045 Prozent).

Hellmuth Auerbach

Literatur: Alex Bein, Die Judenfrage. Biographie eines Weltproblems. 2 Bände, Stuttgart 1980; Hermann Greive, Geschichte des modernen Antisemitismus in Deutschland. Darmstadt 1983; J.F. Oppenheimer (Hrsg.), Lexikon des Judentums. Gütersloh 1967.


## Werwolf

Im Herbst 1944, als abzusehen war, daß die alliierten Armeen bald auf deutschem Boden kämpfen würden, befahl der Reichsführer-SS Heinrich Himmler den Aufbau einer militärisch geschulten Untergrundorganisation, die in kleinsten Gruppen durch Überfälle und Sabotageakte im Rücken des Feindes den Abwehrkampf der regulären deut-

schen Verbände unterstützen sollte. Die Wirkung solcher
Einsätze war gerade dem Reichsführer-SS aus dem Kampf
seiner SS- und Polizeitruppen gegen die Partisanenverbän-
de und Widerstandsbewegungen in den besetzten Gebieten
bestens bekannt.

Himmler ernannte den früheren Höheren SS- und Poli-
zeiführer Rußland-Süd, Obergruppenführer Prützmann,
einen Mann mit einschlägiger Erfahrung, zum »Generalinspekteur für Spezialabwehr beim Reichsführer-SS«, der
mit einem kleinen Stab die »Werwolf«-Organisation auf-
bauen sollte. Prützmann, fast zur gleichen Zeit auch zum
Generalinspekteur des Deutschen Volkssturms bestellt,
suchte, wie für dieses letzte Aufgebot, auch für den »Werwolf« geeignete Kämpfer, auch Frauen, in allen Organisationen und Gliederungen der Partei, vor allem in der Hitlerjugend. Die Ausbildung, soweit es überhaupt noch dazu
kam, erfolgte überwiegend in den Schulen der SS-Jagdver-
bände, ausgesuchter Kommandotruppen der Waffen-SS,
die vergleichbar den Angehörigen der Wehrmacht-Divison
»Brandenburg«, unter anderem als Sabotagetrupps hinter
den feindlichen Linien eingesetzt wurden.

Die zunächst geheimgehaltene »Werwolf«-Organisation
war plötzlich in aller Munde, als es Ende März 1945 einem
kleinen »Werwolf«-Trupp, darunter eine BDM-Führerin,
gelang, den von den US-Truppen eingesetzten deutschen
Oberbürgermeister von Aachen, Dr. Franz Oppenhoff, zu
ermorden. Amerikanische Zeitungen und Nachrichten-
dienste übertrieben die Gefahr eines systematischen Partisanenkampfes auf deutschem Boden ebenso wie Propagan-
daminister Goebbels, der am Ostersonntag, wenige Tage
nach der Ermordung Oppenhoffs, über einen »Sender
Werwolf« die Öffentlichkeit über die Existenz einer jenseits jeder »bürgerlichen Kampfführung« agierenden Un-
tergrund- und Femeorganisation informierte. Vor allem
über den »Werwolf«-Sender versuchte Goebbels den völlig
aussichtslos gewordenen Kampf in den Apriltagen 1945
noch einmal zu radikalisieren, indem er die deutsche Bevölkerung zu Verzweiflungsaktionen gegen den Feind auf-
hetzte und ihr ganz brutal im Falle von Kollaboration mit
den Besatzungstruppen mit Rachemaßnahmen des »Werwolf« drohte. Goebbels, darin von Bormann unterstützt,
suggerierte darüber hinaus den Eindruck, daß auch nach

der Einstellung der Kämpfe eine geheime NS-Organisation für den Wiederaufbau des Nationalsozialismus in Deutschland kämpfen werde.

Wie die »Alpenfestung« (siehe dort) war der »Werwolf« in erster Linie ein Propagandagebilde. Die wenigen geplanten Aktionen der Prützmann-Organisation hatten, wenn sie überhaupt ausgeführt werden konnten, keinerlei Einfluß auf die Kriegführung. Der von Goebbels kurz vor Kriegsende ausgerufene Untergrundkampf mit allen Mitteln endete in der Regel mit der standrechtlichen Erschießung der wenigen Einzeltäter durch die alliierten Truppen. Der einzige »Erfolg« des »Werwolf« bestand darin, die unterschiedslose Gleichsetzung aller Deutschen mit fanatischen Nationalsozialisten in der alliierten Öffentlichkeit für einige Zeit zu zementieren.

Hermann Weiß

Literatur: Arno Rose, Werwolf 1944–1945. Stuttgart 1980.


## Wiedergutmachung

In der Öffentlichkeit entsteht häufig ein verwirrender Eindruck von der sogenannten Wiedergutmachung für die Opfer der nationalsozialistischen Verfolgung. Auf der einen Seite steht der nicht unerhebliche finanzielle Gesamtaufwand (bis heute etwa 80 Milliarden DM) und die teilweise Befriedigung einzelner Verfolgtengruppen. Dazu im scharfen Kontrast stehen viele Fälle, deren Behandlung in der Wiedergutmachung heute nur schwer verständlich ist. So reicht die Palette der Beurteilungen von Selbstzufriedenheit offizieller Stellen bis zur bitteren Klage vieler NS-Verfolgter.

»Wiedergutmachung« kann freilich nie in der eigentlichen Bedeutung des Wortes verstanden werden, sie bleibt letztlich immer nur eine symbolische Handlung. Die israelische Regierung formulierte 1951 mit Blick auf den Massenmord und die Ausplünderung der Juden: »Keine Schadensersatzzahlung kann die zerstörten menschlichen Leben und kulturellen Werte gutmachen oder die Folterungen und Leiden der Männer, Frauen und Kinder abzahlen, die durch alle nur erdenklichen Mittel einer viehischen Einbildungskraft getötet worden sind.«

Aus heutiger Sicht gliedert sich die Wiedergutmachung vor allem in zwei Bereiche: in die Rückerstattung und in die Entschädigung. Die Rückerstattung versuchte auszugleichen, daß sich der deutsche Staat, aber auch Teile der deutschen Bevölkerung insbesondere am jüdischen Eigentum, aber auch etwa am Vermögen der Gewerkschaften, schamlos bereichert hatten. Noch in der Besatzungszeit erließen die alliierten Militärregierungen jeweils Gesetze, die die Rückerstattung des Eigentums regelten, das noch wiederauffindbar war. Dagegen regelte das vom deutschen Bundestag 1957 beschlossene Bundesrückerstattungsgesetz, daß bis zu einer festgelegten Gesamthöhe von drei Milliarden DM Entschädigungen für Werte bezahlt werden sollten, die das Deutsche Reich beschlagnahmt und geraubt hatte, und die nicht mehr aufzufinden waren.

Die größte Bedeutung besitzt aber der als Entschädigung bezeichnete Bereich der Wiedergutmachung, der etwa 80 Prozent der insgesamt ausgegebenen Mittel beanspruchte. Nach verschiedenen Vorläufern noch unter alliierter Besatzung ist hier vor allem das Bundesentschädigungsgesetz wichtig. Es regelt die Entschädigung der rassisch, religiös und politisch Verfolgten für ihre Schäden an Leben, Gesundheit, Freiheit und beruflichem Fortkommen. 1953 in seiner ersten Fassung verabschiedet, wurde es bis 1965 mehrfach ausgeweitet und novelliert. Seither blieb es, ausdrücklich als Bundesentschädigungs-Schlußgesetz bezeichnet, widerstandsfähig gegenüber allen weiteren Erweiterungsbestrebungen. Entgegenkommen fand, wenn überhaupt, nur auf dem Wege von Härtefonds statt, die das System des Bundesentschädigungsgesetzes nicht antasteten.

Die genannten Regelungen zielen auf den Einzelnen, im Unterschied zu einer Reihe von kollektiven Abmachungen. Das erste und bekannteste Beispiel war das Abkommen, das die Bundesrepublik 1952 mit dem Staat Israel und der »Jewish Conference on Material Claims against Germany« (ein Zusammenschluß von 22 wichtigen jüdischen Organisationen aus aller Welt) traf. Hier wurden – neben einem deutschen Gesetzgebungsprogramm zugunsten NS-Verfolgter – vor allem auch kollektive Zahlungen in Höhe von 3,5 Milliarden DM vereinbart, die Israel und die Claims Conference namens des in seiner Gesamtheit geschädigten jüdischen Volkes beanspruchten. Diese kollektive Zahlung an das jüdische Volk, die eine Art von Reparationen darstellte, wird wegen seiner besonderen symbolischen Bedeutung irrigerweise häufig mit der Wiedergutmachung überhaupt gleichgesetzt. Weniger bekannt ist, daß die Bundesrepublik im Laufe der sechziger Jahre auch mit insgesamt elf westeuropäischen Staaten globale Abkommen zur Wiedergutmachung für NS-Verfolgte aus diesen Ländern abschloß, die aber insgesamt nur einen Betrag von 876 Millionen DM ausmachten. Bei all diesen globalen Abkommen mit ausländischen Staaten spielte die besondere außenpolitische Empfindlichkeit der Bundesrepublik bei ihrer Wiedereingliederung in die Völkergemeinschaft naturgemäß eine bedeutende Rolle.

Trotz der genannten Gesetze und Abkommen blieb eine ganze Reihe von Verfolgten ohne Ansprüche. Prinzipiell besitzt einen Anspruch auf Wiedergutmachung, wer in der NS-Zeit aus rassischen, religiösen oder politischen Gründen verfolgt wurde und in der Verfolgungszeit im Bereich des Deutschen Reiches (in den Grenzen von 1937) gelebt hatte oder innerhalb eng gehaltener Fristen in die Bundesrepublik gekommen war. Damit ist der größte Teil der ausländischen NS-Verfolgten von den Wiedergutmachungsleistungen ausgeschlossen. Dazu gehören auch die vielen Millionen während des Zweiten Weltkrieges von der deutschen Industrie beschäftigten ausländischen Zwangsarbeiter. Der politische Wille der Bundesrepublik ging in erster Linie dahin, die deutschen NS-Verfolgten zu entschädigen. Es bedurfte der fortwährenden Intervention der alliierten Siegermächte und hartnäckiger Verhandlungen von jüdischer und anderer Seite, um überhaupt gewisse Abweichungen von diesem Grundsatz zu erreichen.

Doch auch bei den Verfolgten, die den geforderten Bezug zum Territorium des Deutschen Reiches aufweisen, mußten viele jahrzehntelang auf eine Entschädigung warten oder blieben sogar bis heute ausgeschlossen. Dazu gehören insbesondere Sinti und Roma, Kommunisten, Opfer der Zwangssterilisation oder unter dem Vorwurf der Asozialität verfolgte Menschen. Häufig konnte sich eine derartige Verfolgung auf weitverbreitete Vorurteile stützen, die auch nach dem Zusammenbruch des NS-Staates nicht einfach verschwunden waren und eine Wiedergutmachung entsprechend erschwerten. Beispielsweise erhielten Zigeuner nach bis 1963 gültiger höchstrichterlicher Rechtssprechung keine Entschädigung für eine vor 1943 liegende Verfolgung, da es sich dabei nur um »eine vorbeugende Verbrechensbekämpfung unter Asozialen« gehandelt habe.

Problematisch war auch die Durchführung der Wiedergutmachung. Das aufwendige bürokratische Verfahren schlug häufig auch bei denen neue Wunden, die einen gültigen Anspruch besaßen. Die vielfach unglaubliche Überlänge der Verfahren, der Zwang, grauenhafte Erlebnisse immer wieder in einer häufig als feindlich empfundenen Prozedur vor Sachbearbeitern oder Gutachtern ausbreiten zu müssen, sowie zermürbende und kleinliche Verfahrensvorschriften schmälerten oft die Bedeutung der schließlich erlangten Beträge, die selten beträchtlich waren. So wurde beispielsweise ein ehemaliger KZ-Häftling bei Vorliegen der sonstigen Voraussetzungen mit 150,– DM pro Monat KZ-Aufenthalt entschädigt.

Häufig wird erklärt, daß die Wiedergutmachung exklusiv von der Bundesrepublik geleistet wurde. Dies ist insofern richtig, als die DDR nur diejenigen Verfolgten entschädigte, die später auf ihrem Territorium lebten, und dies war nur ein kleiner Teil. So gehen nämlich 80 Prozent der Entschädigungsleistungen, die die Bundesrepublik zahlt, ins Ausland. Der größte Teil der überlebenden deutschen NS-Verfolgten hat es nach dem Krieg vorgezogen, nicht mehr in die frühere Heimat zurückzukehren.

Constantin Goschler

Literatur: Ludolf Herbst, Constantin Goschler (Hrsg.), Wiedergutmachung in der Bundesrepublik Deutschland. München 1989; Constantin Goschler, Wiedergutmachung. Westdeutschland und die Verfolgten des Nationalsozialismus (1945–1954). München 1992.

## Wunderwaffen

Nach der Niederlage bei Stalingrad (Februar 1943) kamen in der nationalsozialistischen Propaganda Wendungen über neuartige Waffen auf. Sie sollten den Durchhaltewillen der vom zunehmenden Luftkrieg kriegsmüde werdenden Bevölkerung stärken und die Zuversicht verbreiten, diese neuen Waffen könnten das Wunder der Kriegswende und des »Endsiegs« bewirken.

Angesichts der materiellen Überlegenheit des Kriegsgegners USA hatte Reichspropagandaminister Goebbels seit Herbst 1942 beabsichtigt, die Propaganda für neue Waffen und Waffenwirkungen zu intensivieren. Neuartige Fernwaffen befanden sich im Entwicklungs- und Erprobungsstadium; Angaben darüber blieben bewußt undeutlich. Auf dem Gebiet der Fernwaffen gab es verschiedene Entwicklungen: eine Flüssigkeitsrakete A 4, sie kam als V 2 zum Einsatz; eine Flugbombe Fi 103, eingesetzt als V 1; eine vierstufige Pulverrakete »Rheinbote« war nur kurz im Einsatz; ein Ferngeschütz erwies sich als Fehlkonstruktion.

Die Entwicklungen zur Flüssigkeitsrakete A 4 basierten auf privaten Forschungen, die 1932 vom Heereswaffenamt übernommen wurden. Dafür wurde zunächst auf dem Schießplatz Kummersdorf eine Heeresversuchsstelle für Flüssigkeitsraketen neu eingerichtet und schließlich die Heeresversuchsanstalt Peenemünde für Entwicklung und Fertigung der Flüssigkeitsrakete gebaut. Die Luftwaffe forcierte ab Mitte 1942 die Entwicklung einer eigenen Fernwaffe, der Flugbombe Fi 103; Erprobungen erfolgten in Peenemünde und bei Lublin; die Fertigung lief in Kassel (Fieseler-Werke) und im VW-Werk bei Fallersleben an. Bei Rheinmetall-Borsig liefen seit 1934/36 Entwicklungen für eine vierstufige Pulverrakete, die ab 1941 halboffiziell wurden. Sie sollte wie die anderen Fernwaffen gegen London eingesetzt werden. England war weder Hitlers Bundesgenosse geworden, noch war es durch Luftwaffeneinsatz zu einer »Verständigung« gebracht worden. Die Fernwaffen sollten England zwingen, aus dem Krieg auszusteigen; als Folge davon – so die Hoffnung – würden die USA sich aus dem Krieg zurückziehen; dann könnten alle Kräfte gegen Rußland zielen.

Die Fernwaffenentwicklung wurde behindert durch Konkurrenzdenken innerhalb der Wehrmachtsteile sowie durch Rohstoff- und Materialknappheit; mit zunehmendem Bombenkrieg fielen Fertigungsstätten teilweise oder ganz aus, Verlagerungen erfolgten: A 4 von Peenemünde nach Niedersachswerfen, Fi 103 von Kassel nach Cham und von Fallersleben nach Schönebeck.

Im Nordwesten Frankreichs waren Abschußbunker und -rampen gebaut worden. Die Bunker wurden vor Inbetriebnahme von alliierten Bombern zerstört. Die Rampen wurden zuletzt bis in die Eifel und nach Holland zurückgenommen. Nach Beginn der Invasion in der Normandie kam Mitte Juni 1944 die Flugbombe als »Vergeltungswaffe« V 1 zum Einsatz; im September folgte der Kriegseinsatz der A 4 als zweite »Vergeltungswaffe«, von Dezember 1944 bis Januar 1945 der der Pulverrakete. Neben London und England (10492 V 1-Abschüsse, 1403 V 2-Abschüsse) lagen Antwerpen und Belgien (11892 V 1-Abschüsse, 3170 V 2-Abschüsse) unter V-Waffen-Beschuß.

Auf englischer Seite erfolgten gegen die V 1 noch Abwehrmaßnahmen; dies war bei der V 2 nicht mehr möglich. Die V-Waffen forderten etwa 10000 Tote und 30000 Verletzte.

Die Fernwaffen waren zwar technisch anderen Ländern weit voraus, bei ihrem Einsatz waren sie aber noch nicht ausgereift. Rohstoffe, T-Stoffe, Pulver standen nicht für die Fertigung einer großen Stückzahl zur Verfügung, so bestand ihre Wirkung vor allem in der Durchhaltepropaganda, deren wirksamstes Instrument sie bildeten. Der Glaube an weitere Wunderwaffen wurde bis Kriegsende aufrecht gehalten.

Gudrun Pischke

Literatur: Heinz Dieter Hölsken, Die V-Waffen. Entstehung – Propaganda – Kriegseinsatz. Stuttgart 1984; Winston S. Churchill, Der Zweite Weltkrieg. Memoiren. Band 6: Triumph und Tragödie. Frankfurt a. M. 1985; Albert Speer, Erinnerungen. Frankfurt a. M. 1969.

## »Zigeuner«

Sprachvergleiche zeigen, daß Roma und Sinti aus Indien stammen. Sie zogen nicht aus einem angeborenen »Wandertrieb« nach Europa, sondern weil Not, Kriege und Verfolgung sie dazu zwangen. Vor allem auf dem Balkan waren sie aber auch über Jahrhunderte seßhaft. Es existieren zahlreiche unterschiedliche Gruppen von Roma und Sinti; das Spektrum ihrer Kulturen ist breit gefächert. Meist setzen sie sich durch ihre Sprache, das Romanes, sowie durch

besondere Tabus und Regeln von der jeweiligen Mehr-
heitsgesellschaft ab. Unser Wissen über Roma und Sinti
bleibt beschränkt, solange die Abgrenzung ein grundlegen-
des Merkmal ihrer Lebensweise ist.

Die Anwesenheit von »Zigeunern« in Deutschland wird
erstmals 1407 erwähnt. Zwischen dem 16. und 18. Jahrhundert grenzte die Ständegesellschaft Randexistenzen wie
die Sinti und Roma durch Vertreibung, Auseinanderreißen
der Familien, Arbeitshaus, Folter und Erschießungen aus.
Als Reaktion auf die Verfolgung bildeten sich vielfach
Räuberbanden, an denen sich verarmte Bauern, mittellose
Juden und auch Sinti beteiligten. Im Spätabsolutismus kamen Versuche auf, die »Zigeuner« den Normen der Er-
werbsgesellschaft anzupassen und unter Zwang seßhaft zu
machen. Die Zwangsansiedlung scheiterte meist an der un-
geduldigen Durchführung und am Eigen-Sinn der »Zigeuner«. Nach Gründung des Deutschen Reiches 1871 wurden
die staatlichen Kontroll- und Verwaltungsmaßnahmen gegen Sinti und Roma verschärft. Der polizeilichen »Zigeunerbekämpfung«, die den Charakter eines diskriminierenden Sonderrechts trug, war aber kein Erfolg beschieden, da
die betroffenen Behörden in der Praxis nur im Auge hatten, Sinti und Roma aus *ihrem* Zuständigkeitsbereich fern-
zuhalten. So standen sie sich gegenseitig im Weg.

Seit dem 19. Jahrhundert wurden zunehmend Eigen-
schaften auf die »Zigeuner« projiziert, die in der durch
Arbeit und Disziplin geprägten bürgerlichen Gesellschaft
an den Rand gedrängt wurden. Sinti und Roma wurden auf
Klischees wie die sexuell verführerische Zigeunerin, den
genialischen Zigeunergeiger, die hexengleiche Wahrsage-
rin und den räuberisch vagabundierenden Zigeuner redu-
ziert. Einerseits galten sie als »edle Wilde«, andererseits als
kulturlose Primitive und »Lumpenproletarier«. In diesen
Stereotypen waren gleichermaßen Ausbruchssehnsucht
und Angst vor dem Fremden aufgehoben.

Bereits in den ersten Jahren der NS-Herrschaft wurden
zahlreiche Gesetze und Verordnungen gegen Sinti und Roma verschärft. Seit 1936 war ihnen auf der Basis des »Blut-
schutz«- und des »Ehegesundheitsgesetzes« entweder als
»Artfremden« oder als »Gemeinschaftsfremden« eine Ehe-
schließung mit »Deutschblütigen« verboten. Dadurch wurde das herkömmliche zweifache Feindbild, das die Sinti

und Roma als beunruhigende Fremde sowie als vorgeblich arbeitsscheue Schmarotzer stigmatisierte, aufgegriffen und auf das Raster des NS-Rassismus bezogen, der auf eine biologische Lösung gesellschaftlicher Fragen zielte.

Im Gefolge einer »vorbeugenden Verbrechensbekämpfung« wurden 1938 zahlreiche Sinti, die nicht dem NS-Verständnis von »geregelter Arbeit« entsprachen, in Buchenwald, Sachsenhausen oder Dachau konzentriert. 1938/39 wurde zudem ein kriminalpolizeilicher Apparat aufgebaut, der eigens der »Zigeunerbekämpfung« diente. Ein Erlaß des Reichsführers SS Himmler vom 8. Dezember 1938 verlangte eine »Regelung der Zigeunerfrage aus dem Wesen dieser Rasse heraus«. Zur Erfassung und rassistischen Einordnung der Sinti und Roma trug die 1936 gegründete »Rassenhygienische Forschungsstelle« beim Reichsgesundheitsamt maßgeblich bei. Man verfaßte dort »gutachtliche Äußerungen«, mit denen Personen als »Zigeuner« oder »Zigeunermischlinge« eingestuft wurden. Jene Einstufungen bildeten 1943 die Grundlage für die Deportation deutscher Sinti und Roma nach Auschwitz.

Kurz nach dem deutschen Überfall auf Polen 1939 ordnete das Reichssicherheitshauptamt an, daß Sinti und Roma ihren Aufenthalts- beziehungsweise Wohnort nicht mehr verlassen dürften. Diese Festsetzung ging mit Berufsverboten und der sozialen Isolation einher. Im Mai 1940 wurden 2500 Sinti in das deutsch besetzte Polen deportiert; im Dezember 1941 wurden etwa 5000 Sinti und Roma aus Ungarn, Rumänien, Österreich und Deutschland im Ghetto Lodz konzentriert und – soweit sie nicht dort den »Lebens«umständen erlagen – in Kulmhof in Gaswagen erstickt. SS-Einsatzgruppen, Wehrmachtsteile und Besatzungsbehörden machten nach dem deutschen Überfall auf die UdSSR 1941 in den okkupierten Gebieten Osteuropas und des Balkans die Massenerschießung zum Hauptmittel der deutschen Zigeunerpolitik.

Das Reichssicherheitshauptamt verfügte schließlich für den März 1943 die Konzentration »zigeunerischer Personen« in Auschwitz-Birkenau. Für »Zigeunermischlinge«, die nicht deportiert wurden, war die Zwangssterilisation vorgesehen. Von den in Auschwitz-Birkenau zusammengepferchten 23 000 Roma und Sinti aus elf europäischen Ländern fanden über 21 000 den Tod. Die Gesamtzahl der im

Rahmen des NS-Völkermords ermordeten »Zigeuner« wird zwischen 220000 und 500000 Personen geschätzt.

Von einer Entschädigungsregelung, die den noch lebenden Opfern der NS-Zigeunerverfolgung einen Lebensabend ohne materielle Not ermöglichen würde, kann in der Bundesrepublik keine Rede sein.

Michael Zimmermann

Literatur: Reimer Gronemeyer, Georgia A. Rakelmann, Die Zigeuner. Reisende in Europa. Köln 1988; Michael Zimmermann, Verfolgt, vertrieben, vernichtet. Die nationalsozialistische Vernichtungspolitik gegen Sinti und Roma. Essen 1989.

## Zionismus

Jüdische Nationalbewegung, benannt nach dem Jerusalemer historischen Tempelberg Zion. Ihre Wurzeln sind die seit dem 12. Jahrhundert von frommen Juden unternommenen Pilgerreisen zu ihren Heiligtümern im verlorenen Eretz Israel, dem Reich der jüdischen Könige (ca. 1000 bis 928 vor unserer Zeitrechnung). Anfang des 16. Jahrhunderts wurde dieses Gebiet die osmanische Provinz Palästina. Berichte der Rückkehrer über die dortigen Judengemeinden bewogen Moses Montefiore (1784–1885), sich mit praktischen Plänen zur Ansiedlung der besonders in Rußland und Polen grausam verfolgten Juden im »Land der Väter« zu beschäftigen. Daraus entstand ein Wirtschaftssystem. Die eine Seite waren arme ost- und mitteleuropäische Juden mit ihrer Arbeitskraft und ihrem Auswanderungswillen; die andere Seite reiche Juden, vor allem in Paris und London, die ihnen Geld und Beziehungen zur Verfügung stellen wollten; drittens, ebenfalls in Paris und London, arabische Großgrundbesitzer, die den jüdischen Philanthropen beträchtliche Teile ihrer verwahrlosten Ländereien in Palästina für Siedlungszwecke verkauften. Unterstützt wurde die Zionistenbewegung auch von christlichen Kreisen und der russisch-jüdischen Chowewe Zion (Zionsfreunde).

1882 veröffentlichte Leo Pinsker (1821–1891) seinen Appell ›Autoemanzipation‹. Im gleichen Jahr kam die erste organisierte Gruppe junger Juden nach Palästina. Sie machten Wüsten und Sümpfe zu Ackerland, bauten Stra-

ßen, gruben Wasserkanäle, bereiteten neue Siedlungen
vor. Ihr Pionierwerk blieb unbekannt. Aufsehen erregte
erst Theodor Herzl (1860–1904), angesehener Mitarbeiter
der Neuen Freien Presse in Wien, mit seinem Buch ›Der
Judenstaat‹ (1896) und seiner Forderung nach einem eigenen, international anerkannten jüdischen Lebensraum.
1897 berief er eine jüdische Konferenz nach Basel. Sie
wurde zum Ersten Zionistenkongreß und gab der Bewegung durch die Gründung der Zionistischen Weltorganisation eine feste Basis.

Der Zionismus spaltete die Judenheit. Seine schärfsten
Gegner waren die streng talmudischen und andererseits die
völlig assimilierten Juden, die besonders in Deutschland
glühende Patrioten waren. Gespalten war aber auch der
Zionismus. Schon auf der Baseler Konferenz hatte die tief-
greifende Verschiedenheit der ost- und westeuropäischen
Juden zu schweren Richtungskämpfen geführt. Herzl vertrat den »diplomatischen« Zionismus, Chaim Weizmann
(1874–1952) den »leistungsorientierten«, andere Redner
den »religiösen« und manche den »kulturbetonten«. Hart
umstritten war auch die Frage, ob der jüdische Staat nur in
Palästina zu schaffen sei oder anderswo liegen könne.
Schließlich einigten sich die Delegierten auf das »Basler
Programm« mit seinem Bekenntnis zu Palästina.

Der Zionismus festigte sich durch die alljährlichen Kon-
gresse, die Errichtung des Jüdischen Nationalfonds, der
Jüdischen Kolonialbank sowie des Palästina-Amts (1908)
in Jaffa und den Bau der ersten jüdischen Großstadt Tel
Aviv. Während des Ersten Weltkriegs verlegte er sein
Schwergewicht von Deutschland nach England und den
USA. So geriet die Bewegung zunehmend in den Strudel
der Weltpolitik. 1917 führten Verhandlungen zwischen
Vertretern der Zionisten und der britischen Regierung
über weitere Kriegskredite zur Balfour-Deklaration: Die
Regierung versprach den Zionisten als Gegenleistung für
ihren Einsatz die »größten Anstrengungen«, um die Gründung der nationalen jüdischen Heimstätte in Palästina zu
erleichtern. 1922 erhielt Großbritannien vom Völkerbund
das Mandat über Palästina. Doch erst 1929 wurde, ungeachtet der Balfour-Erklärung und der Verpflichtung im
Mandatsvertrag, die Jewish Agency als öffentliche Körper-
schaft zur Errichtung des jüdischen Nationalheims in Palä-

stina geschaffen. Und nahezu stillschweigend duldeten die britischen Mandatsbehörden den wachsenden arabischen Terror gegen jüdische Menschen und Einrichtungen. Wohl wurden die Kommunen gemeinsam von Juden und Arabern verwaltet, doch mißlangen alle Versuche der Juden, sich mit den arabischen Extremisten zu verständigen.

Auch nach Hitlers Machtübernahme in Deutschland, selbst dann, als die Verfolgung der Juden im nationalsozialistischen Herrschaftsbereich offenkundig geworden war, nahm ein Großteil der europäischen Juden dem Zionismus gegenüber eine ablehnende Haltung ein. Angesichts des NS-Terrors kämpften die zionistischen Organisationen aber vehement gegen die immer härteren britischen Maßnahmen zur Beschränkung der Einwanderung deutscher jüdischer Flüchtlinge und jüdischen Bodenkaufs in Palästina. 1937 verwarf der Basler Zionistenkongreß einen britischen Teilungsplan in seiner vorliegenden, die Juden diskriminierenden Form. 1939 lehnte der Genfer Kongreß übereinstimmend mit dem Völkerbund ein als Verletzung der Mandatspflicht erkanntes britisches Weißbuch ab, demzufolge das allein von Juden erschlossene Palästina ein arabischer Staat mit jüdischer Minderheit sein sollte.

Während des Zweiten Weltkriegs beendete der Zionismus seinen passiven Widerstand gegen die britische Mandatspolitik. Auf einem außerordentlichen Kongreß (New York 1942) kündigten seine Delegierten die Zusammenarbeit mit Großbritannien und forderten offen die Gründung eines jüdischen Staates in Palästina; über künftige Teilungspläne sollte die Jewish Agency unter dem Vorsitz von David Ben Gurion (1886–1973) entscheiden. 1947 akzeptierte sie den von der UNO vorgeschlagenen Teilungsplan, die arabischen Staaten lehnten ihn ab. Einen Tag vor dem Ende des britischen Palästina-Mandats erreichte der Zionismus sein Ziel: Am 14. Mai 1948 proklamierte Ben Gurion den Staat Israel.

Ruth Körner

Literatur: Max Kreutzberger (Hrsg.), Georg Landauer, Der Zionismus im Wandel dreier Jahrzehnte. Tel Aviv 1957; Hermann Meier-Cronemeyer, Kleine Geschichte des Zionismus. Von den Anfängen bis 1948. Berlin 1980.

## Zweiter Weltkrieg (Ursachen)

Rechtsextremistische Autoren suchen seit Jahrzehnten die Legende zu verbreiten, Hitler sei im Sommer 1939 von britischen, französischen, polnischen und im Hintergrund bereits auch amerikanischen Politikern zu einem Krieg gezwungen worden, der das Ziel gehabt habe, das Deutsche Reich, das unter der NS-Herrschaft die Niederlage im Ersten Weltkrieg überwunden habe und wieder zur Großmacht aufgestiegen sei, erneut als politischen und wirtschaftlichen Konkurrenten auszuschalten und die Deutschen abermals auf eine Art Sklavenstatus herabzudrücken. Dabei wird angedeutet, daß zu den antideutschen Drahtziehern vor allem auch das »Weltjudentum« gehört habe. Ein Aspekt der Legende ist die Behauptung, die Westmächte hätten kein Recht gehabt, sich in den deutsch-polnischen Konflikt einzumischen, zumal die Polen die deutsche Minderheit brutal verfolgt und überdies, größenwahnsinnig geworden, an einen Überfall auf Deutschland zur Eroberung von Ostpreußen, Schlesien und Pommern gedacht hätten. Der deutsche Angriff wird so zum präventiven Verteidigungsschlag, zugleich zu einer Mixtur aus Strafexpedition und Befreiungskrieg.

Weitere Verbreitung findet jedoch eine Erklärung, die einen Kausalzusammenhang zwischen dem Ende des Ersten und dem Beginn des Zweiten Weltkriegs herstellt. Der überharte Frieden von Versailles habe Deutschland gedemütigt, unerträgliche territoriale Opfer gekostet und untragbare finanzielle Lasten aufgebürdet. Die deutsche Revisionspolitik, die dann, 1938/39 mit Hitlerscher Aggressivität betrieben, zum Zusammenstoß mit Polen und zum Kriegseintritt der Westmächte geführt habe, sei eine zwangsläufige Folge jenes Versailler Unrechts gewesen.

Bei der ersten Version handelt es sich um eine freche Erfindung politischer Propagandisten; die heute überreichlich zur Verfügung stehenden Akten aller beteiligten Staaten bieten für diese Legende nicht das bescheidenste Indiz. Doch auch das mit Versailles arbeitende Modell hat nur geringe Elemente historischer Wirklichkeit. Der Versailler Vertrag war kein überharter Frieden. In Anbetracht seines maßgeblichen Anteils an der Auslösung des Weltkriegs und in Anbetracht der ungeheuren Opfer, die der Krieg gefordert hatte, kam das Deutsche Reich glimpflich davon. Zwar haben die Siegermächte den Anschluß der Deutschen Österreichs und der Sudentengebiete an Deutschland und insofern eine Anwendung des Selbstbestimmungsrechts der Völker verweigert, die das Deutsche Reich zum Herrn Europas und also – trotz Anzettelung des Konflikts und trotz der militärischen Niederlage – zum politischen Sieger des Krieges gemacht hätte. Ansonsten aber hat Deutschland selbst den Schutz des Selbstbestimmungsrechts genossen, so in Oberschlesien gegen weitgehende polnische Ansprüche; und daß Territorien abgetreten werden mußten, geschah als Konsequenz jenes Rechts und entsprach, ob in Westpreußen oder in Elsaß-Lothringen, stets dem Willen eindeutiger Bevölkerungsmajoritäten. Die militärischen Beschränkungen und die – anfänglich unsinnig hoch festgesetzten – Reparationszahlungen, die Versailles dem Deutschen Reich auferlegte, mußten nach etlichen Jahren ohnehin fallen; tatsächlich war 1932, noch vor Hitlers Machtübernahme, die Reparationslast abgeschüttelt und die militärische Gleichberechtigung Deutschlands von den ehemaligen Siegern grundsätzlich anerkannt.

Daß der Friedensvertrag von einer großen Mehrheit der Deutschen als überaus schmerzhaft empfunden wurde, lag nicht an seiner objektiven Beschaffenheit, sondern an der Natur des deutschen Nationalismus. Dieser Nationalismus war nicht das Geschöpf von Versailles, er war vielmehr bereits wichtigster Urheber des zu Ende gegangenen Krieges gewesen und wäre nach einem Sieg ebenso üppig ins Kraut geschossen wie jetzt nach der Niederlage, die für eine Weile seine Umsetzung in praktische Politik unterband. Seit 1870 herangewachsen, hatte der Nationalismus schon bis 1914 imperialistische Tendenzen hervorgebracht, die nicht mehr allein dem Erwerb überseeischer Kolonien galten, sondern sich bereits auf die Hegemonie und auch auf territoriale Ziele in Europa richteten; zwischen 1914 und 1918 hatten sich derartige Tendenzen in schier uferlosen Eroberungsprogrammen konkretisiert. Die Niederlage und der Vertrag von Versailles wirkten nun als Rückschläge, die möglichst rasch wieder gutgemacht werden müßten, damit die Freiheit zur erneuten Verfechtung der vorläufig gebremsten Ambitionen gewonnen werde. Auch die primitivste und ehrgeizigste Spielart des imperialistischen deutschen Nationalismus, die in den Nachkriegsjahren vor allem in der seit 1921 unter der Führung Adolf Hitlers stehenden NSDAP Gestalt gewann, war schon in der Vorkriegsperiode und in der Kriegszeit existent gewesen und zu großer Kraft gelangt, so im Alldeutschen Verband und in der nationalsozialistischen Partei der Deutschen Österreichs. Gerade Hitler stand ebenfalls in einer von Versailles unabhängigen Tradition.

Für das Zielbewußtsein, die Beharrlichkeit und die Offenheit, mit denen die Nationalsozialisten auf einen Eroberungskrieg zusteuerten, gibt es in der Geschichte kaum Beispiele. Seit 1919 haben die Führer der NS-Bewegung in Büchern, Zeitungsartikeln und zahllosen Versammlungsreden den Deutschen gepredigt, sie seien ein »Volk ohne Raum«, das zu seiner biologischen Existenzsicherung, zu seiner kulturellen Entfaltung und zur Errichtung der deutschen Vorherrschaft in der Welt diese »Raumnot« durch die Eroberung und Germanisierung neuen »Lebensraums« in Europa, namentlich in Osteuropa, beheben müsse; zu einer kriegerischen Expansionspolitik seien die Deutschen aber nicht nur gezwungen, sondern auf Grund ihrer rassischen Höherwertigkeit auch berechtigt. Nachdem Hitler und die NS-Bewegung – begünstigt durch die politischen Wirren und die wirtschaftlichen Krisen der zwanziger und frühen dreißiger Jahre – am 30. Januar 1933 die Macht in Deutschland übernommen hatten, machten sie sich ungesäumt daran, die Verwirklichung ihres Programms vorzubereiten. Während Hitler Deutschland aus den internationalen Bindungen löste, indem er – am 14. Oktober 1933 – den Austritt aus dem Völkerbund vollzog und die Mitarbeit in der Genfer Abrüstungskonferenz beendete, setzte er zugleich eine gigantische Aufrüstung in Gang, die ohne Rücksicht auf die wahren Bedürfnisse der deutschen Wirtschaft und der Bevölkerung forciert wurde und das Deutsche Reich bis spätestens 1940 kriegsbereit machen sollte. Mit seiner Politik der Mobilmachung manövrierte er Deutschland freilich in eine Isolierung, die ihn zunächst die außenpolitische Handlungsfreiheit kostete. Großbritannien, Frankreich und sogar das faschistische Italien schlossen sich zur Garantie des europäischen Status quo zusammen, was Hitler-Deutschland von kriegerischer Expansion abhalten sollte.

Indes brach diese Front bald wieder auseinander, als Mussolini durch sein eigenes imperialistisches Abenteuer, die Eroberung Abessiniens, Italien in einen scharfen Gegensatz zu den Westmächten brachte und daher die Anlehnung an Deutschland suchen mußte. Hitler nutzte die plötzlich gewährte italienische Rückendeckung am 7. März 1936 zum Bruch des Vertrags von Locarno, das heißt zur Remilitarisierung des Rheinlands, und am 11. Juli 1936 zur außenpolitischen Gleichschaltung des bislang von Mussolini gegen deutschen Einfluß abgeschirmten Österreich. Als sich Mussolini selbst zur Verbindung mit Deutschland veranlaßt sah (»Achse Berlin-Rom«, 25. Oktober 1936), war die Isolierung Deutschlands endgültig durchbrochen und eine wichtige Voraussetzung für aktive deutsche Expansionspolitik geschaffen.

Im Bewußtsein der gewonnenen Handlungsfreiheit und in Überschätzung der erreichten militärischen Stärke kam Hitler im Laufe des Jahres 1937 zur Überzeugung, zwei vorbereitende Schritte zur eigentlichen Ostexpansion, die Annexion Österreichs und der Tschechoslowakei, seien bereits 1938 möglich. Daß ihm das erste Vorhaben am 12. März zur Gänze und das zweite mit der Gewinnung der Sudetengebiete (Münchner Abkommen, 29. September) immerhin partiell gelang, lag aber daran, daß die Westmächte nicht nur passiv blieben, sondern Prag zur Abtretung der deutsch besiedelten Landesteile praktisch zwangen. Zur Vermeidung des Krieges um fast jeden Preis entschlossen, waren die Westmächte bereit, die Entstehung eines großdeutschen Staates und damit die Hegemonie Deutschlands auf dem Kontinent zu akzeptieren, wenn Hitler damit zu saturieren war. Andererseits gaben sie zu verstehen, daß weitere deutsche Eroberungen nicht hingenommen werden könnten, weil dies die Westmächte selbst, ihre Souveränität, ihren territorialen Bestand und die Integrität ihrer politischen Kultur, dem Zugriff des nationalsozialistischen Deutschland ausliefern würde. Hitler hat das durchaus verstanden, doch zog er daraus nicht die Konsequenz, auf die Ostexpansion zu verzichten. Ursprünglich hatte er gehofft, für den Eroberungskrieg gegen die Sowjetunion neben der Mitwirkung Polens freie Hand von Großbritannien – und damit auch von Frankreich – zu bekommen. Angesichts des Endes solcher Hoffnungen kam er – grundsätzlich ohnehin zur Eroberung großer Territorien in Nord- und Westeuropa entschlossen, was er in die Formel »Liquidierung des Westfälischen Friedens« kleidete – um die Jahreswende 1938/39 zu dem Schluß, dann eben erst für Rückenfreiheit im Westen sorgen, das hieß etwa 1940 Frankreich niederwerfen und mit der militärischen auch die politische Präsenz Englands auf dem Kontinent erledigen zu müssen.

Polen stellte in seinen Augen für den Westkrieg einen Risikofaktor dar, und so glaubte er sich genötigt, das Stillhalten Polens durch die politische Unterwerfung Polens zu sichern. Als Polen sich vom Herbst 1938 bis zum März 1939 weigerte, durch die Erfüllung deutscher Forderungen – namentlich nach dem Eintritt in das deutsch-italienisch-japanische Allianzsystem – seine Unabhängigkeit aufzugeben und vorerst einen Satellitenstatus zu akzeptieren, faßte Hitler Ende März den Entschluß, das polnische Problem im August militärisch zu lösen. In dieser Absicht ließ er sich auch nicht mehr dadurch beirren, daß die Westmächte am 31. März Polen garantierten und ihm damit sagten, sie müßten einen so eindeutig imperialistischen Akt – zumal der »Führer« am 14. und 15. März durch die Annexion des tschechoslowakischen Rumpfstaates die Uferlosigkeit des NS-Imperialismus demaskiert habe – mit der militärischen Unterstützung Polens beantworten.

Mit Recht überzeugt davon, daß die Westmächte seinen Feldzug in Polen nicht zu stören vermochten, weil sie militärisch zu schlecht vorbereitet waren, sah er ihrer Kriegserklärung gelassen entgegen; nach seiner Meinung brachte das polnische Zwischenspiel nicht einmal eine sonderliche Verschiebung des Termins für den Angriff auf Westeuropa. Erst recht fühlte er sich sicher, nachdem er die Sowjetunion mit der deutschen Zustimmung zur Annexion von Teilen Finnlands, der baltischen Länder, Ostpolens und Bessarabiens vom Anschluß an die Westmächte abgehalten hatte (deutsch-sowjetischer Nichtangriffspakt vom 23. August 1939); in Erwartung eines langen Krieges zwischen dem Reich und den Westmächten nahm Stalin die Gelegenheit gerne wahr, den deutschen Expansionismus nach Westen zu lenken und die Verluste auszugleichen, die Rußland von 1918 bis 1920 hatte hinnehmen müssen. So gab Hitler am 25. August den Befehl, am folgenden Tag Polen

anzugreifen. Zwar bewog ihn Mussolinis Mitteilung, daß
Italien neutral bleiben werde, zu einem Aufschub, doch
nachdem er zu der Ansicht gelangt war, daß auch ein neu-
trales Italien genügend britische und französische Kräfte
binden werde, folgte am 31. August der Angriffsbefehl für
den 1. September. Zunächst von Hitler zur Vorbereitung
des Krieges um »Lebensraum im Osten« vom Zaune gebrochen, entwickelte sich dieser noch europäische Konflikt
durch den deutschen Angriff auf Rußland und durch den
danach möglichen japanischen Angriff im Pazifik rasch
zum Zweiten Weltkrieg.

Hermann Graml

Literatur: Klaus Hildebrand, Deutsche Außenpolitik 1933–1945.
Kalkül oder Dogma? Stuttgart 1976; Hermann Graml, Europas Weg
in den Krieg. Hitler und die Mächte 1939. München 1990.

## Die Autoren und ihre Beiträge

*Hellmuth Auerbach,* Institut für Zeitgeschichte München: »Ahnenerbe«; Auschwitz; Auschwitz-Lüge; »Die Juden sind unser Unglück«; Judenvernichtung – was wußten die Deutschen davon?; Knochenmühle; »Kriegserklärungen« der Juden an Deutschland; Lampenschirme aus Menschenhaut; »Lebensborn«; Leuchter-Report; Opfer der nationalsozialistischen Gewaltherrschaft und des Zweiten Weltkriegs; Seife aus Judenfett; Vergasung; »Sonderbehandlung«; Waffen-SS; »Weltjudentum« und »jüdische Weltverschwörung«.

*Brigitte Bailer-Galanda,* Dokumentationsarchiv des österreichischen Widerstandes Wien: Lachout-»Dokument«.

*Wolfgang Benz,* Technische Universität Berlin: Arbeitsdienst; Babi Jar; Entnazifizierung; Flucht und Vertreibung; »Germany must perish«; Judenvernichtung: Die Zahl der Opfer; Kollektivschuld; Menschenversuche im KZ; Morgenthau-Plan; Münchner Ministerpräsidentenkonferenz 1947; Umerziehung; Währungsreform.

*Sabine Berloge,* Berlin: Guernica; »Kraft durch Freude«; Rote Gefahr.

*Werner Bührer,* Institut für Zeitgeschichte München: Finanzierung Hitlers und der NSDAP; Kriminalität im Dritten Reich; Reichstagsbrand.

*Barbara Distel,* KZ-Gedenkstätte Dachau: »Asoziale und Berufsverbrecher«; Dachau.

*Willi Dreßen,* Zentrale Stelle der Landesjustizverwaltungen Ludwigsburg: Befehlsnotstand; Deutsche Kriegsverbrechen; Euthanasie; Lidice; Marzabotto; Oradour-sur-Glane; Rassenhygiene; Rassenschande.

*Brigitte Emmer,* Institut für Zeitgeschichte München: Ausländer; Heß' Englandflug.

*Constantin Goschler,* Humboldt-Universität Berlin: Wiedergutmachung.

*Hermann Graml,* Institut für Zeitgeschichte München: Erster Weltkrieg (Ursachen); Hoßbach-Niederschrift; Unternehmen Barbarossa; Zweiter Weltkrieg (Ursachen).

*Hannemor Keidel,* Technische Universität München: Volksempfänger.

*Ruth Körner,* München: Protokolle der Weisen von Zion; Zionismus.

*Jörg Leuschner,* Stadtarchiv Salzgitter: Demontagen.

*Monika Mayr,* Institut für Zeitgeschichte München: Dresden.

*Hartmut Mehringer,* Institut für Zeitgeschichte München: Emigranten.

*Frauke Meyer-Gosau,* Berlin: »Entartete Kunst«; ›Der Ruf‹ und die Gründung der »Gruppe 47«.

*Kurt Pätzoldt,* Humboldt-Universität Berlin: Wannsee- Konferenz.

*Gudrun Pischke,* Stadtarchiv Salzgitter: Wunderwaffen.

*Wolfgang Ramonat,* Universität der Bundeswehr Hamburg: Kriegsziele der Alliierten.

*Jürgen Runzheimer,* Gladenbach: Bromberger Blutsonntag; »Grenzzwischenfälle« am 31. August 1939; Überfall auf den Sender Gleiwitz.

*Christine Schrödl,* München: Mutterkult und Frauenmythos im Dritten Reich.

*Wolfram Selig,* Stadtarchiv München: Juden in der deutschen Kultur und Gesellschaft; »Reichskristallnacht«; Röhmputsch.

*Robert Sigel,* Dachau: Alliierte Kriegsverbrecherprozesse in Deutschland.

*Gustav Spann,* Universität Wien: Rechtfertigung des NS-Staates

*Peter Steinbach,* Freie Universität Berlin: Landesverrat und Widerstand.

*Rolf Steininger,* Universität Innsbruck: Kriegsgefangenschaft.

*Manfred Vasold,* Großkarolinenfeld: Dolchstoß-Legende; Drôle de guerre – Sitzkrieg; Katyn; Langemarck; Selbstmordwelle.

*Astrid Voß,* Stadtarchiv Salzgitter: Volkstum und Volksgemeinschaft.

*Jürgen Weber,* Akademie für politische Bildung Tutzing: Vergangenheitsbewältigung.

*Hermann Weiß,* Institut für Zeitgeschichte München: Alliierte Kriegsverbrechen; Alpenfestung; Arbeitslosigkeit; Autobahnen; Hitlers Tod; Werwolf.

*Juliane Wetzel,* Technische Universität Berlin: Anne Frank-Tagebuch; Juden in der deutschen Wirtschaft.

*Michael Zimmermann,* Alte Synagoge Essen: Zigeuner.

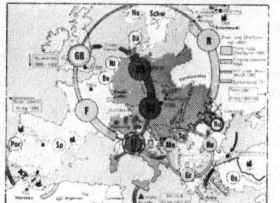
# Atlas zur Weltgeschichte

**dtv-Atlas zur Weltgeschichte**
von Hermann Kinder und
Werner Hilgemann
Karten und chronologischer
Abriß
Band 1: Von den Anfängen bis
zur Französischen Revolution
Band 2: Von der Französischen
Revolution bis zur Gegenwart
Originalausgabe
2 Bände

dtv 3001/3002

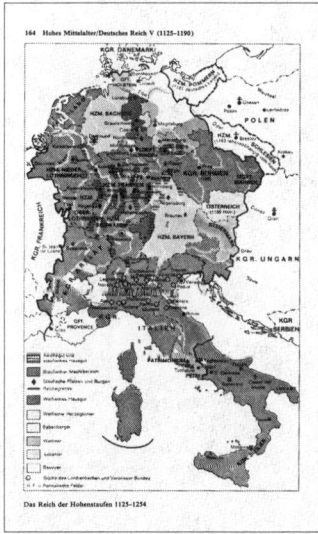

164 Hohes Mittelalter/Deutsches Reich V (1125–1190)

Das Reich der Hohenstaufen 1125–1254

# Deutsche Geschichte der neuesten Zeit

vom 19. Jahrhundert bis zur Gegenwart

Originalausgaben,
herausgegeben von
Martin Broszat,
Wolfgang Benz und
Hermann Graml
in Verbindung mit
dem Institut für Zeit-
geschichte, München

Peter Burg:
**Der Wiener Kongreß**
Der Deutsche Bund
im europäischen
Staatensystem
dtv 4501

Wolfgang Hardtwig:
**Vormärz**
Der monarchische Staat
und das Bürgertum
dtv 4502

Hagen Schulze:
**Der Weg zum
Nationalstaat**
Soziale Kräfte und
nationale Bewegung
dtv 4503

Michael Stürmer:
**Die Reichsgründung**
Deutscher National-
staat und europäisches
Gleichgewicht im
Zeitalter Bismarcks
dtv 4504

Wilfried Loth:
**Das Kaiserreich**
Liberalismus, Feuda-
lismus, Militärstaat
dtv 4505 (i. Vorb.)

Richard H. Tilly:
**Vom Zollverein zum
Industriestaat**
Die wirtschaftlich-
soziale Entwicklung
Deutschlands 1834 bis
1914
dtv 4506

Helga Grebing:
**Arbeiterbewegung**
Sozialer Protest und
kollektive Interessen-
vertretung bis 1914
dtv 4507

Hermann Glaser:
**Bildungsbürgertum
und Nationalismus**
Politik und Kultur
im Wilhelminischen
Deutschland
dtv 4508

Michael Fröhlich:
**Imperialismus**
Deutsche Kolonial- und
Weltpolitik 1880 – 1914
dtv 4509

Gunther Mai:
**Das Ende des
Kaiserreichs**
Politik und Kriegführung
im Ersten Weltkrieg
dtv 4510

Klaus Schönhoven:
**Reformismus und
Radikalismus**
Gespaltene Arbeiter-
bewegung im Weimarer
Sozialstaat
dtv 4511

Horst Möller:
**Weimar**
Die unvollendete
Demokratie
dtv 4512

Peter Krüger:
**Versailles**
Deutsche Außenpolitik
zwischen Revisionismus
und Friedenssicherung
dtv 4513

Corona Hepp:
**Avantgarde**
Moderne Kunst,
Kulturkritik und
Reformbewegungen
nach der Jahrhundert-
wende
dtv 4514

# Deutsche Geschichte der neuesten Zeit

vom 19. Jahrhundert bis zur Gegenwart

# Taschen-bücher zum Dritten Reich

# Architektur und Architekten im zwanzigsten Jahrhundert

Die Geschichte der deutschen Architektur im 20. Jahrhundert ist auch die Geschichte ihrer Architekten. Werner Durth verfolgt in seiner grundlegenden Untersuchung ihren beruflichen Werdegang, ihre biographischen Verflechtungen, ihre politischen Verstrickungen in das NS-Regime und ihre Karriere als unangefochtene Experten für den Wiederaufbau.

Werner Durth
**Deutsche Architekten**
Biographische Verflechtungen
1900 - 1970
Mit zahlreichen Abbildungen
dtv 4579

Dieses Buch bietet eine Fülle von Material zum Wiederaufbau nach dem Zweiten Weltkrieg: Dokumente, Entwürfe und Pläne vor allem aus den Jahren 1940 bis 1950 – verwirklichte und nicht verwirklichte Architektenträume, von »authentischer« Rekonstruktion der alten Stadt bis hin zu entschiedener Neugestaltung, wie sie angesichts der Ruinenfelder des Zweiten Weltkrieges möglich wurden.

Werner Durth/Niels Gutschow
**Träume in Trümmern**
Stadtplanung 1940 - 1950
Mit zahlreichen Abbildungen
dtv 4604

# Das 20bändige dtv-Lexikon

bietet alles, was zu einem großen Lexikon gehört – auf 6872 Seiten, mit über 130.000 Stichwörtern, Werks- und Literaturangaben, über 6000 Abbildungen und 120 Farbtafeln.

20 Bände im Taschenbuch-Großformat 12,4 x 19,2 cm. In einer praktischen Klarsichtkassette stets griffbereit am Schreibtisch, im Büro und zu Hause. Ein universales Nachschlagewerk für Beruf, Schule und Studium. Und das alles zum Taschenbuchpreis.

dtv 5998
DM **198,–**